"一带一路"背景下的汉语国际教育
(第三辑)

主　编　姚喜明
副主编　李颖洁　裴雨来

上海大学出版社
·上海·

图书在版编目(CIP)数据

"一带一路"背景下的汉语国际教育.第三辑／姚喜明主编；李颖洁，裴雨来副主编.－－上海：上海大学出版社，2024.6.－－ISBN 978-7-5671-4994-6

Ⅰ.H195.3-53

中国国家版本馆 CIP 数据核字第 2024C501U0 号

责任编辑　王　聪
封面设计　缪炎栩
技术编辑　金　鑫　钱宇坤

"一带一路"背景下的汉语国际教育(第三辑)

姚喜明　主编

上海大学出版社出版发行
(上海市上大路 99 号　邮政编码 200444)
(http://www.shupress.cn　发行热线 021-66135112)
出版人　戴骏豪

＊

南京展望文化发展有限公司排版
江苏凤凰数码印务有限公司印刷　各地新华书店经销
开本 710mm×1000mm　1/16　印张 17.5　字数 296 千
2024 年 7 月第 1 版　2024 年 7 月第 1 次印刷
ISBN 978-7-5671-4994-6/H·435　定价 88.00 元

版权所有　侵权必究
如发现本书有印装质量问题请与印刷厂质量科联系
联系电话：025-57718474

本书编委会

主　编　姚喜明
副主编　李颖洁　裴雨来
编　委　常　峻　朱焱炜　李　慧　刘婷婷　李文韬
　　　　　何二林

前　言

上海大学积极推进国际化办学，开展了广泛的国际交流与合作。目前，学校已与55个国家和地区的251所大学和机构签署校际合作协议，在校就读的国际学生2 000余人，来自全球153个国家和地区。作为上海大学对外交流与合作的一个重要窗口，国际教育学院积极实践学校的国际化发展战略，以"提质增效"为工作指引，不断提高生源质量和培养质量，稳步发展国际学生规模，积极开发境外优质生源基地，稳步推进境外办学。学院积极探索知华教育路径，构建以知华讲堂为主要平台的知华教育模式，组织开展多样化的国际文化活动，培养服务国家战略需要的知华友华国际人才。同时，学院承担汉语言本科、汉语国际教育本科、国际中文教育专业学位硕士等的培养工作，同时面向全校国际学生开设中文及国情文化类课程。学院始终服务于国家战略，致力于打造具有全球影响力、国内一流、特色鲜明的国际学生教育模式和国际中文教育专业，为适应国际中文教育形势，推动海内外中文教育质量提升，增强中华文化传播力、影响力，不断探索，持续努力。

近年来，上海大学国际教育学院在不断推动自身学科建设发展的同时，致力于为学界搭建学术交流的平台，"'一带一路'背景下的汉语国际教育"国际学术研讨会是其中的重要内容。自2017年第一届会议以来，上海大学国际教育学院已成功举办了四届"'一带一路'背景下的汉语国际教育"国际学术研讨会。

第一届会议有来自中国、美国、法国、芬兰、俄罗斯、阿塞拜疆、巴基斯坦、乌兹别克斯坦等国的约100位中外学者和嘉宾参加。与会学者分别就"'一带一路'沿线国家汉语教育战略研究""留学生教育与公共外交研究""汉语国际教育专业建设与发展研究""孔子学院汉语教育现状与对策研究"等主题展开学术讨论与交流，共计收到参会论文69篇。会议得到上海大学上海合作组织公共外交研究院、北京大学出版社、上海子墨国际文化传播有限公司的大力协助，会议论文集《"一带一路"背景下的汉语国际教育》于2019年2月在上海大学上海合作组织公共外交研究院资助下由上海大学出版社出版。

第二届会议有来自内地和港澳台地区及海外的50余家高校、科研院所、出版社及企业的100余位专家、学者、教师、研究生参加。与会者分别从教学资源、师资培养、课程设计与教学研究、学习者动机、跨文化教学和文化传播、孔子学院的发展和国别研究等课题探讨汉语教学，共计收到参会论文70篇。择优收录了其中的32篇编为第二届研讨会论文集，分别涉及"'一带一路'汉语国际教育""汉语国际教育国别研究""汉语与汉语文化传播""汉语教学手段与模式"四个主题。

第三届会议有来自全国54所高校的100多位专家、学者参加。以汉语国际教育服务"一带一路"的新形式、新问题、新方案为主题，与会者对国际中文学科建设、新时代汉语传播面临的问题以及教学方法等进行了深入探讨，共计收到论文近200篇。择优收录了其中的22篇编为第三届研讨会论文集，分别涉及"国际中文教育研究""孔子学院与文化传播""学科建设与教学""语言教学与研究"四个主题。会议得到了世界汉语教学学会提供的学术和资源支持。

第四届会议的质量及影响力得到进一步提升。此届研讨会由国内外30余位专家，各大高校百余位教师、学生共同参加。专家报告及分组报告主题丰富多样，大会还特别设置了"国际中文教育智慧化论坛"，来自国内各国际中文教育重要单位的近20位知名专家共同就"国际中文教育智慧化"主题展开了热烈讨论，并对上海大学"建用一体"国际中文教学备课平台提出宝贵指导建议，表达了对该平台进一步发展成长，进一步服务国际中文教育高质量发展的期许。

连续四届的会议，上海大学国际教育学院得到众多前辈、专家、老师、同学们的大力支持。与会代表通过会议交流，互相学习，互相启发。会议讨论的问题，比如孔子学院建设、本土化教师培养、国际中文教育数字化转型、来华国际学生管理与服务、特色化教学资源建设等，都成为国际中文教育学科及业界普遍关心的问题。非常感谢与会代表的信任，使我们有机会将第三届会议讨论中的真知灼见汇成此书，同时我们也特别感谢支持我们的征稿工作，愿意惠赐稿件，使本论文集更为丰富和全面的各位专家、教师。

国际中文教育学科经过多年发展，建立了更加健全的标准体系，"三教"支撑能力得到进一步强化，办学体系不断完善，数字化转型也在持续深入，品牌传播影响力逐步扩大，应用场域更加多元化。党的二十大报告从促进世界和平与发展、推动构建人类命运共同体的高度，呼吁世界各国弘扬全人类共同价值,促进各国人民相知相亲,共同应对各种全球性挑战。国际中文教育是促进中外人文交流、人民相知相亲和文明交流互鉴的重要基础和前提。让我们共同努力,建设国际中文教育高质量发展,为推动构建人类命运共同体作出更大贡献。

目 录

国际中文教育研究

乌兹别克斯坦青年汉语学习者学习动机调查研究
……………………………………… 江 南　Nuritdinova Shohksanam /（ 3 ）
匈牙利匈中双语学校汉语课程体系建设调研及发展建议
………………………………………………… 刘 勇　耿 直　阮文英 /（ 19 ）
拉脱维亚初中级汉语水平学生的语法偏误分析研究………… 王琼子 /（ 31 ）
爱尔兰国际中文教育的发展…………………………………… 王欣欣 /（ 46 ）

孔子学院与文化传播

爱尔兰汉语高考的语言政策的制定和践行…………………… 郭蓉蓉 /（ 61 ）
推动中文国际教育发展的"认同"路径………………………… 胡争艳 /（ 75 ）
《千字文》在越南的传播与影响研究………… 任晓霏　朱慧妍 /（ 83 ）
文化语境视角下的汉语微课教学设计
　　——以《我心中的英雄》为例………… 田 艳　张 清　董乐颖 /（ 98 ）
吉尔吉斯斯坦小学汉语教材中的中国国家形象分析
　　——以《汉语》(1—3 册)为例
……………………… 杨一飞　缇 俤(Dzhumabekova Altynai) /（111）
"中国概况"课程研究二十年回顾与展望………… 张宇清　方 芳 /（125）

学科建设与教学

汉语国际教育专业留学生硕士论文模糊限制语使用研究
………………………………………………………… 曹净文　李 慧 /（139）
"翻转课堂"教学模式在对外汉语教学中的应用策略………… 黄自然 /（156）
国际中文教师的 TPACK 结构及"P"型路径建构研究……… 刘 洁 /（163）

后疫情时代在线汉语教学的反思与改进路径研究
　　——基于对西安交通大学留学生与教师的访谈与调查…… 马春燕 /（176）
拉美四国中文教育现状…………………………………………… 薛月茗 /（184）

语言教学与研究

对外汉字文化教材文化项与阐释汉字研究………… 黄　友　何杰璇 /（195）
基于中国知网（CNKI）中文慕课研究的可视化分析及启示
　………………………………………………………………… 王陈欣 /（206）
创新型 AI 汉语网络双师课堂教学模式的思考 ………………… 王睿贤 /（217）
初级汉语综合课教师课堂语言分析
　　——以北京语言大学参考课堂为例 ………………………… 武卓锦 /（232）
两种教学模式下学生线上学习行为与学习绩效的比较分析
　　——以超星平台上海大学"中级汉语阅读3"课程数据为例
　………………………………………………………………… 鄢胜涵 /（242）
论语法翻译法对当下海外汉语教学的启示 …………………… 姚　诚 /（254）
基于语料库的汉语动名兼类词二语习得计量考察 …………… 赵丽君 /（261）

"一带一路"背景下的汉语国际教育
(第三辑)

国际中文教育研究

乌兹别克斯坦青年汉语学习者学习动机调查研究

◎ 江 南　Nuritdinova Shokhsanam

> **摘 要**：随着中国与乌兹别克斯坦两国在多领域内的合作越来越密切，越来越多的乌兹别克斯坦青年学生将汉语作为一项重要的学习内容。本文通过问卷，对乌兹别克斯坦青年汉语学习者的学习动机进行了调查与分析。从总体上看，大部分乌兹别克斯坦青年学生对自身学习动机的认知比较清晰，对学习汉语有着比较实际的目标，即：提高自身的汉语水平，参与中乌交流，这也是他们学习汉语的主要动机所在。在他们的学习动机中，工具型动机较多，且总体差异较小；融入型动机较少，且总体差异较大。随着学习的继续，大部分的学生认为自己的学习动机的内容发生了变化，更多的人希望能利用习得的汉语为自己争取来中国留学的机会、求职上的优势、与中国进行贸易往来等。为了提高乌兹别克斯坦青年汉语学习者的学习动机，改善对乌兹别克斯坦的汉语授课效果，我们可以从教师、教材、教法和课程设置四个方面进行改进。
>
> **关键词**：学习动机；乌兹别克斯坦；汉语学习；青年

一、引言

在第二语言学习中，动机是重要的驱动力。这种动机的表现就是学习者学习并达到掌握第二语言目的的强烈愿望，包括目的、要达到目的的愿望、对学习的态度和努力行动。同时,学习动机会随着时间、环境、条件的变化而改变。学习者本人对自身学习动机及变化的清楚认识,可以有效地帮助学习者克服学习上的心理困难,保持学习兴趣。学习动机具有共性,但是由于每个国家的政治经济、历史文化、社会生活等因素的特点不同,不同国家的留学生有着各自的特点。因此,对于第二语言学习动机的国别化研究,对不同国家的汉语教学有着很大的帮助。

乌兹别克斯坦是重要的"一带一路"沿线国家。在乌兹别克斯坦,中国人开设了各种各样的企业、工厂、医院等,激励了当地汉语学习的开展。目前,该国学习汉语的主要群体是青年学习者。从这些学习者本身来看,他们善于接受新的事物,想用外语表达自己,了解其他国家,因此在学习汉语的第一阶段,通常有较高的动机。但在掌握这门语言的艰苦的学习过程中,学生的学习动机常常会发生变化。本文通过问卷对这一学习者群体的具体学习动机进行调查研究,了解其在汉语学习过程中对动机变化的主观认识,以帮助乌兹别克斯坦的教师了解青年学生的学习动机,并以此有的放矢地采用相应的教学方法,促进乌兹别克斯坦青年学生的汉语学习。

二、问卷的设计与调查对象

本文主要使用问卷调查的方法收集数据。问卷根据 Gardner 和 Lambert 的动机理论和对动机的分类进行设计,通过初稿设计、翻译、小范围试测、修改定稿等步骤确定内容,在了解被试者个人情况的基础上,通过问卷对乌兹别克斯坦青年汉语学习者学习动机的类型、差异,学习者对自身动机变化的认知等情况进行调查,并对调查的结果进行定量的分析,得出有关乌兹别克斯坦青年汉语学习者学习动机方面的具体情况。

问卷分为三部分内容:第一部分主要了解乌兹别克斯坦学生的基本情况;第二部分采用李克特量表,共36道题,对乌兹别克斯坦青年学生的汉语学习动机进行详细调查。通过此部分的调查,希望清晰了解乌兹别克斯坦汉语学习者有哪些具体的学习动机以及主要学习动机的类型;第三部分为主观题,共有两题,主要是以学生自由表述的方式考查学生汉语学习起始阶段的动机,及其目前汉语学习的动机是否有变化及变化原因。笔者期待通过这三部分的调查,能够明确了解乌兹别克斯坦学生的汉语学习动机具体情况及学习者自身对其汉语学习动机的认知。为了保证被调查者对问卷问题理解的正确性,结合被调查者普遍的语言状况，本问卷采用了汉语、乌兹别克语和俄语三种语言编写。

参与本次调查的对象是乌兹别克斯坦的青年汉语学习者，共发放问卷200份，回收158份。在参与本调查问卷的学生中，18—21岁的学习者为39人，占总人数的24.68%；22—25岁的学习者为78人，占总人数的49.37%；26—30岁的学习者为41人，占总人数的25.95%。我们可以明显地看出乌兹别克斯坦青年汉语学习者的年龄主要集中在22—25岁。产生这一情况的主要原因有：第一，这个年龄的许多青年人在上大学。在乌兹别克斯坦，只有上了大学以后才可以选择汉语专业，因此这个年龄的青年人可以自由选择汉语作为自己的专业。当然也有一些青年人在语言中心或者孔子学院开始学习汉语。第二，在乌兹别克斯坦，如果想出国是非常复杂的。乌兹别克斯坦政府只允许22—25岁的国民出国。而在乌兹别克斯坦的英语学习者太多，所以如果想去美国或欧洲留学竞争非常激烈，而且难以得到奖学金。如果来中国留学，学生更有机会拿到奖学金，而且在中国的日常消费相对较低，所以中国成为这个年龄阶段的青年出国留学的一大选择，因此必须学习汉语以帮助他们申请来中国留学和获得奖学金。第三，现在，乌兹别克斯坦有许多中国人开设的公司，而且中国与乌兹别克斯坦的合作越来越多，对汉语人才的需求较大。22—25岁的青年人面临大学毕业后就业的问题，如果会汉语就可以提高自己的求职竞争力，在与中国有关的公司获得比较好的工作职位。

参与问卷调查的乌兹别克斯坦学生学习汉语的时长不同。有30人学习汉语的时长为1—6个月，占总人数的18.99%；有57人学习汉语的时长为1—2年，占总人数的36.08%；有33人学习汉语的时长为3—4年，占总人数的20.89%；有38人学习汉语的时长为5—6年，占总人数的24.05%。从问卷的结果可以看出，在调查对象中处在汉语学习各阶段的人数比较均衡，从而有效地保证了问卷分析结果可以较好地反映乌兹别克斯坦青年学生汉语学习的动机中存在的代表性问题和情况。

三、乌兹别克斯坦青年汉语学习者的汉语学习动机

（一）学习动机的总体情况

问卷首先采用李克特量表，对乌兹别克斯坦青年学生汉语学习动机的总

体情况进行了调查,并根据平均得分的高低,将调查结果进行了排序,详见表1。

表1 乌兹别克斯坦青年学生汉语学习动机的总体情况(按平均值排序)

单位:分

调查题目	平均值	标准差
21. 我学习汉语是因为我想把汉语说得跟中国人一样	4.303 7	1.123 449
13. 我学习汉语是因为我觉得能达到自己期望的级别	4.221 5	1.117 317
7. 我学习汉语是因为我想参加中乌经济谈判贸易	4.202 5	1.123 734
1. 我学习汉语是因为自己感兴趣	4.177 2	0.938 076
36. 我学习汉语是因为我想参与加强中国与乌兹别克斯坦关系的活动	4.107 5	1.240 587
28. 我学习汉语是因为我想掌握更多语言	4.037 9	1.211 162
32. 我学习汉语是因为我想在乌兹别克斯坦跟中国人合作,并打算成立一家公司	3.962 0	1.306 682
5. 我学习汉语是因为喜欢这门语言	3.924 0	1.076 47
9. 我学习汉语是因为我想去中国旅行	3.905 0	1.256 819
26. 我学习汉语是因为我想当一位完美的翻译家	3.879 7	1.351 781
3. 我学习汉语是为了找到一份好工作	3.873 4	1.296 217
19. 我学习汉语是因为我想不用词典就看得懂汉语书	3.873 4	1.266 582
20. 我学习汉语是因为在乌兹别克斯坦的中国人越来越多,相应的工厂也越来越多,我想去工作	3.810 1	1.350 817
4. 我学习汉语是因为想去中国留学	3.784 8	1.356 381
22. 我学习汉语是因为汉语是世界上最重要的语言之一	3.753 1	1.295 986
14. 我学习汉语是因为在乌兹别克斯坦的中国人越来越多,我想了解他们	3.683 5	1.322 103
6. 我学习汉语是因为对中国文化和习俗感兴趣	3.658 2	1.194 778
35. 我学习汉语是因为我从开学到现在,对学汉语越来越感兴趣	3.645 5	1.263 289

续 表

调 查 题 目	平均值	标准差
10. 我学习汉语是因为我想结交更多的中国朋友	3.645 5	1.326 821
24. 我学习汉语是因为我想获得中国大学的学生奖学金	3.582 2	1.437 364
8. 我学习汉语是为了通过汉语水平考试	3.563 2	1.425 063
16. 我学习汉语是因为汉语在全世界很流行	3.518 9	1.329 897
18. 我学习汉语是因为我想看懂中国的电影、电视剧	3.518 9	1.301 029
25. 我学习汉语是因为中国有"一带一路"倡议	3.481 0	1.443 981
23. 我学习汉语是因为我对中国历史感兴趣	3.392 4	1.381 778
11. 我学习汉语是为了拿到大学毕业证书	3.335 4	1.482 432
34. 我学习汉语是因为我对正在学习的汉语课本感兴趣	3.094 9	1.363 112
30. 我学习汉语是因为我很向往拥有中国人的生活习惯和思维方式	3.069 6	1.450 085
33. 我学习汉语是因为我以后想当导游	3.050 6	1.422 235
17. 我学习汉语是因为我想看懂中国的名著和报纸杂志	2.993 6	1.444 98
27. 我学习汉语是因为我想参加汉语桥比赛	2.987 3	1.471 189
15. 我学习汉语是因为我喜欢中国画和中国书法	2.860 7	1.370 893
29. 我学习汉语是因为我对中国综艺节目和艺人很感兴趣	2.639 2	1.450 527
31. 我学习汉语是因为我喜欢我的汉语老师,不想辜负她/他	2.626 5	1.532 286
2. 我学习汉语是因为父母的要求	2.056 9	1.415 304
12. 我学习汉语是想有一个中国男朋友或女朋友	1.930 3	1.467 44

从表1可以看出,调查对象在对不同学习动机的选择上有着明显的差异。在36道题中,平均分值在4分以上的问题有六道,分别是:第21题"我学习汉语是因为我想把汉语说得跟中国人一样"(4.303 7分)、第13题"我学习汉语是因为我觉得能达到自己期望的级别"(4.221 5分)、第7题"我学习汉语是因为我想参加中乌经济谈判贸易"(4.202 5分)、第1题"我学习汉语是因为自

己感兴趣"(4.177 2分)、第36题"我学习汉语是因为我想参与加强中国与乌兹别克斯坦关系的活动"(4.107 5分)、第28题"我学习汉语是因为我想掌握更多语言"(4.037 9分)。

由此可知,乌兹别克斯坦青年学习汉语的动机从整体上来说主要集中在两点:一是,学习者本身对汉语具有浓厚的兴趣,并且有明确的希望达到某种水平的目标;二是,学习者想学好汉语以后参与中乌之间的经济、贸易、文化等活动。这两个学习动机一个来自学生的自身,属于内部动机;一个来自外界的社会环境,属于外部动机,它们之间也具有一定的内在联系。随着中国经济的迅速发展,中国在世界上的经济地位不断提高,乌兹别克斯坦与中国在各个领域的合作不断加强,汉语作为一种重要的交流工具,非常有必要学习,掌握汉语必将在中乌合作交流中占得有利的地位,对青年人的发展有很大的益处。因此,许多青年人对汉语产生了浓厚的兴趣,并同时期望自己学有所成,未来参与到中乌各种关系往来与交流中。

除了得高分的问题以外,我们还要注意分数较低的问题。在36道题中,平均值低于3分的问题有七道,分别是:第17题"我学习汉语是因为我想看懂中国的名著和报纸杂志"(2.993 6分)、第27题"我学习汉语是因为我想参加汉语桥比赛"(2.987 3分)、第15题"我学习汉语是因为我喜欢中国画和中国书法"(2.860 7分)、第29题"我学习汉语是因为我对中国综艺节目和艺人很感兴趣"(2.639 2分)、第31题"我学习汉语是因为我喜欢我的汉语老师,不想辜负她/他"(2.626 5分)、第2题"我学习汉语是因为父母的要求"(2.056 9分)和第12题"我学习汉语是想有一个中国男朋友或女朋友"(1.930 3分)。从这样的结果中我们可以看出,乌兹别克斯坦的青年汉语学习者对汉语的书刊、艺术、综艺等方面不太感兴趣,这些方面不能够激发大多数汉语学习者的学习动机。同时,我们还可以看出乌兹别克斯坦的青年学生在学习汉语的时候,受到他人如父母、老师、男/女朋友的影响较少,大多还是出于自己对汉语的兴趣。

综合以上的分析,我们可以看出,大多数的乌兹别克斯坦青年汉语学习者对学习汉语有着比较实际的目标,即:提高自身的汉语水平,参与中乌交流,这也是他们学习汉语的主要动机所在。

(二)学习动机的差异性

为了更清楚地了解与分析乌兹别克斯坦青年学生汉语学习动机的整体差

异情况,我们对问卷第二部分的调查结果按照标准差分数的高低又进行了排序,见表2。

表2 乌兹别克斯坦青年学生汉语学习动机的总体情况(按标准差排序)

单位:分

调 查 题 目	标准差	平均值
31. 我学习汉语是因为我喜欢我的汉语老师,不想辜负她/他	1.532 286	2.626 5
11. 我学习汉语是为了拿到大学毕业证书	1.482 432	3.335 4
27. 我学习汉语是因为我想参加汉语桥比赛	1.471 189	2.987 3
12. 我学习汉语是想有一个中国男朋友或女朋友	1.467 44	1.930 3
29. 我学习汉语是因为我对中国综艺节目和艺人很感兴趣	1.450 527	2.639 2
30. 我学习汉语是因为我很向往拥有中国人的生活习惯和思维方式	1.450 085	3.069 6
17. 我学习汉语是因为我想看懂中国的名著和报纸杂志	1.444 98	2.993 6
25. 我学习汉语是因为中国有"一带一路"倡议	1.443 981	3.481 0
24. 我学习汉语是因为我想获得中国大学的学生奖学金	1.437 364	3.582 2
8. 我学习汉语是为了通过汉语水平考试	1.425 063	3.563 2
33. 我学习汉语是因为我以后想当导游	1.422 235	3.050 6
2. 我学习汉语是因为父母的要求	1.415 304	2.056 9
23. 我学习汉语是因为我对中国历史感兴趣	1.381 778	3.392 4
15. 我学习汉语是因为我喜欢中国画和中国书法	1.370 893	2.860 7
34. 我学习汉语是因为我对正在学习的汉语课本感兴趣	1.363 112	3.094 9
4. 我学习汉语是因为想去中国留学	1.356 381	3.784 8
26. 我学习汉语是因为我想当一位完美的翻译家	1.351 781	3.879 7
20. 我学习汉语是因为在乌兹别克斯坦的中国人越来越多,相应的工厂也越来越多,我想去工作	1.350 817	3.810 1
16. 我学习汉语是因为汉语在全世界很流行	1.329 897	3.518 9

续 表

调 查 题 目	标准差	平均值
10. 我学习汉语是因为我想结交更多的中国朋友	1.326 821	3.645 5
14. 我学习汉语是因为在乌兹别克斯坦的中国人越来越多,我想了解他们	1.322 103	3.683 5
32. 我学习汉语是因为我想在乌兹别克斯坦跟中国人合作,并打算成立一家公司	1.306 682	3.962 0
18. 我学习汉语是因为我想看懂中国的电影、电视剧	1.301 029	3.518 9
3. 我学习汉语是为了找到一份好工作	1.296 217	3.873 4
22. 我学习汉语是因为汉语是世界上最重要的语言之一	1.295 986	3.753 1
19. 我学习汉语是因为我想不用词典就看得懂汉语书	1.266 582	3.873 4
35. 我学习汉语是因为我从开学到现在,对学汉语越来越感兴趣	1.363 289	3.645 5
9. 我学习汉语是因为我想去中国旅行	1.256 819	3.905 0
36. 我学习汉语是因为我想参与加强中国与乌兹别克斯坦关系的活动	1.240 587	4.107 5
28. 我学习汉语是因为我想掌握更多语言	1.211 162	4.037 9
6. 我学习汉语是因为对中国文化和习俗感兴趣	1.194 778	3.658 2
7. 我学习汉语是因为我想参加中乌经济谈判贸易	1.123 734	4.202 5
21. 我学习汉语是因为我想把汉语说得跟中国人一样	1.123 449	4.303 7
13. 我学习汉语是因为我觉得能达到自己期望的级别	1.117 317	4.221 5
5. 我学习汉语是因为喜欢这门语言	1.076 47	3.924 0
1. 我学习汉语是因为自己感兴趣	0.938 076	4.177 2

从表2可以看出,从总体趋势来说标准差较大的题目平均值较小,标准差较小的题目平均值较大。这说明,乌兹别克斯坦青年学生对学习动机的认可度,在平均值较高的项目上比较统一;但是在平均值比较低的项目上有较大分歧。其中,标准差高于1.45分的有六道题,分别为:第31题"我学习汉语是因

为我喜欢我的汉语老师,不想辜负她/他"(1.532 286);第 11 题"我学习汉语是为了拿到大学毕业证书"(1.482 432);第 27 题"我学习汉语是因为我想参加汉语桥比赛"(1.471 189);第 12 题"我学习汉语是想有一个中国男朋友或女朋友"(1.467 44);第 29 题"我学习汉语是因为我对中国艺术节目和艺人很感兴趣(1.450 527)"和第 30 题"我学习汉语是因为我很向往拥有中国人的生活习惯和思维方式"(1.450 085)。我们发现,除了第 11 题外,其他五项都是融入型动机,这就说明乌兹别克斯坦青年汉语学习者在融入型动机方面总体差异较大,可能有的学生对中国的文化、历史和风俗具有非常浓厚的兴趣,非常愿意融入中国人民的生活,但是大部分学习者对中国的文化或者思维方式不太感兴趣,只是把学习汉语作为一个工具。

第 31 题"我学习汉语是因为我喜欢我的汉语老师,不想辜负她/他"(1.532 286)是全部调查项目中标准差最大的一项。这说明被调查者在这一项上的分歧最大,也就是说,对于乌兹别克斯坦青年学生来说,教师对学习者学习动机的激发和保持作用因人而异,可能对于某些学生来说是特别有效的因素,但对于另一些学生来说没有什么效果。

第 11 题"我学习汉语是为了拿到大学毕业证书"(1.482 432)虽为工具型动机,但标准差也较大,分析原因可能是:被调查者中有一部分是汉语专业或者在大学学习汉语的学生,他们必须学习汉语以获得毕业证书,在这一项中,他们很可能选择分数较高的选项;而其他的一些被调查者并不是在校大学生,没有毕业压力,其学习动机自然不包括此项。

其他四道题"是否参加汉语桥比赛""是否找中国男朋友/女朋友""是否对中国综艺节目和艺人很感兴趣"以及"是否向往拥有中国人的生活习惯和思维方式"基本都是关乎个人对生活方式的选择,差异性较大也很容易理解。

再观表 2,我们得到标准差数值小于 1.15 的有五道题,按照由低到高的顺序排列,分别为:第 1 题"我学习汉语是因为自己感兴趣"(0.938 076);第 5 题"我学习汉语是因为喜欢这门语言"(1.076 47);第 13 题"我学习汉语是因为我觉得能达到自己期望的级别"(1.117 317);第 21 题"我学习汉语是因为我想把汉语说得跟中国人一样"(1.123 449)和第 7 题"我学习汉语是因为我想参加中乌经济谈判贸易"(1.123 734)。

这五个学习动机标准差较小且平均值较高,它们都来自学生自身,且仅仅与汉语本身和汉语的使用有关,属于工具型动机。这说明乌兹别克斯坦青年汉语学习者在工具型动机方面的总体差异较小,且动机较强烈。这五道题中,第1、5题类似,都是学生对汉语的态度,表达了学习者对汉语的期望;第13、21题相关,都是学习者对自己汉语水平的期待,总体来说期待值较高;第7题是非常实际的一个学习动机,也可以看做是学习者对自身汉语水平的期待。其中,标准差最小的一项是第1题"我学习汉语是因为自己感兴趣",在这一题中选择4分以上的被调查者达到81.01%,而选择1—2分的被调查者只有5%左右。这说明,大部分乌兹别克斯坦青年汉语学习者的学习兴趣很强,这是一个非常强大的内在学习动力。这一部分显示的结果与表1的分析相吻合。

四、乌兹别克斯坦青年汉语学习者对自身学习动机变化的认知

问卷的最后一部分是两道主观题,共有两个问题:1."你最开始为什么学习汉语?"和2."现在你学习汉语的动机有变化吗?为什么?"通过这两道题的调查,我们希望了解被调查者对自身汉语学习动机及动机是否变化、变化原因的主观认知情况,以便我们提出更有效的激发和保持学生学习动机的建议。

(一)学生对自身最初学习汉语动机的主观认知

对于第1题"你最开始为什么学习汉语?",158名学生中有127名给出了答案(详见图1)。

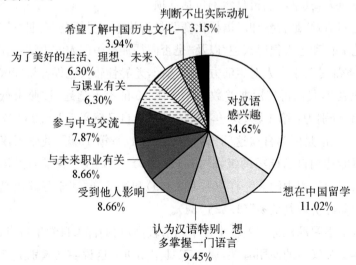

图1 学生对自我初学汉语学习动机的认知

在127名被调查者的答案中,有44名认为自己学习汉语的最初动机是因为对汉语感兴趣,占到被调查人数的34.65%。有14名被调查者认为自己最初是因为想在中国留学,才开始学习汉语的,占到被调查人数的11.02%。有12名调查者觉得汉语很重要或者很特别,他们最初学习汉语的动机是想多掌握一门语言,占被调查人数的9.45%。有11名被调查者最初是因为受到他人的影响开始学习汉语的,占被调查人数的8.66%,其中8人是应父母的要求选择学习汉语,其他三人分别是受到老师、哥哥或女朋友的影响开始学习汉语的。另有11人最初选择学习汉语的动机是与未来职业有关系,也占被调查人数的8.66%,他们都认为通过学习汉语有利于未来谋求工作职位。有10人最初是为了参与中国和乌兹别克斯坦的交流,尤其是经贸往来开始学习汉语的,占被调查人数的7.87%。有8人开始时是因为要完成课业任务选择了学习汉语,占被调查人数的6.30%,他们或者为了通过HSK考试或者是为了完成学业。有8人只是笼统地表示为了美好的生活、理想、未来而开始学习汉语,占被调查人数的6.30%。只有5人表示,最初是因为希望了解中国历史文化等方面的情况而开始学习汉语的,占被调查人数的3.94%。还有四份问卷填写得非常模糊,判断不出实际动机,占到被调查人数的3.15%。

从以上的调查可以看出,大部分乌兹别克斯坦青年学生对自身学习动机的认知还是比较清楚的,他们很清晰地知道自己最初为什么选择学习汉语。除去表述模糊的4人外,在其余的123人中只有5人的学习动机是融入型的,即:为了了解中国历史文化,接受中国文化;其余118人学习汉语的最初动机都是工具型的,主要集中在对汉语本身的兴趣和认可、将汉语作为完成学业的工具或者利用汉语为未来的工作、生活做准备。这与我们问卷第二部分的调查结果相一致。

(二)学生对自身汉语学习动机变化情况的主观认知

被调查者在自我审视过学习汉语的最初动机后,需要回答此部分调查的第2题:"现在你学习汉语的动机有变化吗?为什么?",进一步反思自己学习动机有无变化及变化原因。在刚才回答了第1题的127名被调查者中,有82人认为自己学习动机发生了变化①,占被调查者的64.57%;有36人表示自己的学习动机和以前一样,占被调查者的28.35%;有2人表示不知道自己的学

---

① 此处的"动机变化"是指学习者的动机内容的变化,不包括原有动机的增强或者减退。

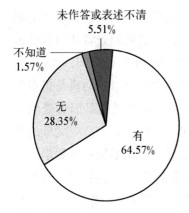

图2 学生对自我汉语学习动机有无变化的认知

习动机有无变化,占被调查者的1.57%;还有7人未作答或者回答模糊、答非所问,占被调查者的5.51%。从以上数据可以看出,近七成的乌兹别克斯坦青年汉语学习者的学习动机发生了变化,只有小部分学习者还保持着原先的学习动机(详见图2)。

那么被调查者的动机发生了怎样的变化?原因是什么呢?从回答情况上来看,他们动机的变化情况十分复杂,所以我们很难从中发现特别明显的规律,但是我们可以从统计数据中看出一些趋势(详见表3)。

表3 乌兹别克斯坦青年汉语学习者动机变化情况

动机内容	总人数(人)	产生变化		未产生变化		不知道	未作答或表述不清
		人数(人)	百分比(%)	人数(人)	百分比(%)		
对汉语感兴趣	44	34	77.27	9	20.45	1	—
想在中国留学	14	9	64.29	5	35.71	—	—
认为汉语特别,想多掌握一门语言	12	7	58.33	3	25.00	—	2
受到他人影响	11	9	81.82	2	18.18	—	—
与未来职业有关	11	7	63.63	3	27.27	—	1
参与中乌交流	10	3	30.00	7	70.00	—	—
与课业有关	8	5	62.50	3	37.50	—	—
为了生活、理想、未来	8	3	37.50	3	37.50	1	1
了解中国历史文化等	5	3	60.00	0	0.00	—	2
其他	4	2	50.00	1	25.00	—	1

首先,从学习者动机产生变化的百分比来看,变化率最高的是原先持"受到他人影响"的学习动机的群体,11人中有9人改变了最初的学习动机,动

变化率达到81.82%。这9人中,有6人原先是因为父母的要求和建议开始学习汉语,1人因为受到以前在中国留学过的哥哥的影响,1人受到老师的影响,1人受到中国女朋友的影响而开始学习汉语。在学习一段时间以后,有一半以上学生的学习动机变成了与未来的学业或者职业有关,希望学好汉语以后能够到中国留学或者有利于职业的发展。其次,原本持"对汉语感兴趣"这个学习动机的学生,是人数最多的群体。他们的学习动机变化的百分比也较高,排到统计数据的第二位,达到77.27%。他们中的许多人在学习汉语一段时间以后,学习动机变化为并不只是对汉语单纯的兴趣,而也是与未来职业和个人发展相关,希望在中国留学或者参与对中国的经济贸易活动。再次,从学习者动机未产生变化的百分比来看,有一个数据特别突出,即:原先持"了解中国历史文化等"学习动机的5名学习者中,没有一个人表示学习动机未产生变化。其中3人明确表示,现在的学习动机为"为了工作""为了和中国人做生意"和"为了在中国留学";其余两人,一人表示不知道动机是否变化,一人未作答。最后,初始学习动机未发生变化的百分比最高的群体是最初的学习动机与"参与中乌交流"的被调查者。有10人最初持此种学习动机,有7人表示学习动机还是与"参与中乌交流"有关系,占到70%。动机发生变化的三人中有两人表示,他们现在的学习分别变成了"为了父母的希望"和"为了获得奖学金",有一人只是笼统地说"为了自己的目的"。

  以上我们具体分析的四项数据,是统计表中体现变化趋势最明显的几项数据。从分析中可以看出,对于乌兹别克斯坦青年汉语学习者来说,最不易发生变化的初始学习动机是"参与中乌交流",这些交流具体来说有经济、贸易、文化、民间等方面的。随着学生汉语水平的提高,他们对中国了解得更多,在中国与乌兹别克斯坦联系越来越紧密的大环境下,学生比较容易保持这一动机。最易发生变化的初始学习动机是"受到他人影响"这一外部动机,当学生进行汉语学习一段时间以后,大部分学生的学习动机转变为内部动机,开始规划自己的未来,继续学习汉语以实现自我对未来学业或者职业的期待。另外两项数据也表明,随着学习的深入,学生的学习动机也越来越与未来职业和个人发展相关。因此,总的来说,乌兹别克斯坦青年学生学习动机变化的一个大趋势是,他们更多的人希望能利用汉语为自己取得来中国留学的机会、求职上的优势、与中国进行贸易往来等,学习动机的工具性十分明显。

  通过问卷调查,我们了解了乌兹别克斯坦青年汉语学习者学习动机的总体情况。大部分乌兹别克斯坦青年学生对自身学习动机的认知比较清晰,他们学习汉语的动机从整体上来说主要集中在两点：一是，学习者本身对汉语具有浓厚的兴趣，并且有明确的希望达到某种水平的目标；二是，学习者将汉语作为完成学业的工具或者利用汉语为未来的工作、生活做准备，许多学习者希望参与中乌之间的经济、贸易、文化等活动。因此，他们在融入型动机方面总体差异较大；在工具型动机方面总体差异较小，且动机较强烈。所以我们在教学中必须把提高学生自身的语言能力作为第一要务，并且可以加强对中国经贸情况的介绍，以适应学生的学习动机。

五、结语

动机，是学习行为产生的一个主要动力，是影响学习效果的学习者因素的重要组成部分。在学习一门外语，特别是在非目的语国家进行学习时，学习动机是激发和保持学生学习行为的重要因素，在各个学习阶段都存在。但是，动机不是一成不变的，在不同的学习阶段会发生变化。因此，了解教学对象的学习动机和动机变化情况，有利于教师和教学机构据此调整教学内容和方式，对提高教学对象群体的学习成绩非常有利。

本文通过问卷，调查了乌兹别克斯坦青年汉语学习者所持的汉语学习动机的基本情况、影响动机变化的因素、学生对自身学习动机和变化情况的认知等，得出以下三项主要结论：第一，大多数的乌兹别克斯坦青年汉语学习者对学习汉语有着比较实际的目标，即提高自身的汉语水平，参与中乌交流，这也是他们学习汉语的主要动机所在。第二，在乌兹别克斯坦青年学生的汉语学习动机中，工具型动机较多，且总体差异较小；融入型动机较少，且总体差异较大，因此可以看出他们的工具型动机比较强烈。但工具型动机具有缺乏持久性的特点，因此在汉语教学中，怎样保持乌兹别克斯坦青年学生的学习动机非常重要。第三，大部分乌兹别克斯坦青年学生对自身学习动机的认知比较清晰，他们认为自己汉语学习的最初动机主要集中在自身对汉语有浓厚的兴趣，并有明确的学习目标的基础之上。学习者将汉语作为完成学业的工具或者利用汉语为未来的工作、生活做准备。他们对自我学习动机的变化也有一定的认知，随着学习的继续，大部分的学生认为自己的学习动机发生了变化，更多的人希望能利用汉语为自己取得来中国留学的机会、求职上的优势、与中国进行贸易往来等，学习动机的工具性十分明显。

为了提高乌兹别克斯坦青年汉语学习者的学习动机，改善对乌兹别克斯坦的汉语授课效果，我们可以从教师、教材、教法和课程设置四个方面进行改进。在教师方面：调查发现有经验的教师和与学生交流多的教师更受到学生的欢迎，并能较好地激发学生的学习动机。为了达到这样的目标，教师应充分认识到学习动机对学习者的重要性；在课上课下应采取激发学生学习动机的正确方式，例如：对学生的课堂表现尽量做出正面评价、课下与学生一起观看中国电影等；并且要努力提高自己的专业素养，具备一定的激发学生学习动机的能力。在教材方面：首先，在教学内容的安排上应该注意语音、词汇、语法、汉字这四种要素之间的平衡；其次，在课文选题上可以适当增加经贸方面的内容，减少中国的传统艺术、综艺节目方面的内容；最后，在编写教材的时候，建议录制与课文相配套的视频或者音频文件，提高学生汉语学习的兴趣。在教法方面：教师可以注意营造活泼的课堂气氛，并适当增加在课堂上的提问数量，以增加学生的课堂参与度和获得感。同时，在教学中教师可以增加多媒体教学手段的运用，提升学生对汉语学习的兴趣。教师可以适度地使用学生的母语进行教学，但是要控制使用的频度和数量，对于不同水平的学生要有区别。在课程设置方面：教学机构可以适当增加综合课和口语课的比例，并适当减少写作课程的比例；开设经贸汉语类的汉语课程，同时开设中国文化、民俗、艺术类的课程作为选修课，并且设置一些与汉语学习有关的课外活动，辅助课内汉语教学。

以上建议，是我们根据调查问卷从激发和保持学生学习动机的角度提出的。这些方面当然还有很多其他角度的考量。教师和教学机构可以根据自己的实际情况，选择性地进行采用，针对学生学习的动机及其动机变化的情况，有的放矢地设置教学内容，使用教学方法，促进对乌汉语教学。

参考文献

[1] 丁安琪.汉语作为第二语言学习者研究[M].北京：世界图书出版社,2010.
[2] 丁安琪.来华留学生汉语学习动机强度变化分析[J].语言教学与研究,2013(5).
[3] 丁安琪.目的语环境下汉语学习动机增强者动机变化分析[J].语言文字应用,2015(2).
[4] 丁安琪.来华留学生汉语学习动机类型分析[J].海外华文教育,2016(3).
[5] 刘珣.对外汉语教育学引论[M].北京：北京语言大学出版社,2013.
[6] 杨韵韵.基于社会视角的中亚留学生汉语学习动机研究[D].硕士学位论文,新疆大学,2013.

［7］ 张南.长期在华留学生汉语学习动机的消减原因探究[D].硕士学位论文,陕西师范大学,2013.

［8］ 周颖.国内外第二语言学习动机减退研究评述[J].宿州学院学报,2016,31(2).

［9］ 周颖.中亚留学生汉语学习的动机激发策略[J].怀化学院学报,2016,35(9).

［10］ Shorasul Shamansurov.从本土化的角度对乌兹别克斯坦现用汉语教材的分析——以《汉语新目标》为例[D].硕士学位论文,山东师范大学,2015.

作者简介： 江南,上海大学国际教育学院。

Nuritdinova Shokhsanam,上海大学国际教育学院。

匈牙利匈中双语学校汉语课程体系建设调研及发展建议[*]

◎ 刘 勇 耿 直 阮文英

> **摘 要**：匈牙利匈中双语学校是国际中文教育本土化发展的一个典型，文章在结合调查问卷和访谈数据的基础上，从教师、教材、课程设置和教法等方面对匈中双语学校汉语课程体系建设的发展现状进行了研究。研究发现师资方面存在教师来源不稳定、质量参差不齐、教师的授课语言与学情不匹配、教师从事汉语教学的阻碍较多等问题；教材方面存在缺乏适切性及系统性、教材内容问题较多等问题；课程设置方面存在课程种类单一、缺乏层次性、"十二年一贯制"汉语课程计划的执行缺乏制度保障等问题；教学方面存在教学方法的选择缺乏科学性、教参资源利用率低、检测方式对学生主动性的关注度不够等问题，最后针对性地提出了加强教师队伍建设，建立长效保障机制，开发本土教材，提升教材的适切性，丰富课程种类，增加课程设置的层次性，坚持因材施教，优化课堂教学等相关对策方案。
>
> **关键词**：匈中双语学校；课程体系建设；国际中文教育；本土化

中匈友好交往与新中国相伴而生，两国是"经得起考验的好朋友、好伙伴"（新华社，2023）。2010年，匈牙利出台"向东开放"政策，这与我国的"一带一路"倡议有诸多吻合之处。因此，在"一带一路"倡议提出后，匈牙利积极对接，于2015年成为欧洲第一个和中国签订共建"丝绸之路经济带"和"21世纪海

---

[*] 本文系教育部中外语言交流合作中心2022年度国际中文教学实践创新项目"匈牙利中文教育本土化课程建设研究——以匈中双语学校为例"（项目编号：YHJXCX22-115）阶段性成果。

上丝绸之路"谅解备忘录的国家。目前,中国已成为匈牙利在欧盟外的最大贸易国,匈牙利也成为中国在中东欧地区的最佳投资目的地(齐丽,2017)。在此背景下,大力推动匈牙利中文教育发展尤为迫切。已有研究主要关注匈牙利中文教育的整体情况和孔子学院发展(黎敏,2020;朱勇、倪雨婷,2021;王帅臣、李惠子,2021;李登贵、高军丽、王衡,2021;高伟、吴应辉,2022;牛娜娜,2022等),针对匈牙利本土中文教育机构的系统化个案式调研还比较缺乏。本文在对匈中双语学校这一典型个案进行田野调查的基础上,从教师、教材、课程设置和教法等方面梳理出该校汉语课程体系建设的发展现状,并提出相关建议,希望借此管窥匈牙利中文教育本土化现状,为国际中文教育本土化发展提供典型范例。

一、匈中双语学校基本情况

匈中双语学校成立于2004年,是在胡锦涛主席和匈牙利总理迈杰希的殷切关怀下成立的,两国共同签署关于建立匈中双语学校备忘录。2023年1月,习近平主席更是复信匈中双语学校,为同学们长期学习中文、立志为中匈友好作贡献"点赞"。从国际中文教育本土化角度来讲,建校近二十年来,该校形成了从小学到高中的完整体系,是匈牙利乃至中东欧地区唯一一所同时采用所在国语言和汉语作为教学语言的十二年制公立学校。目前,该校有12个年级,20个班,530余名学生(本土学生约占三分之二)。从最初以华裔学生为主到现在以匈牙利学生为主,匈中双语学校创立十多年来的学生结构变化,显示出中文和中国在匈牙利日益受到重视。可以说,该校的中文教育本土化是一种深层的本土化,走在了匈牙利乃至欧洲的前沿。研究该校个案,对全球中文教育本土化发展也有借鉴意义。

二、匈中双语学校汉语课程体系建设调研分析

为全面了解该校的课程体系建设情况,我们分别从教师、教材、课程设置和教法等方面进行了问卷调查。调查对象为该校在职中文教师,在线发放问卷18份,回收13份,包括9名中国公派汉语教师、3名匈牙利本土教师和1名与该校教学活动有合作关系的旅匈华人。

(一) 师资情况

1. 基本情况

表1　匈中双语学校教师数量及来源统计　　　　　　　　单位：人

教师来源	中国公派汉语教师	匈牙利本土教师	匈籍华裔/旅匈华人
教师数量	11	3	4
共　计	18			

从表1中可知,该校目前共有18名汉语教师,分三类：第一类是由教育部中外语言交流合作中心选派的国家公派汉语教师,占比为61.1%,是构成该校汉语师资的主干力量(匈中双语学校建有独立的孔子课堂)。第二类是由学校自聘的本土教师,占比为16.7%。第三类是匈籍华裔/旅匈华人,占比为22.2%。其中前两类教师以全职为主,第三类则以兼职为主。

表2　匈中双语学校教师从事汉语教学的时间统计　　　　单位：人

从事汉语教学的时间	不足1年	1—3年	4—6年	7年以上
教师数量	0	7	8	3
共　计	18			

从表2中看,教学经验为1—3年的教师占38.8%,4—6年的为44.4%,甚至有16.6%的教师从事汉语教师的时间超过7年。可以看出,该校的汉语教师基本上都具有较为丰富的汉语教学经验。

从学历和专业来看,该校汉语教师平均学历基本都在硕士以上,更有超过80%的教师为中文/汉语国际教育及相关专业,系统学习过汉语国际教育的相关理论知识,业务素质较好。三名本土教师中,两名毕业于罗兰大学汉语师范专业,一名教师专业为英文和中文,三位教师都曾有在中国留学的经历,依次为台北教育大学(NTUE)、北京外国语大学(BFSU)和北京理工大学(BIT)。

2. 存在的问题

(1) 教师来源不稳定。

该校的师资来源多样,教学经验丰富,教师学历和专业构成都较为合理,但是该校公派教师占比过高,超过60%,说明该校的教师来源过度依赖中国。新冠肺炎疫情下,这种过分依赖带来了一些负面后果——因中国无法向该校派出汉语教师,便出现师资严重紧缺的问题,迫于压力,学校开始面向匈牙利招聘本土汉语教师。

(2)师资质量参差不齐。

虽然该校多数汉语教师的学历在硕士以上,但是仍有超过20%的教师仅为本科学历,他们通常缺乏对诸如语法、词汇教学技能等实践类课程的学习。在问卷中最后一个问题"您在教学方面面临的最主要的三个问题是什么?"中出现"汉字教学方面缺乏适合的方法,缺少趣味性""关于课文的处理,怎样才可以让对话更自然""初级词汇教学,除运用图片、翻译、举例外,无法更为生动地向学生讲解"等回答,就是这一问题的最好体现。此外,这些教师缺乏科研经验,很难将在匈的中文教学实践转化为理论,不利于匈牙利中文教学的可持续发展。

在三名本土教师中,也有一名为本科学历,汉语中级水平。不难想象,作为中级水平的汉语学习者,汉语基础本就薄弱,存在很多问题没有被及时纠正,加上如果教学方法选择不当,必将影响学生的中文学习。

(3)教师的授课语言与学情不匹配。

表3 匈中双语学校教师掌握外语情况统计　　　　单位:人

教师掌握的外语(汉语除外,多选题)	英语	匈牙利语	德语	泰语
选择人数	13	4	1	1

从表3中可以看出,该校教师所掌握的外语种类丰富,且都能运用英语进行交流。然而,匈中双语学校是同时采用匈牙利语和汉语作为教学语言的十二年制公立学校,其母语为匈牙利语的学生更是超过三分之二,且大部分不会英语,尽管该校教师全部能流利地运用英语交流,但是面对学校的办学特点和不会英语的匈牙利学生,这块"长板"似乎变成了"短板",甚至有教师因为授课语言以英语为主受到了学生家长的投诉。即便三成教师勾选了"匈牙利语",但是其中多位都表示"仅仅能说一点点,完全不能满足上课的需要"。

(4) 教师从事汉语教学的阻碍较多。

表 4　匈中双语学校教师从事汉语教学的阻碍情况统计　　单位：人

教师遇到的阻碍（多选题）	工资太低	学校不重视汉语教学	工作压力太大，不稳定	选择学汉语的学生太少	很难协调与同事的关系	很难协调与家长的关系	国家对汉语教师的支持力度不够
选择人数	11	5	4	5	4	4	5

从表 4 中可知，教师面临最大的问题是"工资太低"，占到了 84.6%。出现这一问题主要是由于匈牙利地处欧洲，但平均生活成本较欧洲的其他地区高出很多。根据访谈发现，汉语教师的工资与当地餐厅服务员别无二致，在当地收入中属于中下水平。除此之外，其他问题也较为突出。比如"工作压力太大，不稳定"，有老师在访谈中还表示，虽然目前是公派教师身份，但是"没有办法长期在国外，国内需求又不是很大，回国后面临再就业问题。国内在职老师公派的政策落实也是一个问题"。

（二）教材使用情况

1. 基本情况

表 5　匈中双语学校教材使用情况统计

年级	一年级		二至八年级		九至十二年级		
	华裔	非华裔	华裔	非华裔	华裔	非华裔	
						本校学生	转校生
教材	《语文》（部编版）	《汉语乐园》（匈语版）	《语文》（部编版）	《轻松学中文》	《语文》（人教版）	《轻松学中文》（英语版）	《新实用汉语课本》（英语版）

由表 5 可知，该校所使用的教材共有五种：华裔班从一年级到十二年级使用部编版《语文》和人教版《语文》。非华裔班从一年级到十二年级使用匈语版的《汉语乐园》、英语版的《轻松学中文》和《新实用汉语课本》。以上可知，该校教材种类多样，并能根据学情分类，比如华裔学生使用部编版《语文》课本，这样能让他们更加了解自己的母语和中国文化，培养对中国的热爱之情。针

对非华裔学生也能选取适用不同年龄阶段的对外汉语教材。

2. 存在的问题

(1) 缺乏适切性。

调查中关于"教材在多大程度上符合匈牙利汉语学习者的特点"的回答情况如表6所示。可以看出,仅仅有61%的教师认为教材比较符合学生的特点,没有一位教师认为"非常符合",甚至有两位教师持"不太符合"的观点。

表6 匈中双语学校教材适切度情况统计

	非常符合	比较符合	一般	不太符合	非常不符合
教师人数	0	8	3	2	0

调查还发现,该校学生,尤其是低年级学生,大部分只会匈牙利语,对英语一窍不通,班级学生很反感老师用英语授课,甚至出现孤立班里与教师用英语交流的学生。在这样的背景下,学校二至八年级,甚至是本校直升的高年级匈籍学生,却使用英语版的《轻松学汉语》,这与学生的情况不匹配。可以说该校在教材使用方面只有一年级的《汉语乐园》做到了注释语言的"表层本土化"(耿直,2022)。

(2) 缺乏系统性。

该校使用的每一种汉语教材都是学界有代表性的知名教材。然而,教材编写具有较强的主观性,编者不同,编撰理念和内容等方面必然不同。五套教材交叉使用,就会使得这种主观性所带来的差异性被放大,比如学生在上一套教材中学过的内容,在下一套教材中又重复学习。因此,教材"拼盘式"混用的方式,难免影响教学的系统性和衔接性。

(3) 教材存在较多问题。

表7 匈中双语学校教师对于教材存在问题情况统计　　单位:人

	内容脱离实际	缺乏趣味	缺乏文化特色	内容太过陈旧	其他
选择人数	3	7	4	6	3

在关于"教材存在哪些问题(多选题)"的调查中,教师们认为教材存在多种问题,最突出的是"缺乏趣味"。该校学生以中小学生为主,教材如果缺乏趣

味性,就很难吸引学生注意力,会大大增加教师备课和上课的难度。我们进一步询问了选择"内容脱离实际"的几位老师,他们一致认为,其教材没有与匈牙利国情相结合,"学生学的都是陌生的文化和场景,学习之后没办法使用"。还有老师补充说,"它教的词汇语法系统缺乏有效性""个别篇章难度较大"等。

(三)课程设置情况

1. 基本情况

匈中双语学校共有 12 个年级,各年级分华裔和非华裔两种类型,这种有差别的分班形式,很好地避免了简单按年龄分班"一刀切"的情况。所有年级均开设"Kínai nyelv(汉语课)",时长 45 分钟,为必修课程,占到全部课程的 35% 左右。和匈语课一样,全体学生每天都有一节汉语课,所有年级汉语课时总量保持一致,这种较高的上课频率和课时量与其办学理念相契合,很好地体现了"同时采用所在国语言和汉语作为教学语言"的办学特色。该校汉语课程的考评采用"五分制"评分体系,5 分为最好,1 分最差,大部分学生的中文成绩在 4—5 分之间。

2. 存在的问题

(1) 课程种类单一。

匈中双语学校目前关于汉语的课程主要是"Kínai nyelv(汉语课)",虽然偶有中国文化课,但是只有五至八年级开设,且课时数很少,大多以文化感知为主。汉语课没有进一步的技能或要素等课程,其性质更像综合课,教学内容和形式都较单一,虽然能够实现对汉语听说读写等技能的全方位覆盖,但是容易出现学生某项技能格外薄弱的情况。尤其是在匈牙利这样的非中文环境下,学生说汉语、写汉字的时间可能仅限于课堂,若没有针对口语和汉字学习难点的强化课程,学习效果就会大打折扣。如果在其他一些中小学,汉语作为兴趣课,只开设综合课的话无可厚非,但是对匈中双语学校,这种将汉语和匈语置于同等重要的地位,并且是作为必修课的学校来说,其应提供的教学课程体系应该更为系统全面。

(2) 课程设置缺乏层次性。

课时总数缺乏层次性。匈中双语学校中文课程覆盖的年级是 1—12 年级,据了解,高年级的中文课程课时总数与低年级的没什么差别,但是高年级所需要掌握的内容,无论是从数量还是难度上来看,都要较低年级更多且更难一些,这样,就需要适当增加课时数来满足这种需要,以提升学习效率。

同时,课程种类也缺乏层次性,对于高年级同学来说,应在"汉语课"之外适当增加技能类、要素类、文化类、应试类选修课程。呈现递增趋势,满足学生多元需求。

学校在设置课程时,虽然考虑了学生的母语背景,将华裔和非华裔分班教学,并使用不同教材,但是未充分考虑其需求,比如华裔学生因为有汉语家庭环境,所以口语较好,他们可能会更倾向于多学习汉字及阅读等方面的知识。该校在课程设置方面却并未做到这一点。从这个角度讲,也是缺乏层次性的。

(3) "十二年一贯制"汉语课程计划的执行缺乏制度保障。

匈中双语学校规定,学生需在校完成1—12年级的所有课程方可毕业,同时该校华裔学生,在进入十一年级时会参加中文高考(难度与HSK六级相当),若通过考试,便无需再上中文课。这种方式,虽然鼓励了学生学习汉语的积极性,但是也可能产生应试副作用,学生从11年级到12年级一共两年的时间,如果没有后续的学习规划,则易导致学生汉语退步。

(四) 教学情况

1. 基本情况

本次调查中,由于跨年级授课,13名汉语教师所教课程数目最少1门,最多5门。周课时集中在15课时上下,最多可达20课时。他们92.3%使用多媒体教学,76.9%会"在课堂上给学生补充中国文化相关知识"。课堂互动主要以师生问答和生生问答为主,前者人数为92.3%,后者人数为84.6%。

2. 存在的问题

(1) 教学方法的选择缺乏科学性。

表8　匈中双语学校教师选择教学方法情况统计　　单位:人

教学方法(多选题)	语法翻译法	任务教学法	游戏教学法	交际法
选择人数	9	11	10	8

从表8中可以看出选择最多的是任务教学法和游戏教学法,这与调查对象有关,本次调查对象以1—8年级教师为主,尤以1—4年级居多,所以会有77%的教师选择"游戏教学法"。教师也会采用任务型教学法,以完成任务的方式布置作业,提高学生的学习效率。然而,也有近70%的教师采用语法翻

译法,但是教师们的匈语根本无法满足上课需要,只能用英语。虽然在问卷中,除本土教师外,有 1 位选择了"汉语与匈牙利语相结合",但是通过了解发现,他只是在基本课堂用语时才使用匈语,并不能够使用专业匈语进行汉语教学。选择语法翻译法的部分教师,他们采用英汉互译,这与该校双语(匈语和汉语)理念相违背。另外,选择人数最少的是交际法。我们知道,汉语作为第二语言教学所培养的就是学生运用汉语进行交际的能力,因此若忽略该方法,不利于学生汉语交际能力的发展。

(2) 教参资源利用率低。

表 9　匈中双语学校教参资源利用率情况统计　　　　单位:人

	经常使用	9
使用相关配套资源的教师	偶尔使用	2
	很少使用	1
不使用相关配套资源的教师	从不使用	1

在表 9 中,92.3%的汉语教师选择"使用教师用书及教材出版的相关配套资源(如练习册、阅读册、字词卡、教学课件等)帮助备课",仅 1 位教师"从不使用"。

(3) 检测方式对学生主动性的关注度不够。

表 10　匈中双语学校教师检测方式统计　　　　单位:人

检测方式(多选题)	日常检测	课堂提问	学生展示	其 他
选择人数	12	11	6	0

由表 10 可知,92.3%的教师进行日常检测,方式包括听写、造句和写作文等,84.6%的教师进行课堂提问,方式包括问答、设问、询问等,但仅有 46.1%的教师会主动选择让学生通过演讲、背诵和表演等方式进行个人展示以说明学习情况。日常检测和课堂提问作为一种被动的检测方式,往往是由教师提起,难以激发积极性,而学生展示则属于学生的自发行为,更利于调动学生的学习主动性和课堂参与感。但是该校教师对学生展示这一方式利用率较低,说明对学生学习汉语的主动性关注得不够深入。

三、匈中双语学校汉语课程体系建设的相关建议

（一）加强教师队伍建设，建立长效保障机制

第一，稳定师资队伍，关键在于培养匈牙利汉语本土教师。匈牙利的罗兰大学 2000 年起开始招收汉语专业博士研究生，2015 年开设了汉语师范本科专业。作为培养匈牙利汉语本土教师的重镇，匈中双语学校可与罗兰大学签署定向培养协议，以达到汉语教师人才的持续、稳定培养。第二，建议提高准入门槛，完善培训及管理制度。在学历、专业等方面做出一些规定，比如新招聘教师要求有语言教育相关的研究生学历。实行"老带新"的帮扶模式，定期开展专门针对匈牙利中文教学的培训课程，以提高教师的汉语教学素养。第三，针对教师反映的语言问题，可鼓励在匈的中国籍汉语教师参加匈语课程的学习，学时认可为老师的工作量。同时鼓励多采用沉浸式教学法，将汉语作为教学媒介语，尽可能多地为学生营造汉语情景。第四，多数教师认为毕业后未选择公派汉语教师的主要原因是回国后无法得到相应的保障，面临重新找工作的压力。建议优化顶层设计，出台相对应的保障政策，工作上支持、待遇上保障、心理上关怀，吸引更多优秀老师的加入。

（二）开发本土教材，提升教材的适切性

第一，提升教材适切性，可通过建设本土教材来实现。本土化教材的首要特点是针对性强，而这种针对性不能简单地止步于"一版多本"（周小兵、陈楠，2013），只是将课文媒介语对译为匈牙利语，它应该是从内容和方法上全方位体现匈牙利特色。"中外合作是提高对外汉语教材针对性的必由之路。"（邓氏香，2004）应积极创造条件，由匈中语言教学管理者、出版界、学术界和一线教师合作，编写系列化中文本土教材，这样既保证了教材语言的规范性和准确性，又最大限度地体现出匈牙利甚至匈中双语学校的特色。第二，根据调查，89.47% 的汉语教师认为本土教材在内容上应该以中国情况为主，以匈牙利情况为辅。在保证符合《国际中文教育中文水平等级标准》的前提下，充分考虑匈牙利中文学习者的学习需求和特点，开发教材的配套资源，将内容进行延伸，提高教材的趣味性和科学性。

（三）丰富课程种类，增加课程设置的层次性

第一，丰富中文课程类型。增加专项技能课，培养学生的汉语技能。开设文化课，挖掘教师才艺丰富课程内容。比如，教师会写毛笔字，可开设书法活动课；教师擅长剪纸，就可以开设剪纸手工课。第二，重视学生的汉语课时总数。从低年级到高年级，课时总数应呈现递增趋势。低年级以兴趣为主，高年级应更加注重汉语知识的输入，比如在低年级，可开设汉字课，重点强调笔顺及汉字结构，让学生对汉字有初步了解，养成正确的汉字书写习惯；在高年级，可开设写作课，培养学生的成段表达能力。也应该考虑学生的母语背景，华裔和非华裔对汉语的需求不同，其所对应的中文课程及课时数也应该相互区别。第三，将"十二年制"中文课程计划贯彻到底。在国外本就缺少中文环境的背景下，应该强化中文环境，鼓励人人参与，比如可以请已通过 HSK6 级的学生担任中文课程的"课代表"甚至是"小助教"。

（四）坚持因材施教，优化课堂教学

第一，选择合适的教学方法。匈牙利作为非英语国家，教师面临学生英语不好而自己又不会匈语的情况，应减少语法翻译法的运用。根据学龄及汉语水平，在现有基础上提高交际法的使用频率，充分发挥学生的主动性和创造性，提高课堂参与感，提升汉语交际能力。第二，重视教参资源的利用效率。教参资源是教材编写者在编写教材时精心设计的辅助性参考资料，所包含的讲解、练习都围绕教学内容展开，并且有些教参资源中的多媒体资源比如录像、音乐等，合理使用，可以事半功倍。老师也可以积极改编教材，在通用教材的基础上创作适用于本地的教参资源。第三，丰富汉语检测方式。关注学生学习主动性，更加重视"学生展示"，建议采用任务型教学法，比如布置采访任务，或者采用课堂报告的形式，把学生分为小组，规定每位同学都要独立完成自己的任务，之后再合作报告等等。实现"因地制宜、因人而异、因材施教"的本土化教学。

参考文献

[1] 邓氏香.对中国国内编写对外汉语教材的建议[J].云南师范大学学报（对外汉语教学与研究版），2004（2）.

[2] 高伟,吴应辉.中东欧高校中文教育发展比较及推进策略[J].云南师范大学学报（对

外汉语教学与研究版),2022(2).
[3] 耿直.国际汉语教材分析与设计[M].上海:上海财经大学出版社,2022.
[4] 黎敏."一带一路"沿线国家匈牙利的汉语教学现状及发展策略研究[J].国际汉语教育(中英文),2020(2).
[5] 李登贵,高军丽,王衡.匈牙利中文教学资源发展路径构建[J].云南师范大学学报(对外汉语教学与研究版),2021(7).
[6] 齐丽,Cecília Szilas.齐丽:匈牙利驻华大使致辞[J].中国对外贸易,2017(5).
[7] 王帅臣,李惠子.从教材看匈牙利汉语传播的现状及展望[J].华北理工大学学报(社会科学版),2021(3).
[8] 新华社.秦刚会见匈牙利外长西雅尔多[EB/OL].https://www.gov.cn/yaowen/liebiao/202305/content_6868699.htm.
[9] 周小兵,陈楠."一版多本"与海外教材的本土化研究[J].世界汉语教学,2013(2).
[10] 朱勇,倪雨婷.匈牙利汉语学习者动机激励策略研究[J].云南师范大学学报(对外汉语教学与研究版),2021(6).

作者简介:刘勇,四川外国语大学成都学院国际语言文化学院。

耿直,上海财经大学国际文化交流学院。

阮文英,匈中双语学校孔子课堂。

拉脱维亚初中级汉语水平学生的语法偏误分析研究

◎ 王琼子

> **摘 要：** 本文从偏误分析出发，以拉脱维亚初中级汉语学习者的作业语料为研究对象，整理分析出错序、误用、误加、遗漏四种偏误类型，其中以错序居多，误加偏少；造成偏误产生的主要原因是母语的负迁移和知识的泛化。比较有效的偏误教学方式是加强汉、拉语的对比研究，结合学生的学习特点营造纠错犯错的良好课堂氛围，进一步完成从教师预测偏误，教师纠正到学生自我纠正偏误的过程。
>
> **关键词：** 偏误分析；偏误类型；语法；汉语教学；拉脱维亚学生

一、引言

拉脱维亚是"一带一路"沿线国家，目前拉脱维亚已经跟中国国家汉办共同合作开设了二十多个汉语教学点，但因孔子学院建立时间不长，相关的研究还不多，目前的研究主要分成期刊论文和由赴任志愿者完成的硕士论文编成的论文集，前者所关注的主要是拉脱维亚汉语教学的概况研究（何杰，2000；彭飞，2001），后者涉及的范围很广，有语音教学、文化教学研究、语法教学研究等，但是多半是以研究报告的形式完成，围绕语法的偏误进行的研究很少（尚劝余，2019）。而拉脱维亚本土教师更喜欢研究中国文学、文化和宗教（Baltgalve，2015；Šmits，1936）。部分学习汉语的拉脱维亚留学生的本科论文多把视角放在汉外对比角度上(尚劝余,2016)。拉脱维亚语属印欧语系中的波罗的语族,是该语族仅存的两种语言之一(另一种语言为立陶宛语),其语法规则十分复杂。拉脱维亚语属屈折语,分阳性和阴性,单数和复数,其中名词有7个格:主格、属格、与格、宾格、工具格、方位格和呼格;动词也有3种人称、3种时态,除此之外还有各类变格、变位,语法规则十分复杂(Praulinš,2012)。

从20世纪60年代末70年代初开始,语法偏误分析就成了第二语言习得研究中重要的一部分,并在国内外都取得了丰硕的研究成果(Corder,1981;Cook,1993;Ellis,1986),目前,虽然这一理论的影响在减弱,偏误和错误的区分,语言表达准确度和流利度孰轻孰重等问题一直成为它被人诟病的原因(Gefen,1979;Hendrickson,1987;Jame,1998),但无法否认的是,我们必须要关注学生在习得过程中出现的偏误问题,而不同国别的学生所产生的偏误是不同的,针对偏误的整理分析可以有效地帮助教师更好地开展课堂教学。

本文采用定量和定性相结合的方式,试图从以下三个环节进行分析整理:首先,统计语料中的错序、误用、误加、遗漏这四种偏误类型比例,并结合频率分析出典型的语法偏误类别;其次,分析偏误类型背后的动因;最后,采用问卷调查、观察和访谈等手段了解学生学习特点及优劣势,并提出教学策略,以期为拉脱维亚汉语教学提供参考数据。

二、偏误语料收集与分析整理

本文以笔者在拉脱维亚大学任教期间(2018—2020年)学生的书面作业为研究对象,涉及语料共10万多字,提取用例319条。因拉脱维亚人口不到200万人,学习汉语的人数基数不大,另外,因为学生来自俄语和拉脱维亚语两个不同母语背景,为了研究数据的准确性,选取的30名学生均为拉脱维亚大学人文学院汉语言专业的二年级本科生,且都有拉语母语背景,他们都已经完成了《HSK标准教程》第一、二册的学习,且都能够顺利通过HSK2级考试。目前所使用的教材是《HSK标准教程3》,每周的作业为小作文,题目结合每周学习的内容限定。本文所整理的偏误均为单句的偏误,不包含复句和语篇中的偏误类型。

关于偏误分类的类别,国内外学者的结论不太一致。本文采用的类型借鉴了鲁健骥《外国人学汉语的语法偏误分析》一文中的结论，将偏误按照性质不同分成遗漏、误加、误代、错序四大类。首先判断319个句子的偏误类型，其次分解偏误的类别，根据语法功能进一步细化，如量词的误加，补语的错序等，图1为这四种类别的数理分布情况。

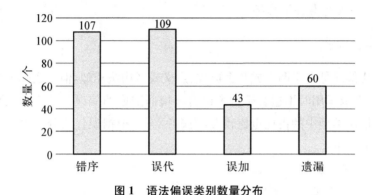

图1 语法偏误类别数量分布

从图1中可以看出，错序和误代是频率较高的偏误类型，其次是遗漏，误加的出现频率最低。具体的分析如下：

（一）错序

错序，是指句子中某些成分放错位置而造成的偏误，错序在拉脱维亚学生的偏误类型中的占比最大，为33.5%。根据错序成分的语法功能进一步区分如下：

1. 数量补语的错序

(1) *它每天很长时间照镜子。（应改为"照很长时间镜子"）

改：它每天照很长时间镜子。

(2) *我每天用汉语跟朋友一个半小时交谈。（应改为"交谈一个半小时"）

改：我每天用汉语跟朋友交谈一个半小时。

2. 介词短语错序

(3) *他买了票在网上。（应改为"在网上买了票"）

改：他在网上买了票。

(4) *可是如果我说跟一个孩子。（应改为"我跟一个孩子说"）

改：可是如果我跟一个孩子说。

3. 单音节副词的位置错序

(5)*我要看电影,却我朋友要学习。(应改为"我朋友却")

改:我要看电影,我朋友却要学习。

(6)*也她想秦奋没意思。(应改为"她也")

改:她也想秦奋没意思。

(二)误代

误代偏误是由于两个或几个形式、意义或者用法相似,但是实际差异比较大,而在选取运用时不适合于特定语言环境而造成的偏误。误代在拉脱维亚学生的偏误类型中的占比也比较大,为34.2%。根据误代成分的语法功能进一步区分如下:

1. 量词的误代

(7)*我少买了五个T恤。(应改为"五件")

改:我少买了五件T恤。

(8)*我写了一个横。(应改为"一横")

改:我写了一横。

2. 形近词的误代

(9)*你有都的东西吗?("所有的"与"都"的误用,此处应改为"所有的")

改:你有所有的东西吗?

(10)*列车长捅了他和说。(应去掉"和")

改:列车长捅了他说。

3. "比"与"跟…一样"句式误代

(11)*欧洲人的习惯比亚洲人的习惯很不同。(应改为"跟亚洲人的习惯很不同")

改:欧洲人的习惯跟亚洲人的习惯很不同。

(12)*中国比拉脱维亚一样。(应改为"跟拉脱维亚一样")

改:中国跟拉脱维亚一样。

(三)遗漏

顾名思义,遗漏指句子中遗漏了某个或几个成分导致的偏误。在拉脱维亚学生的偏误类型中占比为18.8%。根据遗漏成分的语法功能进一步区分如下:

1. "是"的遗漏

(13) *我很聪明的人。(遗漏"是")

改：我是很聪明的人。

2. 结果补语遗漏

(14) *它在湖里闻鱼香。(遗漏"到")

改：它在湖里闻到鱼香。

(15) *他跑上楼去了,她走邮局来了。(遗漏"进")

改：他跑上楼去了,她走进邮局来了。

3. 趋向补语的遗漏

(16) 突然它看见一只兔子跑。(遗漏"过来")

改：突然它看见一只兔子跑过来。

4. 量词的遗漏

(17) *这车次的公共汽车。(遗漏"个")

改：这个车次的公共汽车。

(18) *他来了两月。(遗漏"个")

改：他来了两个月。

5. 方位词的遗漏

(19) *那个枝子几乎掉在我身体。(遗漏"上")

改：那个枝子几乎掉在我身体上。

(20) *它到田。(遗漏"里")

改：它到田里。

(四) 误加

误加多发生在通常情况下可以或必须使用某个成分,但当这些形式发生了某种变化时,又一定不能使用这个成分的情况,在拉脱维亚学生的偏误类型中占比最少,只有 13.5%。根据误加成分的语法功能进一步区分如下：

1. "是"误加

(21) *十字架是太重。("是"的误加)

改：十字架太重。

(22) *我汉语说话是很不清。("是"的误加)

改：我汉语说话很不清。

2. 离合词的误加

(23) *他们聊天了很多话。("天"的误加)

改：他们聊了很多话。

(24) *我决定见面秦奋。("面"的误加)

改：我决定见秦奋。

3. "很"字句的误加

(25) *中国比拉脱维亚很大。("很"的误加)

改：中国比拉脱维亚大。

同时，根据偏误部分的语法特征和不同类别的偏误出现的频率，整理出以下典型的三类偏误："是"的误加和遗漏、补语的错序和遗漏、量词的遗漏和误用。考虑到上文已经举例，这里不一一赘述。下文通过分析偏误产生的原因，了解这三类为什么是典型的偏误类型。

三、偏误原因分析

Corder(1971)认为第二语言学习者在语言学习过程中有"固有大纲"(builtin syllabus)，而学习者的所谓"错误"正是这种"固有大纲"的具体表现。综合上面的偏误类型分析，从汉语和拉脱维亚语的对比出发，发现如下原因：

(一)错序问题原因分析

拉脱维亚语的形态十分丰富，语序较为灵活，语法语义的表达主要依赖词的形态。名词分阴阳性，还有 7 种不同的格。动词也有各种不同的变体，搭配不同人称就有不同的动词变体，所以语序并不是最重要的语法手段。而汉语中的语序是具有语法意义的。如句子"Kaķis ēda peli."和"Peli ēda kaķis."都可以表示"猫吃老鼠"的意思，而在汉语中，位置的变化决定了"猫"是施事还是受事，意思也完全改变了。错序产生的原因有以下两类：

1. 母语的负迁移而造成的错序

这是错序的最主要的原因，甚至到了高级汉语阶段的学习者也会出现这一类的问题，例如：

(26) Es studēju Latvijā.

我们学习在拉脱维亚。

改：我们在拉脱维亚学习。

例句中的问题就是因为母语负迁移而造成的,而且这一现象在口语表达中尤为常见,这其中的原因关系到思维与语言的关系,叶蜚声和徐通锵在他们合著的《语言学纲要》中指出:"不管用本族语思维也好,还是用外语思维也好,一个人的思维的时候总得运用一种语言。"

所以由于受到母语迁移的影响,很多人都会按照母语的思维去说话,难免会忽略了语序的问题,加上错误的语序并不影响意义的理解,所以出现的频率很高。

2. 直译造成的错序

这种错序只是关注翻译的词汇的对应性,没有考虑到汉语中语序的问题。比如:

(27) Vai tu esi Anna no Laimas uzņēmuma?
您是安娜从 Laima 公司吗?
改:您是从 Laima 公司来的安娜吗?

因为一些拉脱维亚学生还没有建立起汉语的语序意识,敏感度也不够。翻译的时候往往忽略它,并没有进行深入地检查,没有重新排序,往往是直译过来的。

(二)补语问题原因分析

拉脱维亚语和汉语中的"补语"不是同一个概念,拉脱维亚语中的补语表示客体关系的次要成分。汉语中带有"到""往""向"等方向性的介词短语补语容易与拉脱维亚中的前置词相混淆。拉脱维亚语中的前置词在翻译成汉语时都有"到""往""向"的意思,例如:

(28) Mēs sajutām kādu smaržu.
我们闻了一种味道。
改:我们闻到了一种味道。

这里遗漏了结果补语"到"。在拉语中前置词"augšpusi"里面有"到"的这个意思,所以他们很容易遗漏放在动词后面表示终点的结果补语标志。

趋向补语也是较难掌握的,汉语中会根据说话人的位置来确定趋向词,朝着说话人的方向用"来",而背离说话人的方向用"去";拉语中不使用"来"和"去"表示方向,而是以行为者和目标点为基点来表示趋向,依靠运动动词前缀和前置词来表示行为方向,如:

(29) Mēs atnācām atpakaļ.

我们回来了。
Mēs gājām atpakaļ.
我们回去了。

补语作为现代汉语中比较有特征的一种语法现象,很容易产生偏误。主要的偏误类型主要集中于结果补语遗漏、趋向补语的遗漏和误代、数量补语的错序等。如汉语中强调施动者位移的"VP+去"形式,因为跟拉语差异很大,往往容易遗漏,如:

(30) Viņš dodas augšā.
他上楼。
改:他上楼去。

另外,数量补语的错序也是经常出现的偏误问题,如:

(31) Pērn es pusgadu mācijos kādā valodu skolā.
去年我半年学习了在语言学校。
改:去年我在语言学校学习了半年。

(三)系动词"是"与"有"的误用原因分析

拉脱维亚本土教师安吉塔·鲍葛薇(Agita Baltgalve)编写的教材《现代汉语教程》将"是"解释为"ir"。但是它真实包含的意思比"是"更丰富。它也可以用来表示"拥有"的意思,如"man ir vārdnīca.(我有一本词典)"中的"ir"就是"拥有"的意思,所以在学生说汉语的时候经常出现"是"和"有"的误用,如:

(32) Viņš ir ļoti draudzīgs.
他是很友善。
改:他很友善。

这里的"ir"也很容易对应翻译成"是",所以会出现很典型的偏误类型。因为对应关系不明,也会出现判断关系词"是"遗漏的现象,如:

(33) Es esmu ļoti gudrs cilvēks.
我很聪明的人。
改:我是很聪明的人。

(四)知识过度泛化

量词、方位词、离合词和"比"字句都是属于汉语中的特殊语法现象,所以这一部分的语法知识大部分都是通过汉语教师的课堂讲解来获得，所以学生在这一部分的语法偏误大部分是由于知识过度泛化而造成的。所谓过度泛化（Over-generalization），是指学习者采用推理的方法，把新获得的目的语知识不恰当地扩大使用而造成的偏误。学习者和教师为了追求学习的效率，经常会出现"差不多一样"的说法或者理解，如一些近义词的误代情况：

（34）我认为丢了我的自行车。

改：我以为丢了我的自行车。

例句（34）中的偏误，则是由于老师在解释"认为"的时候直接用英语"think"对应起来。事实上，英语里面的"think"，汉语中有"以为""认为""觉得"三个不同的词，所以学生在没有理解它们之间的差异的时候，就一定会出现知识泛化乱用的情况。Taylor（1975）的研究表明在初级阶段母语迁移占40%，过度泛化占60%，而在中级阶段母语迁移错误下降到25%，而过度泛化则上升到75%。除了母语迁移的影响之外，知识泛化是属于偏误的最主要的原因，它跟汉语教师的汉语本体的知识和教学方法有关，但也是学生习得第二语言的一个必经过程。"中介语"（inter-language）一词最早由Selinker在其1969年发表的"Language Transfer"一文中提出，他认为学习语言是一个动态系统，是处于母语和目的语之间并向目的语发展的一个连续体，它处于不断的发展变化中，并逐渐向目的语靠近。所以这些偏误是可以经过后期修补逐渐完善的。这也对汉语教师提出了很高的要求，不仅要全面系统化地了解汉语本体语法知识，更需要针对学生的偏误进行即时分析研究。

陆俭明（2013）指出学生写出病句的主要原因有两个：一是学生母语规则的负迁移；二是目的语法规则的负迁移。通过对文中偏误产生的原因的分析，笔者非常认同陆先生的观点。随着学生学习过程的深入，两类负迁移所占的比例关系是什么，负迁移现象是否长期存在，这都是值得进一步思考的问题。

四、偏误解决方案

现今，人们越来越清楚认识到成功的语言教学应该有两个基础：对目标语的研究和学习者学习过程的研究。所谓学习者研究，是侧重于研究学习者的学能、个性、动机、认知特点等因素对学习的影响。而目标语的研究则是汉语本体的研究。从这两个方面出发，我们认为好的教学策略应该综合以下三个环节来完成。

（一）进行汉语与拉脱维亚语语法对比

拉脱维亚语中的名词、动词、形容词都有很复杂的形式变化,名词有7个格：主格、属格、与格、宾格、工具格、方位格和呼格,动词的时态变化也十分复杂。拉脱维亚语词汇跟俄语和德语十分相似,拉脱维亚语里面一直都有很多的外来语(loan words)和流行语(buzz words)。从拉脱维亚的历史来看,有过强行推行俄语和德语政策的历史,再加上立陶宛语、爱沙尼亚语、瑞典语的接触影响(Praulinš,2012)。所以拉脱维亚语一直都有"杂交"的特征,就像一位拉脱维亚的语言学家所说的："语言其实一种杂交过程,它一定无法孤立的存在。"拉脱维亚语虽属于印欧语,同斯拉夫语系和日耳曼语系都有相似之处,但也有很大的差异性。拉脱维亚的历史仅100多年,所以拉脱维亚语的研究也是本土语言学者研究的热点。

遗憾的是目前有关汉拉对比的研究尚在摇篮之中,原因是拉脱维亚语毕竟是一个小语种,国内学习这一语言的人很少,受"一带一路"倡议的影响,目前北京第二外国语大学已经有了这一专业的学生,部分学生也采用交换培养的方式在拉脱维亚留学一年,这就意味着未来有关汉拉的对比研究会越来越多。拉脱维亚语有33个字母,采用以拉丁字母为基础的文字,其中11个有变音符号,表示特殊的音,如用长音符"－"表示该元音是长元音。虽然拉脱维亚标准语法十分复杂,一旦掌握了其中的规则,透过语法形态之间的联系,很容易地识别句子的意思。

（二）了解拉脱维亚学生的学习特点

为了了解拉脱维亚学生的学习特点,笔者结合自己的公派教学经验,并对三位本土汉语教师安吉塔·鲍葛薇（Agita Baltgalve）、卡琳娜（Karina Jermaka）、尤利娅（Julija Gumilova)进行了访谈,得出以下两条结论：

1. 学习优势

首先,在拉脱维亚学习汉语的学生以女生为主(见表1)。女生学习认真,态度端正,但是相比较来看,拉脱维亚的俄族学生更愿意去表达自己,更容易突破口语的问题,而拉族学生一般比较害羞,需要老师更早地熟悉她们,让她们消除焦虑感,更加自如放松地开口去交流。

表1　在拉脱维亚学习汉语的男女人数和比例

	人数（人）	百分比（%）
总　数	30	100
女　性	27	90
男　性	3	10

其次，拉国学生视觉记忆能力很强。就笔者的实际观察和本土教师的个人学习经验的分享，他们很容易整体地记住汉字字形，但偶尔也存在一些笔画的遗漏和误增的现象。大部分学生完成了半年的部件教学之后，就不再需要在课堂上进行书写汉字教学。教师只需要结合每节课的听写，每个单元的小测试监督和检查学生的书写汉字效果。这其中的原因，有可能跟拉脱维亚学生从小就具有极强的动手能力和偏内向的个性有关，所以他们十分喜欢安静的写字活动。

再次，多语言文化背景让学生对汉语学习产生了浓厚的兴趣。据2007年数据统计，25岁到64岁的人口中，拉脱维亚能够说两门及两门以上外语的比例占55%，而随着拉脱维亚2014年1月1日正式加入欧元区，拉脱维亚懂得至少一门外语的比例为96%，对于年轻的拉国学生来说，语言的能力就意味着工作机会。本文调查的学生都掌握至少三种以上的语言，如拉语、俄语和英语，良好语言的优势能够提供更好的工作机会，所以学生对学习语言有浓厚的兴趣。

最后，拉脱维亚大学的管理模式十分灵活，保证了学生学习的连续性。在拉脱维亚，学生如果考试不及格，可以进行重修，学生中间可以休学，也可以延期毕业，比如出国学习，后期再完成自己的学位论文。这样的灵活性，实际上是淡化了学位证带来的某种工具化学习模式。另外，拉脱维亚大学作为欧盟国家，不仅可以通过申请去欧盟国家进行留学，也可以通过中国的国家奖学金去中国留学，这样的学习经历有利于学生的独立发展以及语言技能的训练，还有学习动机的培养。留学回来以后的学习动机更加强烈，而且学习方法上也有了一套比较清晰的概念，知道自己在汉语能力上在哪些方面还需要进一步提升，比如通过HSK考试，提高自己的口译和翻译能力等。

2. 学习劣势

首先，语音是学生学习汉语最大的难处，学生的语音状态，无论是学了多长时间的汉语,是否去中国留学过,或者是教过中文的老师,还是汉语造诣很深的汉学家,在发音上仍然会有浓厚的口音,其中的主要原因是声调上。拉脱维亚语字母拼读的过程中,没有字母是不发音的,所以要完成比较顺利的拼读,他们在成句表达中,非常注重连读的训练。但是汉语的发音,字和字之间有一个短暂停顿,如果在声调不稳定的情况下连读的话,就会造成"洋腔洋调",所以很多学生单独认读字和词的时候,声调都很准确,一旦成句表达,声调就会出现明显的偏误,这也是值得进一步研究的问题。当然,如果学生有很好的听辨能力,通过自己练习的强化,也能说出一口十分流利的汉语,目前在中国主持《快乐汉语》节目的拉脱维亚姑娘安泽就是一个很好的例子。笔者甚至发现如果学生具有很好的歌唱能力,在声调的学习上就会比其他学生的领悟力更强,发音也会更加标准。

其次,本土教师们多专注于汉字意义的理解,重点侧重于培养汉学研究人才,而不是训练学生语言的交际能力,加上学生接触汉语的时间比国内短,强度训练上也不够。很多学生也是"哑巴汉语",除非去了中国半年或者一年后语言水平才会有质的飞跃。

再次,拉国学生虽然有好的整体记忆汉字的能力,也喜欢动手写汉字,但是不足之处在于,他们的耐心还是不够,上课的时候容易走神。加上学生需要自己打工来支付学费,所以很多学生很难坚持上课。加上拉脱维亚大学规定,学生需要有75%的到勤率就可以参加考试,如果考不过可以申请第二次考试,或者延期拿到毕业证,这些都给学生一些偷懒的理由。

最后,通过调查我们发现,拉脱维亚学生因为母语中有复杂的语法形态,所以普遍觉得汉语的语法理解起来很简单(见表2)。但是建立汉语的使用习惯和敏感度,则需要一个长期的过程。尤其是语序的强化,以及一些相对拉语来说比较特殊的语法现象,比如补语、量词、方位词、趋向动词,等等。

表2 拉脱维亚学生学习汉语的理解程度

	感觉困难的人数(人)	困难百分比(%)
语 音	15	50
词 汇	9	30
语 法	6	20

（三）教师教学策略设计

关于"偏误"是否需要当下进行纠正，应该以什么样的方式来纠正，目前研究的结论有不一致的地方，一部分学者认为应该当下纠正，教师也应该系统地归纳、讲解和强化，而一部分学者认为这是学习掌握目的语必经的过程，我们更不应该纠正，纠正会影响学生表达的流畅度。针对"偏误"的问题，我们建议可以从预测偏误、教师纠正与学生自纠结合、营造纠错犯错的良好课堂氛围三个部分来进行教学策略的设计：

1. 预测偏误

教师应根据前人研究的间接经验，或者个人的直接经验对偏误进行预测，在具体的教学中给出学生反馈，有重点地侧重训练。如结合练习进行知识点的强化理解，将预设可能出现偏误处的知识点讲解透，练习透。

2. 教师纠正与学生自纠结合

除教师纠正之外，教师应培养学生的自纠意识，鼓励同伴之间的互纠合作。一方面教师能够用简洁有效的语言指出偏误产生的原因和解决方法，另一方面鼓励学生自问自答或者学生之间的相互启发碰撞，探寻偏误背后原因。这样可以激发学生的好奇心和探索精神，独立获得知识的成就感，也会大大增强学生学习的内在动机。

3. 营造纠错犯错的良好课堂氛围

除了从语言的层面来找寻偏误的教学策略之外，我们更应该注意从非语言的层面来找到一些解决的办法。我们之所以不太主张直接纠错，主要是害怕伤害学生的学习热情，产生畏难情绪。但是如果教师能够与学生建立良好的信任感，建立良好的情感联系，学生就会愿意跟着教师的节奏来学习，而不会担心在众人面前犯错误。当然如何建立好这种信任感，是跟汉语教师的性格、学生情况的差异性等都有关系。目前汉语习得越来越多地关注学生的非智力因素，比如态度、动机、性格等问题。的确，要想真正地了解学生，必须要有"同理心"，国外本土汉语教师就是因为自己曾经是语言学习者才具有了教学的优势，因为她们更懂得学生的需求。而作为非本土教师，虽然无法复制她们的经验，但可以尝试去体验一门外语的学习过程，这样就能够懂得学生不敢开口的课堂反应，也会更加有耐心地贴近学生建好"脚手架"。

五、结语

通过对拉脱维亚部分学生语料的分析整理,我们发现错序偏误数量最多,误加最少。有意思的是,这一结论同吴建伟(2019)《印尼留学生汉语习得语法偏误试析》一文中的结论有类似之处:错序是偏误率最高的类型,其次是遗漏和误代,误加的比率相对偏低,这一现象是偶然还是隐藏着某种规律,会在后面的文章中继续关注研究。同时,我们还并发现了一些典型的语法偏误,这些偏误产生的原因主要是因为母语的负迁移和知识的泛化造成的。比较有效的偏误教学方式就是进一步加强汉、拉语对比研究,教师可以结合学生的学习特点营造纠错犯错的良好课堂氛围,进一步完成从教师预测偏误,教师纠正到学生自我纠正偏误的过程。同时,在这一过程中,教师还应该有对偏误持正确的态度,要认识到偏误是属于从母语到目的语之间的"中介语"范畴,后期某些语法偏误还会产生"化石化"的现象。

本文的偏误仅限于单句中的偏误,因为研究语料的局限性,还有很多典型的偏误没有归纳进来,但是不可否认的是,分析出来的偏误类型仍然有它存在的价值,近些年的研究表明,有很多研究者仍然持续在关注偏误研究,尤其是语用的偏误和篇章的偏误等问题。在写作的过程中,笔者试图结合国内的HSK的语料库来论证自己的整理数据,但是却遗憾地发现有关拉脱维亚这一国别的语料只有两篇作文。这也正好说明拉脱维亚汉语教学研究的薄弱,未来我们应该加大汉拉对比分析的力度,这样不仅可以丰富汉语的本体研究,也能更好地关注到以学习者为中心的学习过程研究。

参考文献

[1] 安吉塔·鲍葛薇.现代汉语入门教程[M].里加:Zvaigzne ABC,2014.

[2] 何杰.拉脱维亚大学的汉语教学[J].世界汉语教学,2000(2).

[3] 鲁健骥.外国人学汉语的语法偏误分析[J].语言教学与研究,1994(1).

[4] 陆俭明.现代汉语语法研究教程(第四版)[M].北京:北京大学出版社,2013.

[5] 彭飞,张红.拉脱维亚汉语教学的近况[J].云南师范大学学报,2001(5).

[6] 尚劝余,贝德高,董芳.拉脱维亚汉语教学研究与探索[M].昆明:云南人民出版社,2016.

[7] 尚劝余,王琼子,贝德高.拉脱维亚汉语教学研究[M].里加:拉脱维亚大学出版

社,2019.

[8] 王琼子.拉脱维亚汉语教学研究与探索[M].昆明：云南人民出版社,2016.

[9] 吴建伟.印尼留学生汉语习得语法偏误试析[J].海南师范大学学报,2019(4).

[10] 张旺熹.语感培养是对外汉语教学的基本任务[J].世界汉语教学,2007(3).

[11] Baltgalve, A. A Review of Sinology Research in Latvia (Latuoweiya Hanxue Yanjiu Shuping). Research of Chinese teaching in Latvia, 2015.

[12] Burt, M. K. Error analysis in the adult EFL classroom. *TESOL Quarterly*, 1975(9).

[13] Cook, V. *Linguistics and Second language Acquisition*. London：The Macmillan Press LTD, 1993.

[14] Corder, S. P. *Error Analysis and Interlanguage*. Oxford：Oxford University Press, 1981.

[15] Ellis, R. *Understanding Second Language Acquisition*. 2nd Improved Edition. Oxford：Oxford University Press, 1986.

[16] Gefen, R. The analysis of pupils' errors. *English Teachers' Journal*, 1979(22).

[17] Hendrickson, J. M. Errors correction in foreign language teaching：Recent theory, research, and practice. In：M. H. Long & J. C. Richards (Eds.), *Methodology in TESOL: A Book of Readings*. Boston：Heinle & Heinle, 1987.

[18] Jame, C. *Errors in Language Learning and Use*. New York：Addison Wesley Longman, 1998.

[19] Šmits, P. (transl.) Ķiniešu pasakas. Rīga, 1936.

[20] Praulinš, D. *Latvian：An essential Grammar*. USA：Routledge, 2012.

[21] Selinker, L. Interlanguage. *International Review of Applied Linguistics*, 1972(10).

[22] Taylor, Barry, P. The use of overgeneralization and transfer learning strategies by elementary and intermediate students of ESL. *Language Learning*, 1975(1).

作者简介：王琼子,华中师范大学语言所国际汉语教育专业。

爱尔兰国际中文教育的发展[*]

◎ 王欣欣

摘 要：爱尔兰地处欧洲西部的爱尔兰岛中南部，遥远的地缘关系使中爱两国在历史上长时期缺少交流，也使得中文教育在该国起步较晚，规模较小。而如今，爱尔兰国际中文教育的发展依托其国家层面积极的多语言发展战略与中爱日益增长的经贸联系，呈现出以政府为主导，孔子学院与华文学校等组织共同发展的多元合作新局面。目前汉语已进入该国主流国民教育系统：在高等教育阶段，多所大学开设中文相关专业学位和汉语课程；在中学教育阶段，汉语已成为过渡学年选修课并已进入爱尔兰高考选考科目。对爱尔兰中文教育的发展历程进行梳理，分析国际中文教育在该国发展的优势和挑战，以期对中文教育在爱尔兰的发展作出需求分析，为未来制定更加符合爱尔兰中文教育发展的国别特色政策提供建议。

关键词：爱尔兰；国际中文教育；发展概述；孔子学院

一、引言

爱尔兰地处欧洲西部的爱尔兰岛中南部，截至 2022 年，人口增长至 512 万人。遥远的地缘关系使中爱两国在历史上长时期缺少文化、经济、政治和人文交流，也使得中文教育在该国起步较晚，规模较小，研究基础相对薄弱。21

---

[*] 本文得到教育部"中外语言交流合作中心国别中文教育"调研项目的资助，项目编号：21YHGB1094。

世纪以来,依托其国家层面积极的多语言发展战略与中爱日益增长的经贸联系,国际中文教育在该国呈现出以政府为主导(爱尔兰教育部旗下中学语言教育中心已在爱尔兰20多所中学提供汉语课程和师资力量),孔子学院与华文学校等机构共同推动的多元合作新局面。都柏林大学孔子学院、科克大学孔子学院、高威大学孔子学院及中国研究院的建立对推动爱尔兰中文教育事业的规模化发展起到了极其重要的作用。目前汉语已进入爱尔兰主流国民教育体系:在高等教育阶段,多所大学开设中文相关专业学位和汉语课程;在中学教育阶段,汉语在2014年成为过渡学年选修课,在2020年成为高考选修课程,在2022年正式纳入爱尔兰高考选考科目。

汉语学习人数也在总体上呈上升趋势,从孔子学院建立之前仅有十几人在华文学校学习汉语,到今天大中小学参与汉语课程的人数已达到2万多人。爱尔兰是个多语言国家,根据爱尔兰中央统计局2016年发布的人口普查显示,该国有61万人会说其他语言,占该国总人口近13%,其中有近20万名学生说其他语言。爱尔兰人最常学习的外语包括波兰语、法语、德语、西班牙语、意大利语、立陶宛语、罗马尼亚语、葡萄牙语、拉脱维亚语、汉语等。与其他外语相比,汉语(在校的汉语学习者为11 710人,在家说汉语的人数为17 584人)在整个爱尔兰社会的受重视程度远低于法语、德语、西班牙语等主要外语语种(Centre Statistic Office,2017)。

基于目前关于爱尔兰国际中文教育历时性研究不足的现状及分析和分析中文教育在爱尔兰发展的需求出发,根据该国语言政策、汉语相关机构成立时间、汉语进入不同阶段教育阶段的时间节点等参照标准将爱尔兰国际中文教育发展历程分为两个大的历史阶段,归纳其原因与特点,剖析爱尔兰国际中文教育发展中的优势与挑战。这两个阶段分别是:① 从两国建交到孔子学院在爱尔兰建立之前(1979—2006年);② 从两所孔子学院建立到汉语纳入爱尔兰高考(2022年)。两国建交前的中文教育在当地的发展概况因没有得到成体系发展,只作简要介绍。

二、20世纪80年代之前的中爱人文交流概况

由于地缘关系遥远,历史上中爱两国交往频率较低,但源远流长。人文交流主要以赫德爵士来华经历和比尔城堡与中国的百年渊源为重点;移民往来则通过语言加强对话沟通理解,进一步促进中文教育在当地华人社区中率先

发展起来。

1793年,以爱尔兰马戛尔尼伯爵为代表的英国使团出使中国,其出使中国的见闻被印刷为插图报纸、书籍等在英法等国流传。其后的1850年,由埃德蒙·格蒂所著的《爱尔兰发现的中国印章》一书中提到的德化瓷印章,介绍了在爱尔兰多地发现了中国明清时期德化窑生产的印章,证明了早期华侨在爱尔兰的存在痕迹。1863年起,爱尔兰的罗伯特·赫德爵士任职清政府海关总税务司,并在中国生活工作了54年,在职期间,赫德的中文学习成果显著,口语流利,书面语通畅。赫德的经历带动了更多的爱尔兰人来中国工作,这其中就有1881年奥古斯丁·亨利(中文名:韩尔礼)前往中国,18年里,他收集了15.8万种中国的植物标本运回爱尔兰,这些标本搭建起两国深层联系的桥梁。据统计,爱尔兰最大的私人城堡比尔城堡有近四分之一的植物物种来自中国,有"小云南"之称。此外,比尔城堡第七代伯爵布伦丹的大儿子帕特里克曾就读于北京语言大学,于2008年北京奥运会期间担任爱尔兰奥运专员。

可见,几个世纪以来爱尔兰和中国的友好交流为爱尔兰中文教育事业的发展提供了人文基础。而移民的到来最先开始促进了当地中文教育事业的发展。20世纪50年代至70年代,中国有来自广东、香港和台湾地区的华人及其子女来到爱尔兰,从事食品生意,开设中餐厅。改革开放后,大批中国居民赴爱尔兰工作或留学。曹雨(2018)认为,"目前在爱尔兰的中国移民人数应当不超过5万人,其中一半持学生签证"。而根据2016年人口普查显示,爱尔兰华人总数约为19 447人,其中中国籍居民9 575人。但至今没有一个确切的数字表明华人在爱尔兰的人口总数。爱尔兰移民委员会主张移民保持他们的传统语言和文化。因此,中国移民的到来进一步推动汉语在当地的发展,如华人社团的兴起,华文学校的开办。最早成立的华人社团有20世纪70年代的爱尔兰利默里克华裔会和在都柏林成立的都柏林华裔会,目前爱尔兰华人社团近30家。这些社团既有经济功能,也兼具文化功能。他们创办华文学校以满足当地华人对汉语的多样需求。根据2016年人口普查(CSO,2017),在爱尔兰约有9 248名华人说汉语,约有1万名中国移民接受汉语作为传统语言的教育。

20世纪80年代之前的中文教育在当地的发展总体来说,缺乏专业的师资,当地人汉语学习需求的不稳定性以及较强的流动性,是主要的三大不利因素,所以难以有效地成规模发展,但这一时期也为之后的孔子学院、当地政府部门发展中文教育奠定了人文基础。华人在爱尔兰的汉语需求是主要的推动因素。

三、中爱建交到两所孔子学院建立期间的发展(1979—2006年)

中爱于1979年建交,建交之后,双方开展了一系列的教育合作。根据爱尔兰人口普查,2006年共有11 161名中国人居住在爱尔兰,巨大的华人团体使得直至2006年第一所孔子学院在爱尔兰建立,当地中文教育的发展主要依托华人学校和华人社区。在当时,该国主要有两所华文学校提供中文教学服务。

早期华文学校主要由定居在爱尔兰的华侨华人社团创办。爱尔兰最早出现的教授中文课的学校是1986年成立的华协会中文学校。该学校主要从事开展中文教育,培养汉语人才,推广中文和中华文化的工作。成立之初,该校以广东话授课,在2001年开始改用普通话授课,后全部改用普通话授课。该校设有10个年级,教材来自英国中文学校联会,后改用暨南大学华文学院为欧美地区周末制中文学校的华裔小学生学习中文编写的《中文》教材。办校以来,累计培养汉语学习者1 000余人。但该学校已于2018年关闭。

此外,2004年成立的爱华中文学校主要为中小学生开办中文课程,学习者主要为5岁以上学生,全部任教教师具有师范专业到硕士以及博士专业学位。学校设有三个不同等级的课程:① 启蒙课程:涵盖汉语拼音以及基础会话;② 升级课程:着重阅读以及书写;③ 会话课程:为母语为广东话或英语的学生专门设置。

除却早期的这两所,后来在爱尔兰开办过的中文学校还有越华会中文学校、南居华人协会中文学校、卢肯中文学校、教会中文学校、卡斯诺克中文学校、戈尔韦爱中友好协会中文学校、爱尔兰都柏林十五区Castleknock中文学校、CityWest中爱书香中文学校、Swords中文美术学校、Balbriggan中文学校、思达中文学校、华助中文学校、科克华文学校等16所,所授课程多为周末班,一般不参与汉语考试培训,每年学生共约有1 000人。

值得注意的是,此时期在主流教育系统中,汉语教学是在大学最先发展起来。这一时期开设中文课程的只有都柏林大学,该校从2002年9月正式开设汉语课,参与学生有数十人,他们的学习目的是以今后到中国进行旅游经商为导向。该课程采用教师自编教材,教学中注重语言与文化并进,教师为中国教师。

总的来说,这一时期的中文教育依托华文学校,呈现小规模发展的态势,不稳定、缺乏师资是阻碍其发展的主要原因。但在华人社团及华文学校等民间团体的努力下,华人学习汉语的需求得到了一定程度的满足,也是汉语在当地得以继续发展的重要因素。正如中国驻爱尔兰大使刘碧伟所说:"中文学校通过开展中文教育,大力弘扬中华民族的优秀传统文化,为中爱长久友谊播撒文化种子,意义深远。"这一时期中国经济的腾飞也进一步增进了当地的汉语学习需求,更多的爱尔兰人开始对中国和中国语言文化产生兴趣。

四、孔子学院的建立至汉语纳入爱尔兰高考期间的发展(2006—2022年)

在此阶段,国际中文教育开始在爱尔兰大规模、系统、稳定和快速的发展主要依托孔子学院、孔子课堂所做的工作及爱尔兰政府积极的语言政策的推动。当地大中小学、部分华文学校与孔子学院均有开设中文课程,爱尔兰教育部下属中学语言教育中心也推出了中文学习课程,并已扩大到20多所中学,使得爱尔兰国际中文教育发展呈现多层次并进,规模化发展趋势。这一时期,也是中国经济、综合国力迅速发展的时期,中爱经济往来也刺激了中文教育的需求,在爱中资企业对当地员工汉语需求扩大了汉语在就业市场中的竞争力。

(一)孔子学院的建立及发展

2006年,爱尔兰的第一所孔子学院——都柏林孔子学院(UCDCI,以下简称"都柏林孔院")建立。紧随其后,2007年,科克大学孔子学院(UCCCI,以下简称"科克孔院")成立。两所孔子学院相继建立并在当地开设孔子课堂、承接中小学和大学汉语教学工作。自此,爱尔兰国际中文教育开始以规模化、系统化的方式开展,并由此进一步加强当地对汉语和中国文化的了解和兴趣。2019年2月,爱尔兰第三所孔子学院——高威大学中医与再生医学孔子学院成立,除了进行汉语教学和推广中国文化外,该学院将发展特色合作项目,推动中西医研究与教学的结合。该学院的建立,是孔子学院在推广汉语和中国文化之外的新探索,对孔子学院在海外的发展提供了新的思路,不仅仅将目光放置在汉语与文化的交流方面,更应当将目光投射于更广阔和更具深度价值的创新合作领域。

截至2022年,中爱双方已合作开设3所孔子学院,下设11个孔子课堂/

教学点,每年为当地约 4 000 名中学生提供中文课程,为爱尔兰国际中文教育的发展提供了强大的支持。

1. 都柏林孔院(UCDCI)中文教育情况

都柏林孔院自 2006 年成立以来,对于推进爱尔兰首都都柏林乃至整个爱尔兰的汉语教学工作作出了突出的贡献。截至 2016 年,UCDCI 主要为大学中文商科本科学位提供课程支持,为爱尔兰 50 余所中学和 4 750 名学生提供中文课程。目前,UCDCI 下设 9 个孔子课堂,在 30 余所中学开设汉语课程。此外,还提供中文在线课程、商务培训课程、教师培训课程、HSK 培训课程、中国角、晚间课程、一对一私人学堂、都柏林孔子儿童班、小学和小学后中文课程等。

都柏林孔院还为中文教学提供多种教材和升级版教学资源包,为教师提供了更多的教学材料来教授汉语和文化,特别是组织各种课堂活动的说明(视频和 PPT 资源)。教材主要有三套:*Chinese for Junior Cycle Short Course 1—2*、*HSK Standard Course 1—6 (Textbook)*、*HSK Standard Course 1—6 (Workbook)*。

此外,都柏林大学爱尔兰中文研究所与 UCD Lochlann Quinn 商学院、UCD 萨瑟兰法学院、UCD 农业和食品科学学院以及 UCD 社会科学与法学院合作,提供以下本科课程:关于中国研究业务、中文法律、中国研究的食品业务、社会科学与中文的课程;研究生课程:针对母语为汉语和非汉语的学生的中国语言与文化文学的课程。

2. 科克孔院(UCCCI)中文教育情况

科克孔院作为爱尔兰南部地区主要的中国语言文化推广基地,自 2007 年成立以来就一直与科克大学亚洲研究院密切合作,负责开展包括大中小学各个层级的教学工作。为科克大学提供了文学学士学位(BA)和硕士学位(MA)的汉语课程以及为商业和计算机科学专业学位(Business and Computer Science)开设针对性汉语课程。科克孔院从成立之初的 2 名教师、8 名学生到 2022 年的 27 名教师、1 500 多名学生,15 年间累计 267 名教师、43 000 余名学生,科克孔院逐渐成为爱尔兰南部中文教学基地,为持续推动汉语在当地影响力作出贡献。

除了提供大学中文学分课程外,科克孔院致力于中小学的汉语推广工作。2009 年,科克孔院在 24 所中小学开设了中文选修课程,共有 1 000 名学生参加。2016 年,为 53 所中小学、7 000 余名学生提供汉语课程。受新冠疫情影响,2022年有36所中小学和2个孔子课堂,主要负责包括中学过渡学年(TY年级)的约100个班级、1 500余名中学生,大学本科、硕士各年级约170名学生的汉语教学工作。2009年起,科克孔院负责组织HSK考试,2011年起,开始组织中学生的YCT考试,2009—2021年间参与考试人数达2 158人。

目前科克孔院有自编教材《中国语言文化入门》《初级实用商务汉语课本》,自编教学大纲《TY汉语课程大纲》。科克孔院设有轮转班、全年班,此外,科克孔院提供的课程种类还包括儿童中文班、在线中文暑期课程、晚间课程、商务中文培训、HSK/HSKK教学课程、一对一辅导、私人普通话课程等。

(二)爱尔兰大学中文教育情况

爱尔兰高等教育即第三级教育中较著名的大学有13所,分别是圣三一大学、都柏林大学、科克大学、高威大学、梅努斯大学等。从都柏林大学2002年首开中文课至2006年首设中文专业(商科和中文研究的双专业本科学位课程),到科克大学、梅努斯大学、高威大学等著名大学相继开设中文专业。根据课程教学内容可见中文教育在爱尔兰大学中的推广发展以中爱经济联系为导向,以实用性为特色,注重中文与其他课程的结合。中文教育在大学阶段得到多学科合作为特色的有益探索。例如梅努斯大学设立的与中文相关的本科阶段课程中,"中国研究"方向包括:BBA商业管理和中国研究、BBA国际商务和中国研究、BBA市场营销和中国研究三门主要课程。研究生阶段课程同样设立了"中国研究",下设应用语言学与跨文化研究和汉学两个方向。爱尔兰大学中开设的中文相关课程也体现了以经济和应用为导向的特点,相关课程见表1。

表1 爱尔兰高等教育中的汉语课程

动物与兽医学与汉语	农业、园艺和林业与汉语
餐饮与中文	生物、化学和药学与汉语
中文计算机与ICT	建筑、资产与汉语
地球与环境与中文	工程、制造和能源与中国
物理、数学和空间科学与中文	医疗保健与汉语

续 表

休闲、运动健身与汉语	中国人的心理与社会关怀
艺术、工艺和设计与中国	媒体、电影出版与汉语
华语音乐与表演艺术	社区和志愿服务与汉语
华文教育教学	中国政府与政治
历史、文化和语言与汉语	法律、司法与中文
会计、税务与汉语	银行和金融与汉语
广告、营销和公共关系与汉语	企业管理和人力资源与汉语

近年来,随着爱尔兰自身国际化程度的提高以及汉语加入爱尔兰高考的影响,高等教育中的汉语学习者稳步增加。这些学生的背景分为三类:第一类包括在学校或因汉语高考需要而学习汉语的本地中学毕业生;第二类是来自交换项目的国际学生,他们大部分已有汉语学习经历,例如来自西班牙、德国、意大利等国的中学生;第三类是年轻一代的华人或中国留学生。在高校汉语教学中,大多选用《新实用汉语》系列教材。另外,大学汉语教师国际化程度高,大多为具有语言学背景的博士及研究人员。他们来自中国、其他国家和爱尔兰本土。

(三)中小学中文教育情况

爱尔兰中学中文教育的发展具有曲折上升的特点,小学阶段主流教育系统中没有广泛开设汉语课,仅有都柏林孔院开设的少儿孔子课堂。爱尔兰约有700余所中学,据都柏林孔院2009年进行的一项爱尔兰中学汉语教学需求调查报告显示,当时爱尔兰全国约有3%的中学拥有系统的汉语课程,师资短缺、学生和家长对汉语学习热情不高等是主要影响因素,报告还深入分析总结了爱尔兰181所中学对汉语教学的看法,认为在爱尔兰中学推广汉语教学潜力巨大(中国新闻网,2009)。至2012年5月3日,爱尔兰国家考试与课程评估委员会(NCCA)举办了中国语言与文化研究大会,决定于2014年将汉语列入初中选修课程并发布了由都柏林孔院开发的中学过渡学年(TY学年,高一)教学资源包,该资源包采用最新外语教学理念、适合爱尔兰本土教师使用。

至此,在都柏林孔院和科克孔院的共同努力下,汉语在爱尔兰中学取得初步规模化发展——全国共有 70 多所中学开设了汉语课,近 5 000 名中学生学习汉语。

爱尔兰中学中文教育的正式确立始于 2014 年。至 2016 年约有 1 361 名学生在中学学习汉语,至新冠肺炎疫情之前约 150 余所中学在 TY 学年开设了中国文化与语言课程,之后缩减到 100 所左右。截至 2022 年,爱尔兰政府部门为中学阶段的中文教育提供师资支持的主要有教育部下属机构 PPLI(目前负责 20 余所中学的汉语教学及爱尔兰高考汉语的推进工作),其他专业机构和主要推动力量为都柏林孔院、科克孔院、高威孔院。

截至 2022 年,爱尔兰中学汉语教学暂未有统一的教材与教学大纲,主要参照《欧洲语言共同参考框架》的语言能力要求和爱尔兰国家课程与评估委员会(NCCA)制定的 *Transition Unit Chinese Culture and Language Studies*,教学中语言和文化相结合,注重培养学生使用汉语进行交际的能力。根据不同地区和学生群体的需求,不同地区的孔院和本土教师制定了适合学生水平的教学大纲。对于爱尔兰中小学的中长期课程,教师较多选择《快乐汉语》系列教材;针对短期的轮转班,则选择《中国语言文化入门》(张丽华、熊欢主编,浙江教育出版社出版)并组织话题式教学(吴琦,2017)。

都柏林的贝福德中学(Belvedere College S. J.)于 2007 年开设中文课,是爱尔兰最早开设中文教学的中学之一。该校汉语师资主要来自都柏林孔院。2011 年,UCDCI 在该校成立了"孔子课堂",并在 2017 年向该校提供了本土化教材《爱尔兰初中汉语》。贝福德中学早期主要在课外开设中文兴趣班;至 2019 年除继续保留这一教学形式外,还将中文正式编入该校初一和初二学生的课程,并计划从 2020 年起每年将中文引入更高一级的学生课程,直至覆盖该校全部 6 个年级。

在小学阶段的中文教育中,具有开拓性的事件是 2016 年 1 月都柏林少儿孔子课堂的正式建立,这标志着汉语正式进入爱尔兰小学阶段教育体系。都柏林少儿孔子课堂由 UCDCI 与爱华中文学校共建,首期设 11 个汉语教学班,一百余名儿童入学。教学主要从听、说、读、写四个方面进行系统的汉语教学,同时将文化经典、中华才艺等元素融入课堂教学。但是据王宇婕(2020)指出,"在爱尔兰的小学汉语教学中对这四项技能的要求很低,教师更侧重于强化学生对汉语和中国文化的感受和体验,课堂氛围注重轻松愉快和乐趣",这表明汉语教学在很大程度上依赖于学生的兴趣和课堂活动的有效开展。

爱尔兰中学阶段汉语学习者选择学习中文的目的从发展态势上主要从"对中国语言和文化感兴趣"过渡到"爱尔兰于 2014 年在中学过渡学年引入了汉语选修课程,因此学习汉语对部分学生来说是必修课"和"出于实用性动机和今后职业需求",再过渡到随着汉语加入爱尔兰高考科目,首期汉语高考的顺利开展,汉语相比起其他语言考试难度相对简单,因此未来可能会有大量华裔学生和爱尔兰学生出于高考目的选汉语课程。目前来看,第四种学习动机最强。根据 Osborne、Qi Zhang、Yongbin Xia(2019)所做的一项从 2013 年持续到 2017 年的涉及爱尔兰 48 所中学的教学调查显示,汉语进入爱尔兰中学选修课后的 2014—2017 年间,学生兴趣动机依次为 28%、29%、32%,强制性学习动机为 70%左右。

(四)爱尔兰政府机构及在爱尔兰的中资企业对中文教育的需求

中国是爱尔兰第五大经济合作伙伴,经济联系刺激了当地政府部门及企业的国际中文教育需求。目前在爱中资企业有 20 多家,约 2 000 名雇员。在中国的爱尔兰企业有 92 余家,雇用人员达 1 万多人。部分中资企业也谋求与孔子学院合作开展汉语教学培训班,以满足当地员工学习中文和了解中国文化的需要。都柏林孔院近两年已为华为爱尔兰公司 66 名当地员工提供每周 2 小时的培训课程。科克孔院也致力于为当地政府、企业提供汉语支持。其与科克郡政府合作开设了为期 10 周的汉语语言及文化培训项目,该项目于 2019 年 4 月 1 日正式启动,2020 年 2 月开展第二期,受新冠肺炎疫情影响,2022 年 9 月进行了第三期。共有数十名政府官员参加,他们通过项目增进了对中华文化的了解。

(五)爱尔兰国际中文教育发展里程碑事件

1. 2014 年汉语加入中学教学大纲,成为中学选修课程之一

2012 年 5 月 3 日,爱尔兰考试与课程评估委员会(NCCA)举办了中国语言与文化研究大会,教育部部长鲁埃里·奎恩在大会上宣布于 2014 年在全爱尔兰初中开设汉语课程,汉语作为正式课程列入中学教学大纲,至此爱尔兰成为欧洲第一个真正将汉语作为正式课程列入中学教学大纲的国家(蔡永强,2014)。

2. 2022 年汉语加入爱尔兰高考

2017 年 12 月,爱尔兰教育与技能部公布了《爱尔兰 2017—2026 年外语

教学战略》,宣布将在2022年举行第一场汉语科目的高考,自2020年起爱尔兰中学课程体系将全面开设汉语课程,爱尔兰的高中生可以选修汉语,并将汉语列入国考覆盖的语言清单。根据NCCA(2019),毕业证书普通话规范目的是培养学习者使用目标语言进行交际的能力。汉语正式成为爱尔兰高考科目,对中国语言和文化在爱尔兰的普及将起到极大的促进作用。2022年的中文高考分为口语、听力和笔试三个部分,4月9日举行口语考试,6月20日举行听力考试和笔试。首期约有300人参加中文高考(Carl O'Brien,2022)。

(六)重要的中文教育政策

《国家技能战略2025——爱尔兰的未来》(*The National Skills Strategy 2025 — Ireland's Future*)强调,许多现代外语在跨部门技能方面是有需求的,特别是对会说普通话的人需求越来越大。这项政策成为推动爱尔兰汉语教育的重要政策之一。爱尔兰教育部下属的"爱尔兰中学语言教育中心"已经在20余所学校开设了TY学年汉语选修课,汉语高考的顺利进行和制定语言教育发展规划也是其助推的阶段性任务。

《语言连接——爱尔兰2017—2026年外语教学战略》(*Languages Connect-Ireland's Strategy for Foreign Languages in Education 2017—2026*),是继其2016—2019年教育行动计划结束以来更加突出多语言教育重要性和行动策略的教育发展规划,宣布把汉语加入爱尔兰高考,标志汉语正式进入高考选修课程,自此汉语的地位更加显著。

五、分析与总结

从爱尔兰汉语发展历程的梳理来看,目前对爱尔兰的研究多集中在宏观层面的汉语推广调查,对学习者习得、课堂教学实践、本土化教材编写和教学大纲的微观研究,缺少对发展历程的整体性梳理。好的汉语发展环境,既需要看到微观层面每个教师及学生个体的参与情况,也应看到宏观的发展变化。整体和个体兼顾,才能推动汉语教学在爱尔兰的健康发展。

纵观爱尔兰国际中文教育发展几十年来的历史,可知其起步晚,但速度快,汉语已初步进入其国民教育体系。中文教育发展以其国家层面的多语言政策为内部驱动,以其与中国的经贸联系为客观条件,以实用主义为特色,以华人在当地的语言需求和当地人民对中国文化的兴趣或就业选择为社会驱动,这些因素共同促成了今天中文教育在爱尔兰国民教育体系中的地位。但当前新国际环境下,逆全球化思潮高歌猛进,地区冲突不断,地缘关系的影响,中爱关系的发展等因素都不可忽略。爱尔兰国际中文教育也面临以下四个方面的挑战:

(一)汉语教师本土化进程缓慢

目前汉语教师本土化程度不高,大部分老师来自中国,而当地学校对长期稳定的汉语教师的需求来源于本国,但本土高层次汉语人才的培养达不到其对汉语教师的需求,汉语教师本土化进程亟待加快。与其他语言推广机构相比,中文教师本土化进程较为缓慢。

(二)缺乏本土化教材

目前,尽管有都柏林孔院主编的 TY 教学资源包、科克孔院主编的中国语言与文化入门等为爱尔兰学生打造的中学教材资源,但因缺乏资金和足够的兴趣,这部分教材没有得到较好的推广,学生上课仍处于没有教材的状态。同时部分教材难度过大,并不适合爱尔兰学生的汉语水平,导致学生在学习过程中容易失去兴趣。如果能够联合当地教育部门制定更加适合爱尔兰学生的汉语教材并推广,可能会减少一些学生的畏难情绪。

(三)TY 学年学生动机不强

目前爱尔兰中学阶段的汉语课程仍主要为兴趣选修课,加上过渡学年(TY)学生实践活动较多,导致授课时间不稳定,学生难以连贯学习,教师难以有效衔接。因此,一方面抓住学生对中华文化感兴趣的点,以点带面,加强文化驱动,在语言教学中适当融入文化教学,开展文化实践活动;同时任教教师也应不断提升素养,思考如何抓住学生对语言及文化的兴趣,并且以汉语加入高考科目为契机,积极开发适合爱尔兰高考的汉语课程,满足汉语学习者多层次的学习需求。

(四)中文教育与推广机构互相联系不密切

目前开展的文化活动主要由孔子学院主办,与其他语言及文化社团合作联系不强,未曾突破校园活动环境而融入当地社区。因此可以加强与合作高校的相关社团、语言推广机构、研究院的联系与交流,寻找合作的突破点,并积极为当地华人、企业开展汉语与文化的教学培训,扩大知名度,提高自身影响力。此外，爱尔兰人对中国的语言和文化感兴趣，高威孔院就是一个鲜明的例子，今后以文化了解为切入点，汉语推广机构更加积极融入当地生活，发掘合作的创新点，为中爱进一步的政治、经济友好合作打好基础。

总的来说，爱尔兰政府积极的多元语言政策和努力、爱尔兰三所孔子学院所做的工作、华人社团和华文学校的支持及当地人对中国语言及文化的兴趣及其就业需求、中爱两国的友好交流等都是国际中文教育在爱尔兰的积极推动因素，下一步，如何解决好当地的汉语师资需求、教材需求、文化互鉴需求，创新语言文化推广方式，是关系中文教育在爱尔兰行稳致远的关键步骤。

参考文献

[1] 蔡永强.融入国民教育体系：爱尔兰汉语教学的规模化发展[J].国际汉语教学研究,2014(3)：12.

[2] 曹雨.爱尔兰中国移民的现状与发展趋势[J].华侨华人历史研究,2018(1)：71-80.

[3] 王宇婕.探究爱尔兰中小学汉语教学特点和推广难点——以爱尔兰科克大学孔子学院为例[J].课外语文(上),2020(1)：117-118,120.

[4] 吴琦.爱尔兰都柏林区中学及大学汉语教学调查报告[D].硕士学位论文,重庆师范大学,2017.

[5] 中国新闻网.爱尔兰中学汉语教学调查报告出炉 推广需求大[EB/OL].http://www.chinanews.com/hwjy/news/2009/11-27/1987491.shtml,2009-11-27.

[6] Carl O'Brien,Chinese becomes Leaving Cert subject：a fade or the future? *The Irish Time*,2022-1-18.

[7] Centre Statistic Office, Census 2016 Summary Results — Part 1. 2017(4).

[8] National Council for Curriculum and Assessment, Mandarin Chinese Curriculum Specification. 2019.11.

[9] Osborne, Caitríona, Zhang Qi, Xia Yongbin. The Past and Present of Chinese Language Teaching in Ireland. *Chinese Language Teaching Methodology and Technology*,2019(2)1：32-53.

作者简介：王欣欣，上海大学国际教育学院。

"一带一路"背景下的汉语国际教育
(第三辑)

孔子学院与文化传播

爱尔兰汉语高考的语言政策的制定和践行[*]

◎ 郭蓉蓉

> **摘 要**：本文着眼于自汉语教学出现在爱尔兰教育系统以来至汉语作为高考外语选考科目实现的关键性的历史阶段。探讨了汉语纳入爱尔兰高考的语言政策的制定是在孔子学院前期铺垫的基础上，以及在两国经贸发展、中国移民影响和不同教育阶段学习者需求等诸多因素共同的推动下，国家外语政策在爱尔兰教育体系中的重要体现。
>
> **关键词**：孔子学院；经贸市场；中国移民；学习者需求；国家外语政策

爱尔兰教育系统中最早的汉语教学出现在2006年和2007年。这得益于中国教育部下属的两所孔子学院分别在都柏林大学（University College Dublin，简称 UCD）和科克大学（University College Cork，简称 UCC）成立。经过近10年的发展，2017年爱尔兰前教育部长理查德·布鲁顿（Richard Bruton）宣布，汉语将在十年内成为高考科目。同年，爱尔兰教育部提出从2020年开始在高中阶段开设汉语课程的目标（DES，2017b）。随即在2022年4月（口语考试）和6月（笔试）汉语作为高考外语选考科目的首次考试举行。不可否认，汉语作为高考外语选考科目的实现是爱尔兰中文教育发展史的一个重要的里程碑。本文将着重讨论自两所孔子学院在爱尔兰建立以来，到汉语被纳入高考外语选考科目的十余年的时间内，从孔子学院的前期铺垫、经贸市场、中国移民、各教育阶段的学生群体的需求以及国家外语政策等方面来探

---

[*] 本文得到教育部"中外语言交流合作中心国别中文教育"调研项目的资助，项目编号21YHGB1094。

讨汉语纳入高考外语选考科目政策的制定和实现。

一、孔子学院的铺垫

作为全球趋势的一部分,都柏林大学孔子学院(以下简称"都柏林孔院")和科克大学孔子学院(以下简称"科克孔院")的建立在爱尔兰中文教育发展中的作用功不可没(Osborne,Zhang & Xia,2019;Wang & Hao,2014)。从学校和学生数量上,在孔子学院的努力之下,开设汉语课程的学校数量从2007年的五所(Zhang & Wang,2018)增加到2010年的40余所(Ruddock,2010)。2009年开始,都柏林孔院为四所当地学校提供课程。同一年科克孔院向24所当地学校提供汉语课程,当时有800多名学生学习汉语普通话(UCCCI,2009)。截至2016年,53所中学和7 011名学生受益于科克孔院提供的汉语课程,而都柏林孔院已为4 750名学生和102所学校提供了课程(Osborne,Zhang & Xia,2019)。这其中尤其需要指出的是已有86所学校开设过渡年(Transition Year,相当于高中一年级,简称"TY")的汉语课程,这在很大程度上得益于孔子学院的支持(DES,2017a),这对促进汉语纳入高考外语选考科目是关键性的催化剂。据统计,因为孔子学院的成立,有兴趣开设汉语和文化课程的爱尔兰学校(中小学)数量不断增加,辐射范围也不断扩大。两所孔子学院在爱尔兰社会群体传播汉语和中国文化中起到了启蒙作用。孔子学院及其下属孔子课堂通过推广汉语文化,也极大地促进了爱尔兰汉语作为外语教学的发展(Zhang & Wang,2018)。

以科克孔院为例,2007—2017年间的一些重要数据可以体现孔子学院在汉语教学和文化推广方面的影响力。科克孔院自2007年建立以来,积极推进汉语课程在高等教育系统的开展。与科克大学中国研究院紧密合作,先后开设了中文本科、硕士学位的汉语课程,还率先在爱尔兰开设了商科及计算机等具有针对性的汉语课程,使科克大学从学士到硕士的汉语学科体系和人才培养日趋完善。就师资而言,从2008年仅有两名中文教师、11名学生,发展到2017年已有汉办公派汉语教师12人、汉语教师志愿者26人,中文本科及中文硕士注册学生总数达378人,成为爱尔兰中国语言文化推广中心。就汉语课程而言,根据汉语学习者的不同需求,科克孔院还为社会大众和爱尔兰其他高校提供了长期、短期汉语课程和语言培训服务。这其中包含为政府部门和诸多当地企业提供汉语课程。就学生群体而言,除了大学生、政府机构和公司职员之外，科克孔院积极开拓中小学汉语教学。从2009年在当地24所中小学开设了中国语言文化选修课程，1 000多名学生选修汉语课。到2017年，科克孔院在科克、梅努斯等地共开设了四所孔子课堂，100个中小学教学点，开设了中国语言文化必修、选修课程，其中中学及TY年级262个班、小学39个班、其他20个班，学习汉语的人数高达7 000余人（UCCCI，2017）。这极大地推动汉语教学进入爱尔兰中小学正规学科体系。

不可否认，两所孔子学院的建立开启了爱尔兰教育系统的汉语和中国文化教学，十多年的发展，其在推动中文教育在爱尔兰教育体系中的深度融入、启蒙社会群体对汉语和中国文化的认同奠定了坚实的基础，从而使汉语纳入高考外语选考科目成为可能。

二、经贸往来

经历了20世纪末到21世纪初的经济高速增长的"凯尔特之虎"时期（EOTPRCII，2022），爱尔兰吸引了大量的中国劳工，这种民间的劳务输入直到2007年经济危机逐渐停止（曹雨，2018）。而后直到2012年中爱建立互惠战略伙伴关系以来，两国双边贸易投资增长迅速。中国是爱尔兰除欧盟、英国、美国以外最重要的贸易伙伴（EPRCI，2022）。中爱合作关系的建立，是爱尔兰重建经济的重要表现。

爱尔兰教育和技能部（DES）在《2014年政府就业行动计划》中就指出，赢得海外市场，实现可持续的、基础广泛的出口导向型增长，对于重建爱尔兰的经济至关重要。尤其是需要在2004—2014年间，需要实现"赢得海外"的议程（DES，2014）。因而在2014年，爱尔兰政府通过其国内企业在中国、韩国、阿拉伯联合酋长国和南非等海外市场提供额外的实地支持，增加对寻求国际贸易公司的支持。这其中包括加强当前的国际战略伙伴关系，特别提到与中国、巴西、印度和日本的合作关系（DETE，2014）。此外，爱尔兰各行业对中国人才的需求量增加。教育和技能部指出，各行业内雇主的反馈表明，汉语、西班牙语和德语的毕业生短缺（DES，2014），未来需要培养具备这些语言技能的人才来发展各行各业。

同时，中爱两国的经贸往来也体现在中爱高等教育机构之间的交流合作。爱尔兰高等教育管理局在《2014—2016年高等教育体系绩效框架第二次报告》中指出，爱尔兰高等教育部门在中国、印度、巴西、美国和沙特阿拉伯等关键市场的合作数量不断增加(HEA,2016)。回顾中爱两国教育领域的交流合作,可以追溯到更早之前。自2001年中爱签署《中华人民共和国政府和爱尔兰共和国政府教育合作协议》以来,两国教育交流合作也日益广泛(EOTPRCII,2022)。除了前文提到的两所孔子学院的建立,中爱高等院校之间在人才培养、合作科研、校际合作、语言教学等领域也有诸多合作交流(EOTPRCII,2022)。

特别是2006—2016年间,爱尔兰高等教育机构的一个主要趋势是海外项目发展迅猛,这契合了前文所提到的爱尔兰"赢得海外"的议程。英国文化协会将爱尔兰列为中国合作教育项目的十大合作伙伴国家之一(HEA,2016)。截至2022年3月,16所爱尔兰高校已与44所中国高校建立了90个政府批准的中外合作办学项目和机构(EOTPRCII,2022)。更有学者指出爱尔兰教育系统中,新的语言政策更加关注汉语、俄语等语言,是因为这些语言是提供新的贸易机会和经济增长的关键(Bruen,2013;Erdocia,Nocchi & Ruane,2020)。

三、中国移民影响

爱尔兰的中国移民和移民二代需要语言政策的支持。就移民人数而言,根据对欧洲华人人口分布的研究,爱尔兰的华人绝对数量相对不多。早在2006—2007年间,爱尔兰的中国移民人数因为大量劳工的涌入显著增长(Osborne,Zhang & Xia,2019;曹雨,2018)。2007年之后,中国移民群体以留学生为主(曹雨,2018)。据爱尔兰每五年一次的人口普查结果显示,登记的中国移民人口从2001年的5 842人,增加到2006年的11 161人,再到2011年降低为10 896人,2016年再降为9 575人(Census,2011;GOI,2017)。虽然人口普查的数据显示中国移民数量呈下降的趋势,但是中国移民从民族和文化背景角度而言是增长的。

据《2016年人口普查汇总结果》显示,按民族或文化背景划分的常住居民中,中国移民从2011年的17 832人,增长到2016年的19 447人,增长了9.1%(GOI,2017)。当然因为人口普查的局限性和滞后性,实际在爱居住中国移民的数量和增长比例应该是超过以上这些数字的。有学者指出,2011年在爱尔兰的华人移民估计为7万人,与2008年相比大约增加了6万人(Latham & Wu,2013)。与此同时,随着英国脱欧,作为唯一一个说英语的欧盟国家,爱尔兰成为移民、游客和企业更受欢迎的目的地(Osborne,Zhang & Xia,2019)。未来几年新移民人数的预计会继续上升。

除了移民人口数量的增长,中国移民在爱尔兰社会影响力的增强也是中国移民群体受到关注的重要因素之一。据中国驻爱尔兰大使馆在2010年版《对外投资合作国别(地区)指南之爱尔兰》中指出,爱尔兰华人华侨主要从事餐饮业、传统中医及超市等服务性行业。但随着中国留学生的涌入,部分中国留学生毕业后在爱尔兰从事律师、医生、公司员工和大学教师等职业,逐步提升了中国移民群体在爱尔兰的社会和经济地位(中国驻爱尔兰大使馆经商处,2020)。中国移民已由早期的劳工输入为主,转变为留学生移民群体为主,投资移民为辅。早期的移民经过多年的积累,加之高学历中国移民群体在各行业的分布,中国移民群体在社会各行业的地位和影响力显著提高。

针对日益增长的包含中国移民在内的移民群体,爱尔兰国家层面出于对移民群体语言和文化的保护,在语言教育方面试图为移民群体作出改变。早在2008年教育和技能部与欧洲委员会在《爱尔兰语言教育政策简介》中,就提出需要鼓励保持移民的语言和文化,接受多元化,鼓励身份认同,其实现方式包括接受这些移民群体的语言作为外语考试科目(DES & COE,2008)。而后在2014年,教育和技能部进一步指出,在爱尔兰的中学教育中大约12%的学生出生在爱尔兰境外,这些新移民群体需要来自官方的支持来维护自己的语言(DES,2014)。

就移民使用语言而言,2011年的爱尔兰人口普查发现,波兰语、立陶宛语是最常见的欧洲语言,菲律宾语和汉语是在爱尔兰居住亚洲人的最常见语言(DES,2014;Bruen,2013)。这些移民家庭的语言(例如立陶宛语、波兰语、葡萄牙语和汉语普通话),也因着爱尔兰作为多语言、多文化的社会,重视外语知识对文化、社会和经济发展的大环境下,促使了汉语普通话和中国文化纳入初中短期课程,也促成了在2020年在高中阶段增加立陶宛语、汉语普通话、波兰语和葡萄牙语的课程(DES,2020)。

由此可见,由于中国移民和移民二代的数量和其继续增长的趋势,以及其社会影响力的增强,迫切需要在教育体统中满足对在爱尔兰最常用亚洲语言——汉语普通话的教学需求。教育和技能部也试图使用在教育系统中增加新外语课程的形式来增强对中国移民群体的包容力,中文教育在爱尔兰教育系统中的教学和考试成为可能。

四、学习者需求

从小学阶段到高等教育的各个阶段,学习者本身的需求也对汉语被纳入高考外语选考科目之一起到了促进作用。各个不同教育阶段学生群体的需求分别与中国移民群体和孔子学院的前期铺垫密不可分。

(一)小学阶段

小学阶段的语言教育与移民群体的语言有很大的关联性。追求语言的多样化始于1988年语言多样化的报告(Harris & O'Leary,2009a)。鉴于近年来新移民的涌入,其语言使用范围已经超出传统的现代外语,例如法语、德语、意大利语和西班牙语(CSO,2012)。基于扩大对社会各个语言不同的群体包容和支持,其他欧洲群体的语言(如波兰语、立陶宛语、俄语、拉脱维亚语和罗马尼亚语)和非欧洲语言因而需要被更广泛使用。此种需求需要小学阶段的课程来强化和支持这种移民群体的多样性。汉语在此方面受到特别关注(DES,2012)。

(二)中学阶段

传统上,初中阶段证书课程提供法语、德语、西班牙语和意大利语(Nouton,2019)。同样出于历史原因,法语是爱尔兰高中阶段的主要外语,德语排在第二位,西班牙语排在第三位(Gallagher,2020)。

中学阶段的学生群体接受汉语和中国文化课程主要得益于孔子学院的推广。经过前期多年的铺垫,国家课程与评估委员会(NCCA)于2012年正式启动了中国文化与语言研究过渡年单元(以下简称"TY中文课程"),并公布了一套教学资源包,以支持教师开展该课程(NCCA,2012b)。2014年,教育和技能部指出新的初级课程将提供短期课程,包含一些波兰语和汉语普通话在内的外语课程。这些短期课程旨在为移民群体提供学习母语的机会,也为爱尔兰人提供了学习其他新移民语言的可能(DES,2014)。因而在同年,国家课程与评估委员会推出了中国语言与文化初级周期短期课程(以下简称"汉语短期课程")(Zhang and Wang,2018)。这门课程包括100小时的学习时间,旨在让学生达到汉语普通话口语和书面语的基本熟练水平,同时培养文化和跨文化意识。本课程是作为一套指导方针制定的,课程描述指出,70%的教学应针对语言,30％的教学应针对文化(NCCA,2016)。但是在实际操作中,不同学校的内容和教学方法不同(Osborne,Zhang & Xia,2019)。

TY中文课程和汉语短期课程的实行无疑在中学阶段的汉语和文化教学在规范化的道路上更进一步,然而因为缺乏明确的测试标准,也没有规范的配套教材,教学问题不可避免。在实际教学中,这些教学资源和指导方针很难实现,也不易衡量(Osborne,Zhang & Xia,2019)。这样的现实情况就需要一个全国范围的课程来规范学生所学,并且有一个全国性的考试来测试学生的学习成果。

(三) 高等教育阶段

爱尔兰在大学阶段的汉语教学随着2006年都柏林孔院的成立而开始。经过近十年的发展,据统计在2017年爱尔兰境内有七所大学院校(含五所大学)开设了汉语课程,包含学位课程或者非学位课程(DES,2017b;Osborne,Zhang & Xia,2019)。在此过程中,自2012年过渡年中文课程设立后,高等教育中的汉语学习者数量也有所增加(Wang & Hao,2014)。

另外,爱尔兰高校的海外学习项目对汉语教学的积极影响也值得关注。在爱尔兰高校,以欧盟Erasmus+项目被爱尔兰大学生群体熟悉。自1987年Erasmus+项目开始以来,大多数爱尔兰参与者(约60％)通过学习外语在目的语国家学习。最受欢迎的非英语目的地是法国、西班牙和德国。这种海外外语学习也发生在Erasmus+框架之外,例如与亚洲的合作机构(DES,2014)。这主要是由于随着孔子学院的建立,就汉语学习而言,都柏林大学、科克大学、梅努斯大学和国内高校和合作,一年海外学习课程的设置也增强了学生选择大学阶段学习中文的动机。一年在中国的海外学习经历,不仅是学生提高汉语和体验中国文化的重要手段,也为学生提供了寻求继续在中国求学和工作的可能性。

然而,高等教育阶段中文教育也出现了挑战。随着最初对过渡年中文课程的热情逐渐消退,加上2020年之前高考中文科目的缺失,爱尔兰高等教育的中文课程入学人数近年来开始下降(Zhang & Wang,2018)。此外,高等教育汉语学习者缺乏学习动力也导致了汉语课程的辍学率不断上升(Zhang & Wang,2016a,2018)。连续几年入学人数有限和辍学率提高的中文课程面临合并或暂停的挑战。

虽然中文教育出现了困境,但是我们也能看到爱尔兰在高等教育阶段对包括汉语在内的亚洲语言的重视开始显现。教育和技能部在2014年《爱尔兰外语教育战略协商框架》中提到高等教育体系在爱尔兰境内外语技能的发展,以及更广泛地通过教学和研究增进和发展对语言、文学和文化的理解方面发挥着至关重要的作用。在高等教育机构提供的现有课程包括欧洲语言(如法语、德语、意大利语、西班牙语、葡萄牙语、波兰语、俄语)和亚洲语言(如日语、韩语和汉语普通话)(DES,2014)的基础上,在2016年《语言连接:2017—2026年爱尔兰外语教育战略咨询报告》中,教育和技能部特别提到在高等教育语言课程方面,应提供对亚洲语言的特别关注(DES,2016)。这其中,中文教育受到的重视程度日渐增强。

五、各教育阶段的联系

如前文所述,爱尔兰中小学阶段的语言课程在汉语方面进行的改革,是移民的涌入和孔子学院的积极推进,以及爱尔兰自身教育体系中外语教育朝着语言多样化方向发展等因素共同促成的。中国移民群体的影响,使汉语作为100小时初中阶段的汉语短期课程成为可能。国家课程与评估委员会在对初中阶段的汉语短期课程进行课堂评估的报告中指出,越来越多的年轻人对学习汉语、发现中国人的文化和生活方式感兴趣。汉语短期课程和TY中文课程的开展不仅为学生提供了了解中国的语言与文化的机会,也为学生后续的学习打下了汉语学习基础(NCCA,2017)。这也为汉语被纳入高考外语选考科目在教育系统内奠定了基础。

同时中文教育面临的挑战也需要将汉语纳入高考外语选考科目作为新的解决方案。尽管中国移民后代表现出强烈的学习中文教育动机,但2018年之前的中文课程——100小时的汉语短期课程和TY中文课程很难满足华人华侨群体多样化的需求(Zhang & Wang,2018),也与规范化的汉语课程存在一定的距离。虽然汉语因孔子学院的推广在中学阶段变得越来越流行,但是由于高考汉语科目的缺失,通常学生只达到非常初级的水平(Bruen,2013)。现有中学汉语课程中,对语言的学习浅尝辄止,文化教学占很大的比重。加之爱尔兰高等教育的中文课程入学人数减少,辍学率升高(Zhang & Wang,2016a;2018)的现状需要新的汉语课程和考试形式的出现。

新汉语课程的需求,也响应了中学学生群体的意愿。为了更深入地了解爱尔兰中文教育的现状和问题,为之后的汉语教学提出建议,并就中学和大学汉语教学的衔接提出进一步建议，科克孔院在 2013—2017 年进行了一项调查。自 2013 年 9 月以来，此调查在爱尔兰境内 48 所当地中学进行，所有参与者的学生年龄在 11—17 岁之间，共收回问卷数量 3 703 份。据统计，在 2013—2017 年间，爱尔兰学习汉语的学生总数有所增加。其中 2014—2015 年和 2016—2017 年间，参与调查的绝大多数学习者表示他们希望继续学习汉语。同时，调查显示学习者一旦学习过汉语必修课，就更有动力继续学习汉语（Osborne，Zhang & Xia，2019）。由此可以看出，汉语课程的继续开展是有需求的，汉语必修课形式的新课程的开展也势在必行。

总而言之，如果在中小学阶段实行的只是短期的无规范考试的汉语课程，并不能保证爱尔兰境内各学校汉语教学的质量和成果，因而也就不能确保学生能长期地坚持学习汉语。同时高等教育阶段汉语学习者的人数下降，也需要中小学阶段更充足的后备资源来改变这一现状。这就需要已经在中学阶段学习过汉语短期课程和 TY 中文课程的学生，有机会规范地学习汉语课程并检验学习效果，从而有可能自主选择在高等教育阶段的汉语项目来进一步提升汉语能力。毫无疑问，汉语被纳入高考外语选考科目作为新的汉语课程和考试形式是最好的推广和促进模式。

六、国家外语政策支持

新的汉语课程形式和考试形式无疑得到了国家外语政策的支持。早在 2008—2010 年间，由于 2007 年爱尔兰金融危机的影响，爱尔兰政府决定必须在所有部门采取改革措施，以实现变革、稳定和促进经济发展，这其中包括政府在外语教学领域的语言教育决策中进行的有计划的干预。一项名为《就业行动计划》的国家改革计划于 2012 年推出（Erdocia，Nocchi & Ruane，2020），其中提到成功的海外颠覆性改革，包括制定语言教育战略，涵盖外语教育（DETE，2014）。因而之后在 2014 年制定语言战略无疑是政府支持爱尔兰"赢得海外"议程在教育体系的改革。

为了制定外语教育战略，不得不提到教育和技能部作为主要负责部门在前期所做的四个阶段的咨询预备工作（DES，2016）：第一阶段，对现有爱尔兰外语教学相关文件的考虑；第二阶段，呼吁社会各界提交关于外语教育战略的报告（Erdocia，Nocchi & Ruane，2020），咨询期为 2014 年 8 月至 10 月底（DES，2014）；第三阶段，举行两届旨在征求相关教育部门意见和建议的论坛，主要关注中小学阶段(2015年2月)和高等教育阶段以及各行业雇主(2015年6月);第四阶段,2016年12月,前教育和技能部长理查德·布鲁顿主持了一次圆桌讨论会,与来自从幼儿教育到高等教育的各个教育阶段以及企业部门的代表进行深入交流,对前三个阶段回顾讨论,并就实施外语策略的各方看法进行讨论。

对此咨询预备阶段工作的总结,已发布的《语言链接:爱尔兰外语教育战略2017—2026年的咨询报告》中,教育和技能部提出需要扩大小学和初中阶段的语言教育的范围,在传统外语(包括法语、德语、西班牙语和意大利语)之外,增加"新"的语言课程,还应包括汉语、波兰语、俄语和日语等外语。对于高中阶段汉语还未被纳入高考科目的现状,教学委员会需要后续跟进(DES,2016)。同时,在制定本战略的咨询过程中,社会各方群体对把汉语普通话作为高考外语课程的呼声明显(DES,2016,2017)。加之,2016年教育和技能部发布的《2025年国家技能战略》(DES,2016)表明,在跨部门技能方面对许多现代外语都有需求,特别提到尤其是对会讲汉语普通话的人的需求越来越大(Osborne,Zhang & Xia,2019)。

响应社会各界的呼声,因而之后在2017年12月,教育和技能部发布《语言链接:爱尔兰2017—2026年外语教育战略》(以下简称《教育战略》)(Erdocia,Nocchi & Ruane,2020)。《教育战略》中特别提出需要在2026年之前,需要在高中阶段为学习汉语普通话参加高考中文的非华裔学生提供针对性的汉语课程规范,此规范需要在汉语短期课程的基础上进行(Bruton,2017;DES,2017)。因而汉语作为高中阶段的一门两年制国家考试课程在2017年被重点提出(Osborne,Zhang & Xia,2019),《普通话汉语课程规范》也于2020年由国家课程与评估委员会发布(NCCA,2020)。

针对外语教学发展,爱尔兰政府面向社会各界做出了一系列的前期咨询和深入交流探讨,使社会各界对汉语教育的需求得到积极回应。《教育战略》的制定肯定了汉语在诸多外语中的受重视程度,也最终为汉语被纳入高考外语选考科目的实现提供了政策支持。当然,中国教育部的积极推进作用也很巨大。在此阶段,在2020年8月,中爱两国签署《中华人民共和国教育部与爱尔兰教育部关于在爱尔兰中学引入汉语教学的谅解备忘录》,也为爱尔兰中学阶段引入汉语教学打下了坚实基础(EOTPRCII,2022)。

七、结语

虽然本文从孔子学院的前期铺垫、中爱两国经贸往来、中国移民群体的增多和其影响力的增强、各教育阶段学习者对汉语学习的需求以及国家外语政策的支持的主要方面来讨论汉语被纳入爱尔兰高考外语选考科目的政策的制定和实现,但这几个因素并不是完全割裂的,其关系密不可分。总览以上六个方面的因素,我们可以看到,由于孔子学院自成立以来十余年的影响和推动,惠及爱尔兰各个教育阶段的学习者。经过了汉语的最初启蒙阶段,各阶段的汉语学习者包含汉语继承语学习者的需求也开始向纵深演变。中国移民群体的日渐增强的影响力和地位的提升,也促使了爱尔兰政府考虑到借由外语政策的制定来进一步推动中文教育在爱尔兰的规范和推广,期待新的外语政策可以推动未来更广阔的经贸合作和教育合作。以上这些因素的综合作用促使了汉语被纳入爱尔兰高考外语选考科目语言政策的制定,也推动了汉语作为爱尔兰高考外语选考科目之一在2022年的第一次践行。

参考文献

[1] 曹雨.爱尔兰中国移民的现状与发展趋势[J].华侨华人历史研究,2018(1):71-80.

[2] 陈奕平,曹云.爱尔兰侨情[EB/OL].http://qwgzyj.gqb.gov.cn/hwzh/181/2567.shtml,2014.

[3] 中国驻爱尔兰大使馆经商处.对外投资合作国别(地区)指南之爱尔兰[EB/OL].https://www.yidaiyilu.gov.cn/wcm/files/upload/CMSydylgw/202012/20201224114 6014.pdf,2020.

[4] 中华人民共和国驻爱尔兰大使馆.中爱高层交往[EB/OL].http://ie.china-embassy.gov.cn/zagx/gcjw/,2022.

[5] 中华人民共和国驻爱尔兰大使馆.中爱教育交流与合作[EB/OL].http://ie.china-embassy.gov.cn/zagx/jyhz/201809/t20180927_2539869.htm,2022.

[6] Bruen, J. Towards a national policy for languages in education[J]. The case of Ireland. European Journal of Language Policy, 2013, 5(1): 99-114.

[7] Bruton, Richard. Strategy for Foreign Languages in Education 2017—2026, launched by the Minister of Education and Skills [EB/OL]. http://www.onevoiceforlanguages.com/uploads/2/4/6/7/24671559/ovfl_on_the_strategy_for_

foreign_languages. pdf, 2017.

[8] Census. CSO Profile 6: Migration and Diversity in Ireland — A profile of diversity in Ireland[J]. 2012(10).

[9] Department of Education. Languages Connect Implementation Plan[EB/OL]. https://www.gov.ie/en/publication/52f94d-framework-for-consultation-on-a-foreign-languages-in-education-strat/#foreign-language-advisory-group-flag, 2015.

[10] Department of Enterprise, Trade and Employment (DETE). Action plan for jobs[EB/OL]. https://enterprise.gov.ie/en/Publications/Action-Plan-for-Jobs-2014.html, 2014.

[11] DES. Action Plan for Education 2016—2019[EB/OL]. https://www.gov.ie/pdf/?file=https://assets.gov.ie/24370/ec3df78b298e4574ab2d7c98f02450b5.pdf#page=, 2016.

[12] DES & COE. Department of Education and Skills and the Council of Europe[EB/OL]. Language Education Policy Profile-Ireland. https://rm.coe.int/language-education-policy-profile-ireland/16807b3c2f, 2008.

[13] DES. Final report on the Modern Languages in Primary Schools Initiative 1998—2012[EB/OL]. http://www.onevoiceforlanguages.com/uploads/2/4/6/7/24671559/mlpsi_final_report_july_2012.pdf, 2012.

[14] DES. Framework for consultation on a foreign languages in education strategy for ireland[EB/OL]. https://www.gov.ie/pdf/?file=https://assets.gov.ie/46971/5a19ea1c6b65460b9ff2313effc4d80c.pdf#page=null, 2014.

[15] DES. Languages Connect: A Consultation Report on Ireland's strategy for foreign languages in Education 2017—2026[EB/OL]. https://www.gov.ie/pdf/?file=https://assets.gov.ie/47796/a4104bd5c6e84669ac84884ceab99dfa.pdf#page=null, 2016.

[16] DES. Languages Connect: Ireland's Strategy for Foreign Languages in Education 2017—2026[EB/OL]. https://www.education.ie/en/SchoolsColleges/Information/Curriculum-and-Syllabus/Foreign-LanguagesStrategy/fls_languages_connect_implementation_plan.pdf, 2017.

[17] DES. Modern Foreign Languages: A Report on the Quality of Practice in Post-Primary Schools[EB/OL]. https://assets.gov.ie/75059/ea1d4710-3e92-4a9e-b5b4-592c5cfd034e.pdf, 2020.

[18] EPRCI. Embassy of the People's Republic of China in Ireland[EB/OL]. http://ie.china-embassy.gov.cn/chn/zagx/jmwl/202002/t20200225_2539865.htm, 2022.

[19] Erdocia, I., Nocchi, S., & Ruane, M. Language policy-making in Ireland: A preliminary study of the consultation process of Languages Connect[J]. TEANGA, the Journal of the Irish Association for Applied Linguistics, 2020(27): 98-127.

[20] Farren, P. & McKendry, E. A Consideration of Language Teacher Education in Ireland, North and South[J]. TEANGA, the Journal of the Irish Association for Applied Linguistics, 2016(24): 83-90.

[21] Gallagher, Anne. Twenty-Five Years of Language Policies and Initiatives in Ireland 1995—2020[N]. Paper presented at Annual General Meeting of Irish Association for Applied Linguistics, 2020-11-27.

[22] GOI. Census 2016 Summary Results — Part 1[EB/OL]. https://www.cso.ie/en/csolatestnews/presspages/2017/census2016summaryresults-part1/, 2017.

[23] HEA. Second Report of the Higher Education System Performance Framework 2014—2016 [EB/OL]. https://hea.ie/resources/publications/higher-education-system-performance-2014-2016/, 2016.

[24] HEA. The Higher Education System Performance Framework 2014—2016[EB/OL]. https://hea.ie/resources/publications/higher-education-system-performance-2014-2016/, 2016.

[25] NCCA. Junior Cycle Chinese Language and Culture Short Course: Guidelines for the Classroom-Based Assessment [EB/OL]. http://www.curriculumonline.ie/getmedia/9b006069-bc97-4a27-87d5-f3526e91c70b/Chinese_AssessmentGuidelines_Feb2017.pdf, 2017.

[26] NCCA. Languages in the post-primary curriculum: a discussion paper[EB/OL]. https://ncca.ie/media/1808/languages_in_the_post-primary_curriculum_a_discussion_paper.pdf, 2003.

[27] NCCA. Mandarin Chinese Curriculum Specification[EB/OL]. https://curriculumonline.ie/getmedia/91fc0a65-7922-453a-91dc-f5e0dae30c5b/Chinese-Specification-for-Leaving-Certificate_EN.pdf, 2020.

[28] NCCA. Short Course Chinese Language and Culture-Specification for Junior Cycle Short Course [EB/OL]. https://www.curriculumonline.ie/getmedia/c74d14b1-ce78-4aa1-b7a6-cd14a7d7dd5a/NCCA-JC-Short-Course-Chinese.pdf, 2016.

[29] Osborne, C., Zhang, Q. & Xia, Y. The past and present of Chinese language teaching in Ireland[J]. Chinese Language Teaching Methodology and Technology, 2019, 2(1): 32.

[30] Ruddock, K. Learning from Experience: The Feasibility of Mandarin Chinese in

Irish Post-Primary Schools[J]. Post-Primary Languages Initiative, 2010.

[31] UCC CI. Report on the 10th anniversary of the establishment of UCC Confucius Institute[R]. 2017.

[32] Wang, Z. & Hao, L. The Role of Confucius Institutes in Chinese and Foreign Cultural Exchanges: A Case Study on Confucius Institutes in Ireland[J]. In Academic Forum, 2014, 277(2): 163-166.

[33] Zhang, C. & Wang, H. The development of Chinese language education in Ireland: Issues and prospects[J]. TEANGA, the Journal of the Irish Association for Applied Linguistics, 2018(25): 34-51.

[34] Zhang, G. X. & Li, L. M. Chinese language teaching in the UK: Present and future[J]. Language Learning Journal, 2010, 38(1): 87-97.

作者简介：郭蓉蓉，爱尔兰科克大学亚洲研究学院。

推动中文国际教育发展的"认同"路径

◎ 胡争艳

> **摘　要**：在后疫情时代，中文国际教育面临诸多挑战。我们可以通过塑造理性负责的国家形象，展现中国文化内涵及其与世界文化的共通性，赢得国际社会对中国的认同；通过建立中文作为二语学习的理论框架，提升中文的经济与社会价值，获得学习者对中文的认同；通过探索速度适宜，具有经济效益的中文传播模式，获得世界对传播模式的认同。国家认同、语言认同与传播模式认同，相互促进、相互制约，共同处于复杂多变的循环系统中。
>
> **关键字**：中文国际教育；国家认同；语言认同；传播模式认同

近年来，国际中文教育遭受到了一定挫折，具体表现为孔子学院海外发展受挫以及来华留学生数量锐减。在此背景下，很多学者对中文国际教育的发展进行了思考，有学者从认同角度为中文国际传播提出了建议，比如宋海燕(2015)将文化认同作为文化传播的基本目标，指出从观念、内容、方式、产品等方面培育多方位多层次的受众认同。韩晓明(2016)重新审视了华人移民对东南亚中文传播的影响，提出充分利用华人资源，把握华人身份认同变化趋势，构建星状传播模式。本文提出建立国家认同、语言认同和传播模式认同的良性互动循环模式，推动中文国际教育发展。

一、国家认同

国家认同不仅包括个人对本国的认可，也包括他人对一国的肯定。国家认同包括地理历史等基本功能认同，文化价值等审美认同以及政治经济等规范认同。本文讨论的国家认同是一种具有主体间性的国家认同，不仅关注不同主体(自我和他者)对一国的认同,更关注两种认同之间的相互作用。树立良好的国家形象和呈现有深度的国家文化尤其需要具有多主体意识,思考从不同主体出发产生的不同认知以及不同认知之间的相互作用。

(一) 塑造良好的国家形象

国家形象的塑造需要注意我国与其他国家的相处方式,在相处过程中传递安全平等的信息,并进一步建立情感联系。讲好国家故事、实现情感互通要求多个主体的共同努力:在推动中文国际传播时,应树立语言平等观,不过分强调中文的优势和其他语言的不足;在开展国际项目合作时,需立足于得到相关国家和学校的认可与支持;在日常授课中,不仅要讲述国家和人民的正面故事,也要善于处理负面信息;在研究国外对我国的态度时,要进行客观全面的分析。政府、媒体、机构、教师多主体的互相配合,才能塑造一个安全、公平、规范、真实的中国形象,才能让其他国家和我们真心地相处,让其他国家人民和我们平等地交流,让其他国家学生开心地学习。

国际关系中常出现误解与摩擦,面对国际上的不同声音,我们要采取开放包容、坚定理性的处理方式;面对国际上的质疑,我们既要及时发声、勇于发声,让世界了解一个全面真实的中国,看到一个理性负责的国家;同时也要具有"他"的意识,"他"指"我"之外的其他国家或其他文化。在不同情况下,"他"的重要性是不一样的。对一件事情的处理除了考虑作为当事双方"我"与"你",还要考虑对"他"的影响。"言语行为主体意味着'我''你''他'的三种主体性,更意味着一种主体间性,亦即多重主体之间关系的互动和转化。"(胡范铸,2017)在后疫情时代,中国需要用健康话语替代情绪化的表达,用理智和优雅应对严峻、多变的外部环境,获得世界人民对中国的认同。

(二) 呈现有深度的中国文化

对中国文化的喜爱是外国学生学习中文的主要原因之一;对中国文化的认同有利于学生更好地学习语言。认同具有多种层次,包含多个方面,有的认同是稳定不变的,如对自己祖国的认同;有的认同是发展变化的,如对目的语国家和文化的认同。温格等指出,"学习的本质就是认同建构发展的过程"(高一虹等,2008)。在二语学习的初级阶段,学习者获得的是关于某种语言或文化的普遍认同;随着学习的深入,普遍认同随着学习者的个人差异出现多元化、多样性的变化,有些方面的认同加深,有些认同则减弱,进而形成学习者相对稳定的个人认同。与学习者个人认同相吻合、相一致的认知容易被接受,并内化为同样稳定的认同。

我们在介绍中国文化时常常强调"中国特色",甚至把"特色"等同于"优秀",比如通过书法体验、武术练习等突出中国与其他国家的不同。曲卫国在"第四届国家话语生态研究高峰论坛"上指出,"如果话语的表达和运作与国际社会已有的认知结构发生矛盾,中国特色话语势必受到阻碍"(胡亦名、孙丹,2021)。中国文化的呈现应摆脱"特色"的束缚,积极寻找中国与他国文化的共同点和共通处,注重展示中国人对当今社会发展的思考、青年人对国际问题的关注等,找到中国文化与世界的关联性。如果哪一天我们在介绍中国文化时,不用"丝绸""茶道"等热点也可以引起国际学生的兴趣,或许可以称为一种成功。

介绍中国文化还应呈现有深度的文化内容,比如中国的家庭观念、中国人对爱与责任的重视,以及中国文化蕴含的艺术美与人文美等。如果不丰富龙、长城、饺子等中国文化符号的内涵,那么中国文化最初对学习者产生的视觉冲击将很快变成空洞的文化符号,使外国人误以为中国文化浅显,产生没有达到预期的不满情绪,出现没来中国之前对中国文化充满向往,来到中国之后对中国文化失去兴趣的情况。我们可以尝试将中国实践的最新内容写入中国故事,以世界民众喜闻乐见而又生动活泼的方式,推动话语与文化体系的创新,促进中国文化与世界文化的接轨,获得稳定持久的中国文化认同。

二、语言认同

语言认同是文化认同的一部分,因本文分析的是中文教育问题,因此对语言认同进行单独论述。语言认同指学习者对中文作为一门语言的喜爱和对学习中文价值的认可。发展中文作为第二语言(以下简称"二语")的学习理论,提升中文作为二语的投资价值,可巩固学习者对中文的认同,增强学习中文的动力。

(一)发展中文作为二语的学习理论

目前汉语学界使用的二语习得理论基本是从西方翻译的语言学理论,或是英语作为二语教学的理论,中文国际教育尚未形成自己的理论体系,国内尚缺乏对中文国际传播的理论指导。中文作为二语教学的理论研究跟不上实践发展,外部移植的理论越来越暴露中文国际教育的短板。我们作为中文的母语国,完全有能力并且应该为世界各国人民学习中文提供理论和实践指导。中国拥有悠久的中文教学和中文传播历史,应具有足够的文化自信和学科自信,思考并创新中文作为二语学习的理论。在理论创新发展过程中,应避免简单的偷换概念、文化移植的做法,但也不能全盘排斥西方,要找到西方理论与中国理论实践的接口,使其成为创新基于中国实践的"元理论、元概念"(张翼,2018)的助力。

李宇明(2007)指出,"重视汉语国际传播,更须加强国内汉语教育与研究,树立母语的自信心和自豪感"。中文作为二语的学习理论发展离不开对中文自身规律的探索和理论创新,在推动中文国际传播"外热"研究的同时也要加强对国内中文学习的"内热"研究,"固本方能强末,根深方能叶茂"。

(二) 提升中文作为二语的投资价值

"语言传播的根本动因在于价值"(李宇明,2007),提升中文的价值,有利于推动中文的国际传播。在全球语言市场中,不同的语言具有高低不等的价值。一门语言的价值并不在其本身,通用语言或者经济发达国家使用的语言往往具有相对较高的价值,比如英语、法语等。中国综合国力的持续提升是学习中文人数快速增多的根本原因。"语言使用者会向价值高、获得利润机会大的语言投资金钱、时间、精力,以习得某种语言技能,采取某种语言策略。"(祝畹瑾,2018)提升中文的内在价值,才能在语言市场中吸引更多的中文学习者。

语言的资本也不是封闭不变的,语言文化资本与其他资本存在互动关系,可以转变为其他形式的资本。比如掌握了某种外语,可获得更好的就职机会或更高的薪水(经济资本),进入更高的社会阶层(社会资本),乃至成为公众的学习榜样或偶像(符号资本)。如果学习中文可以获得更好的就业机会和更多的社会福利,相信会有更多学生选择学习中文。中国政府可以把提高各国中资企业员工待遇、创造本土就业机会、提升当地华人社会地位、放宽外国人在中国的就业政策等作为今后的工作转向,提升学习中文的相关资本。中文学习者若享受到中文带来的经济价值和社会价值,也会主动对中文学习进行投资,通过输出其他资本获得更丰厚的语言资本,这样各种资本便处在了相互促进的良性循环中。正如诺顿提出的"二语投资"概念指出的那样,学习者如果向某种二语投资,是由于他们明白自己将会获得范围更广的象征性(包括语言、教育、友谊等)和物质性(指货物、房地产、金钱等)资源。(祝畹瑾,2018)学习者期待自己的投资得到很好的回报,享有原来无法得到的资源。当学习者真正获得物质或精神回报时,他们对中文的认同感也会随之提升。但在不同时期、不同国家,对于不同学习者来说,中文的价值不是保持不变的,所以,如何从经济、政策、科研等方面提高学习中文的价值,是值得思考的问题。

三、传播模式认同

其他国家和人民认可了我们的国家、文化和语言,中文才能更好地传播。传播模式认同,指其他国家对中文走出中国、走进其他国家方式的认可与赞同。探索适合中文传播规律、尊重经济效益的中文传播模式尤为重要。

(一)探索适合中文的传播模式

"一旦中文大规模地走向世界,我们发现中国尚缺乏在全球如此大规模传播自己文化和语言的历史和经验。"(张西平,2011)中文国际传播或多或少地借鉴了英语的传播模式,但语言本身不同,其依托国家代表的价值观以及所处的时代背景也必然不同。菲力普森把英语全球化的实质看成是"英语帝国主义",直至今日,英语等西方国家语言的传播仍和其"西方文化中心主义"立场连在一起。"面对经济全球化和英语的全球传播,学者对英语广泛传播背后的政治和意识形态尤为关注。"(祝畹瑾,2018)目前中文的推广模式,孔子学院的建设速度,以及国家的经济和文化举措,不免让人对中文的国际传播提升了兴趣,产生了所谓的"新殖民主义"的质疑。

中文的国际传播应采取健康行动,基于中国自身的历史特点和中文传播实践经验,主动"去政治性,选择能够凝结种族、国别、超越个体性的原型符号以弥合国别差异"(李畅、胡贵芝,2020),避免推广速度上的急于求成和推广模式上的照搬现成。在推广中文过程中,不仅讲述中国自己的故事,更要告诉世界"中国需要你们的故事"(胡范铸,2017)。中文传播是以中文学习者为主体、超脱经济、意识形态概念的,把理解、交流、发展等全人类共同追求的母题作为中文国际教育的内容,推动中文学习者对人类共同命运的关注,将中文学习变成实现"国际理解教育"(胡范铸,2017)的有效方式。

李宇明在"首届中文教育发展智库论坛"上指出,除了英语之外,韩语、日语、法语的传播影响力也大于中文。虽然现在学习中文的人数不断增多,但中文的影响力没有达到"世界中文"的程度,认清中文在全球的地位,可避免盲目自信、跑偏了方向。在信息化时代,各国人民可以通过各种渠道接触各种信息,在媒体宣传、推广中文和国际交往过程中,灌输式或片面的报道已无法达到预期的目标,任何排他性的尝试都会产生相反的效果,陷入说了没人听、听了没人信的境地,因此中文的国际传播要坚持诚实平等、公开友好的传播方式。

(二)注重中文推广的经济效益

国家在中文推广和孔子学院建设上投入了大量的人力、财力,发放了大量奖学金吸引外国学生学习中文,但似乎付出和收获不成正比,合作外方学校不领情、留学生质量差等情况频出。这种不追求"投入—产出"基本平衡的做法,容易使他国怀疑我国推广中文的动机,产生对中国的不信任,甚至拒绝与中国合作。夯实的合作建立在牢固的情感基础上,情感来自彼此的认同和信任。找准发展方向、开展全球谋划、合理配置资源、注重经济效益,应该成为中文国际教育推广过程中深入思考的问题。

除了财力成本之外,国家还需要考虑人力成本。近些年,国家派遣了大量志愿者赴各国孔子学院开展中文教学,逐年扩招本专业的专业硕士和专业博士。专业人才培养和专业人才派遣定会助力中文国际传播,提升国际中文教育层次。但在增加数量的同时,要注意提升相关学校的办学能力和培养水平,避免陷入只有数量没有质量的僵局。中国培养出高水平的学生,可获得世界人民对中国教育质量的认可,进而增强对中国的认同。培养中文国际教育人才还需转变培养目标,实现从中文教师到中文教师培训师的培养,将各国的本土教师培养成未来中文国际教学的主力。

"语言的传播既可能是语言接触中的一种自发现象,也可能是一种有意识的语言规划活动。"(祝畹瑾,2018)我们强调提升自身经济发展水平,注重学生培养质量,不要急于求成,但不等于放弃主动的中文国际推广,而是要在复杂的国际局势下,将政府的显性推广政策转为隐形政策,改善国内教育,提升国家文化软实力,增强中文汉字的工具作用,致力于构建健康的对外话语体系。中文国际传播需要有水到渠成的信心,采取春风拂面的方式,粗放地建立孔子学院、无条件地发放奖学金,会让他国产生中文国际教育不求质量、舍本求末的误解。

国家认同、语言认同和传播模式认同的产生可能具有先后次序也可能同时形成,三者相互促进、相互制约,处在复杂变化的循环系统中(见图1)。认同中国和中国文化的学习者会主动学习中文,但在与社会文化互动过程中,学习者可能放弃一种文化认同,建立另一种认同,进而影响对语言的认同,导致学习者放弃或坚持学习中文。"语言作为媒介,传递并承载着支配国的价值观、信仰、规范和行为等。"(祝畹瑾,2018)随着语言认同感的变化,学习者对其所代表文化和国家的认同度也会随之调整。对国家和中文的认同是中文国际传播的前提,中文传播也是人们认识中国和中文的主要媒介。良好有效的传播模式助力语言与国家认同的形成;与此相反,失败的语言传播模式影响国家认同、阻碍语言学习。因此中文国际传播需要构建"国家认同—语言认同—传播模式认同"的良性循环模式,发挥三者的相互促进作用,获得持久稳定的认同感。

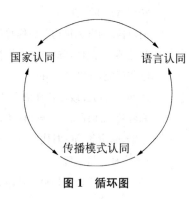

图 1　循环图

有人认为,中文国际传播会影响接纳国语言文字的发展,影响对本国价值观的认同。汉字传播的历史证明,中文国际传播非但不会导致中文接纳国本土语言的衰弱,反而促进了当地语言的健康发展。语言国际传播不能和语言殖民扩张画等号。如果采取正确的传播模式、制定合理的传播政策,语言的国际传播不仅不会危害其他语言的生存空间,还有助于实现不同语言的协同进化,形成语言的生态发展模式。多种语言的传播和发展本身也是对语言帝国主义的解构。对多种语言的学习、对多种价值观的了解,可以促进思想的解放和批判性思维的形成,从而能动性地理解居于统治地位的语言意识形态,理解不同价值观,形成多元文化认同。

当今世界已经进入网络时代,科学技术突飞猛进,全球经济一体化,社会发展多元化,我们所感知到的复杂多变的自然世界和社会世界已经很难用非正即负的二分法概括其特征。任何语言霸权终将瓦解,任何价值灌输都无法实现。中文国际传播要采取更为开放和包容的方式与心态,敢于接受别人的质疑,耐心解开别人的困惑,以构建人类命运共同体的高度,扩宽世界语言生活的广度,"使中文传播如润物细无声之春雨般平和,如奔流到海不复回之江河般长远"(张西平,2011)。

参考文献

［1］　高一虹,李玉霞,边永卫. 从结构观到建构观:语言与认同研究综述[J]. 语言教学与研究,2008(1):19-27.

[2] 韩晓明.东南亚华人身份认同变化对汉语传播的影响及前瞻[J].语言文字应用,2016(1):93-99.
[3] 胡范铸.国家和机构形象修辞学:理论、方法、案例[M].上海:学林出版社,2017.
[4] 胡范铸,张虹倩,陈佳璇.后疫情时代中文国际教育的挑战、机缘和对策[J].华文教学与研究,2022(2):49-56.
[5] 胡亦名,孙丹.政治传播语言学视域下的语言与认同——第四届国家话语生态研究高峰论坛述评[J].外国语,2021(1):124-126.
[6] 李畅,胡贵芝.5G时代"一带一路"对外传播的全觉修辞研究[J].西南民族大学学报(人文社会科学版),2020(4):144-149.
[7] 李宇明.探索语言传播规律[J].云南师范大学学报(对外中文教学与研究版),2007(4):1-3.
[8] 宋海燕.汉语国际推广战略下的文化认同与中华文化传播[J].中州学刊,2015(11):168-171.
[9] 张西平.走向世界的汉语所面临的若干战略问题的思考[J].北华大学学报(社会科学版),2011(2):9-13.
[10] 张翼.新时代社会科学话语体系的"形成"[J].中共中央党校学报,2018(3):28-31.
[11] 祝畹瑾.新编社会语言学概论[M].北京:北京大学出版社,2018.

作者简介:胡争艳,华东师范大学国际汉语文化学院。

《千字文》在越南的传播与影响研究

◎ 任晓霏　朱慧妍

> **摘　要**：《千字文》作为中国传统优秀蒙学代表，在东亚、欧美，甚至全世界都产生了重要影响，为中华文化的对外传播提供了宝贵的文献证据支撑。而在东亚文化中，中越文化相互影响深厚、互相传承广泛、交流对接密切，可以说，《千字文》在越南的传播，助推着越南的汉喃文字和文化发展，无论是对越南民众的思想观念，还是越南社会的政治、经济和文化都产生了一定的影响。原本单一版本的《千字文》在流传的过程中，被越南民众翻译和改编为不同版本，在不同历史时期具有不同的社会价值和意义。
>
> **关键词**：《千字文》；越南；文化传播；社会影响

　　蒙学不仅对于中国历史文化的发展起着推动作用，对于世界范围内的中国优秀典籍海外传播也有着重大时代意义。《千字文》作为蒙学的代表作之一，在汉字传播史上地位非同一般。张西平所著的《世界汉语教育史》《世界汉语史料汇编》以及董明的《古代汉语汉字对外传播史》中都提到《千字文》被用于他国某一历史阶段对外汉字教学的经典教材，对他国在世界文明史上的社会发展起到了一定积极的作用。尤其是与中国同属汉字文化圈的越南，更是深受《千字文》的影响，中越文化"同文同种"，不同历史阶段的《千字文》在越南发展演变也有所不同，相对应产生的社会影响力也有所差异，本文旨在以前人研究成果为基础，以《千字文》为研究对象，通过文献研究、线上问卷调查等方式，对《千字文》在越南的传播发展进行梳理，并结合越南当地的历史渊源和民族特色，探究其在中越文化交流和越南社会发展中的地位与影响。

一、《千字文》来源及其世界意义

《千字文》作为和《三字经》《百家姓》齐名的著名蒙学典籍,在我国汉语教育史上具有相当高的地位,它贯穿于教育发展和个人成长始终,并从古至今凭借类似于工具书的关键地位发挥着帮助人们识字辨字的强大作用。

(一)《千字文》的诞生与演变

史料记载,《千字文》在我国最早诞生于南北朝的梁朝时期,《梁书》记录道:"上以王羲之书千字,使兴嗣韵为文。奏之,称善,加赐金帛。"可见《千字文》是由王羲之书法作品中的汉字选取而来,并由当时散骑侍郎、给事中周兴嗣编纂而成,因全文共一千个汉字,故称为《千字文》。又根据隋唐以前的文字性质,即只有押韵、对仗的文字,才可称为"文"这一特点,《千字文》为韵文形式,四字成句,对仗工整,条理清晰。短短的一千字涵盖了当时天文、地理、自然、社会、历史等多方面的知识,所以被视为启蒙教育的最佳读物,也是一部生动优秀的浓缩版百科全书。《千字文》流传的过程中,由于一开始就是取自王羲之的书法,所以除去被用于识字教育,也被用作书法临摹的样本,在文人墨客间广为流传,以智永和尚、怀素、宋徽宗、赵孟頫、文徵明等为代表的著名书法大家,都有相应临摹《千字文》的书法佳作,他们笔法上风格各异,促进了《千字文》作品的广泛流传和民间发展。

(二)《千字文》在世界范围的影响

到了隋唐、元明时期,由于唐朝中外文化的繁荣互通、元朝外国使者的频繁来访以及明朝郑和下西洋的对外交流,《千字文》逐渐走出国门,开始走向东亚的日本、朝鲜,南亚的越南等国。日本的著名学者六角恒广就在《日本中国语教育史研究》中简要阐述了《千字文》在日本的传播史,从日本早期皇室汉语学习到后来的"寺子屋"汉语教学,都可窥见《千字文》的身影。安晟秀在《韩国〈千字文〉研究》文章中指出了韩国已刊刻的82种《千字文》版本,并利用统计分析法归纳总结出具体语境下的《千字文》用字情况。近年来"一带一路"倡议的实施和人类命运共同体等理念的提出,将让《千字文》对外文化沟通交流的桥梁作用发挥到极致,尤其是对于我国周边国家和地区而言,《千字文》与当地的社会文化和历史背景糅合,并依托现代科技的发展,逐步演变成贴合时代潮流、紧跟教育发展前沿理念的创新产物。

1. 对东南亚地区的影响

日本学习汉语历史悠久，汉代以来便和我国交往密切，随后我国的优秀儒家典籍以及佛文经书等自朝鲜传入日本，以前文提到的日本著名汉语教育史专家六角恒广的研究为例，最早将《千字文》应用于日本学校教学的时间，可追溯到钦明天皇时期，日本"宫廷学问所"专门邀请百济博士讲解《千字文》。而到了平安时代，开始出现讲习的"文屋"，《世俗谚语》中就提到"于'文屋'诵《千字文》"。而日本这种对汉字的学习和借用时间跨度漫长，一直延续到公元8世纪末9世纪初，但是始终学习和借用汉字并非长久之计，所以日本学者在汉字楷书和草书笔画的基础上，创造性地提出"平假名"和"片假名"的概念，并在幕府时代，根据原来的经典识字，创造出"类语"和"字话"，并逐渐演变成为今天常用的日语。

朝鲜学习汉语时长比日本更加久远，现存最早的朝鲜《千字文》版本是1575年的《光州千字文》，但具体的传入时间由于年代问题，已无法考证，部分典籍史料的记载也不能详尽，但根据《朝鲜史略》的记载，在明清左右，朝鲜开始将《千字文》作为学习汉语的主要教材，当时朝鲜肃宗亲自为《千字文》作序，并将序文下发给官署，作为世子学习的教材之一，并要求臣民以《千字文》为媒介，学习字训，修养身心。发展到近代，出现了《历代千字文》《千字东史》《新千字》《一千字文》等不同版本，既包括汉字正文，也带有韩语注音，能够进一步帮助学习者深入领会汉字的精髓要义。

2. 对欧美地区的影响

除去东南亚的传播主战场，《千字文》在俄罗斯、意大利等欧美国家也发挥着文化传播的关键作用。韩莉的《1917年前的俄国国内汉语教育》中提到18世纪俄国的汉语教材以《千字文》《三字经》等蒙学典籍为主，意杰作的《意大利汉语教学的历史和现状考察》中也强调了《千字文》在意大利作为汉语学习材料被广泛应用。

二、《千字文》在越南的流传

《千字文》在东南亚的传播还是以越南为核心，越南首先从地理位置上处于东亚中南半岛的东部，整体形状狭长，北部又与我国的云南、广西接壤，深受中国文化与印度文化的双重影响，而其中汉字更是浸染了当地教育，近年来中越关系进一步深化，这一特点就显得更为突出。而《千字文》作为蒙学代表作之一，在越南的流传因时间的发展，产生了版本的不同和传播方式的差异。

(一)《千字文》在越南的传播版本

越南和前文提到的日本相类似,在产生本民族文字"字喃"之前,一直是将汉字作为官方文字进行使用,并在长达一千多年的历史中,与当地文化融合后,逐渐形成具有民族特色的书写方式和版本。

《千字文》最早传入越南的具体时间已无法考证,但可以明确的是《千字文》在越南的汉字教学领域是作为典型模板存在。黎朝时期国子监的教学内容就是以《千字文》为代表的蒙学典籍,而到了阮朝,越南文人学者结合《三字经》和《千字文》的文本及编写特点,形成了《四字经》,其中囊括了越南的地理、历史、神话等方面内容,是一本了解越南发展演变的经典之作。除此之外,《千字文》在越南的传播版本众多,典型版本主要是《千字文解音》《千字文译国语》《三千字解音》《三千字解译国语》等。

1.《千字文解音》

《千字文解音》的作者不详,现存共有印本四种,两种为成泰庚寅年印本,剩下的两种:一种为维新三年印本,另一种为观文堂成泰庚寅年印本,其中维新印本增添了国语字注音。该本作为汉喃古籍,也是《千字文》在越南较早的版本,内容上共收录1 015个汉字字体,对原本的《千字文》增删改动不多,基本保留了原有样本。

2.《千字文译国语》

现存《千字文译国语》为维新己酉年印本,在内容上汉字与《千字文解音》中相同,唯一的不同在于前文附有国语字注音、书写样式、声母、韵母、声调以及拼写规则。

3.《三千字解音》

《三千字解音》在内容上收字2 997个,每字右上角用喃字注解,汉字、喃字配对押韵,便于记忆,无论是在汉字数量,还是在内容上都极大丰富和扩充了《千字文》,是一部实用性极高的汉字启蒙教材。

4.《三千字解译国语》

《三千字解译国语》的作者不详,现存印本五种、抄本一种,文字内容与《三千字解音》基本一致,共收字2 991个,另增添国语字注音,并附有汉字序文和国语字文,是在《三千字解音》基础之上的再创造。

(二)《千字文》在越南的传播方式

《千字文》在越南的传播方式一定程度上决定了其对越南社会的影响层面,现有历史证明的《千字文》在越南传播是以政治、经济和宗教为主,一是借助中越外交进行正式的典籍传播;二是民间商贸往来将文化经典带回越南;三是宗教信仰促使僧侣文人彼此学习交流。

1. 政治外交

汉字在越南的历史与传播要追溯到秦始皇三十三年设立的象郡时期。象郡是秦朝的郡级行政区,管辖范围包括今广西西部、越南中部和北部。公元前111年,汉武帝平定南越国,在今越南的北部和中部设交趾、九真和日南三郡,汉字随行政的需要南行至岭南直到现在的越南。据史书记载,大约在公元前40年左右,汉字经广西传入越南,越南把汉字称为"儒字",意思是儒家的文字。其后,在长达一千多年的时期里,越南上层社会把汉语文字视为高贵的语言文字。到了阮朝时期,尤其是在19世纪,越南和我国的交往更加密切,光派遣使者出使中国就达到了40余次,这些使臣利用出使中国的机会,搜集并购买汉字典籍带回越南。如早至胡朝(1400—1406)时,范汝翼有《郭州判官回京,送冠带书帙药材,走笔谢之》诗,其中"羽节踏残南岭瘴,单衣带得北京尘",可见郭氏出使中国后,带回书籍赠送国内友人;又如梁章钜《巧对续录》卷上所载,"咸丰丁巳,越南国陪臣邓廷诚,奉其国王命来粤东采买书籍,余遇之友人座上";再如嘉庆二十三年(1818),越南国王"遣内院朱文燕等如清采买书籍货项"。另外,越南使节汝伯仕《粤行杂草》中《联课》一文曾提及作者的任务,曰:"余在公馆,主办购买官书",其中在道光十三年(1833)广州街上的"筠清行"所费心抄得的一份中国书店销售清单,即《筠清行书目》中就记载有1 672部汉籍,这其中就提到《新刻三百千》,可见在当时《三字经》《千字文》《百家姓》等蒙学读物已经被视为重要的汉学教材而引进。

2. 民间商贸

中越的政治外交往来对汉学典籍传播的促进作用,毕竟是有限的,对于《千字文》这一类蒙学经典而言,民间的自由流通更加具有扩展性。在周宁的《2000年西方看中国》中就提到"诗书所以淑人心,药石所以寿人命,本国自古以来,每资中国书籍、土产香味等物,易其所无,回国资用",可见越南自古就有在贸易中带回汉籍的传统。阮绵审《仓山诗集》也有《购书》诗云:"世俗学干禄,坊书乏佳者。粤东估船至,杂物积巨舸。《节要》与《时文》,束之高阁可。列单寄某某,错买谁能那。四载一使燕,待此计良左。矧乃不肯受,相向愁尾琐。担夫有常定,伊谁克负荷。佣雇费敢惜,雨潦测诚叵。所以购之难,十愿九不果。安得比陈农,亲求偏天下。"蒙学书籍被商贾视作是可以买卖的货物,而在文人眼中就成了具有文学和教育价值的经典。而这种民间的贸易往来即使是在元代(当时元朝与越南陈朝交恶)也没有断绝,更不必说其他中越交流频繁的时期。正是这种自发产生的交流沟通,使《千字文》的生命活力得以在越南被不断发扬扩大。

3. 宗教交流

除了上述提到的政治外交和民间商贸，宗教之间的交流，也成了《千字文》在越南发展传播的助推器。越南首先就是一个佛教国家，并且佛教的传入深受我国影响，中国汉文佛教典籍文献的传播促进了越南佛教文化的繁荣发展。郡县时代，越南交州成为佛教活动频繁的地区之一，牟子《理惑论》中就写道"将母避世交趾"，并指出中国与交趾对佛教教义理解上的不同，也就从另一方面再次佐证了中越早期佛教交流中汉字的传播和发展。而在越南成立之初的黎朝，越南使者就曾前往中国请取《大藏经》，之后建立的李朝也多次派学者抄写《大藏经》《法华经》等。佛教文献的传播为中国僧侣入越奠定了基础，越南曾多次请求中国高僧到越宣法，而这些高僧精通汉字，对于《三字经》《千字文》等蒙学典籍熟读成诵，可以说僧侣法师对于汉字在越南的传播起到了举足轻重的作用，并且由于僧侣的广泛弘法，能够在不同地区间进行文化交流与传播，一定程度上促进了以《千字文》为代表的蒙学典籍在越南社会的流传。

三、《千字文》对越南历史发展的推动作用

《千字文》在越南的传播，对越南历史产生了极大的促进作用，无论是政治，还是教育，抑或者是文化都深受其影响，并逐步演变成为今日的越南。

（一）《千字文》对越南社会的政治影响

《千字文》传入越南后，各朝统治者都积极加以宣传和提倡，上行下效，形成了对中国传统文化的推崇。一方面促进中越之间的政治往来更加密切，使者出访更加频繁，另一方面也为中国的儒学治国思想在越南传播实践提供了条件。越南国内开始不断学习沿用中国的行政体系，李仁宗时期定官制，分文武九品，定三太、三少，到阮朝时期，又效仿清朝，改镇为省，设立总督、巡抚等，究其根本是将我国的中央集权制进行学习模仿，形成了以我国中央集权制度为根本，带有越南自身特点的官僚体制。

同时，借助儒家的三纲五常进一步强化巩固政权统治，1804年的诏书称"王者以孝治天下"，黎朝和阮朝的统治者几乎全盘接受儒家思想作为治国之本，并大力嘉奖忠臣孝子等，利用科举制度将官僚制与伦理道德紧密结合，将儒家道德发展成为治理国家的政治思想，从而进一步达到巩固和维护封建制度的目的。

（二）《千字文》对越南社会的教育影响

《千字文》最初作为蒙学典籍就具有教育功能，尤其是在越南阮朝时期，当时学习和推崇蒙学经典更是比前朝有过之而无不及，科举考试除去西山朝外，全部使用汉字，学习的书籍也以汉文书籍为主，其中包括《一千字》《三千字》等不同版本的《千字文》，以及概括中国和越南历史的处世训诫如《初学问津》等，包括还有教育儿童树立努力学习考取状元理想的《幼学五言》等。部分时代还要求学童背诵我国常见的蒙学儒学典籍《三字经》《孝经》《四书》《五经》等，这些教育理念促进了当时越南的教育文化发展，同时也扩展了教育传播的范围，推动越南的汉字教学向纵深发展，将原本不被平民百姓所认识的汉字汉文变成大街小巷人人都熟悉的教育经典。《千字文》对越南社会的教育影响甚至在当今社会依然发挥着作用，孔子学院的建立和扩展，将汉语在越南的发展推动到了另一个新的高度，汉字在经历过废除之后，又重新焕发出勃勃生机。

（三）《千字文》对越南社会的文化影响

《千字文》在越南的传播为儒家的纲常伦理学说的长期传播、融化和吸收打下了坚实的基础，它渗透到越南社会的家庭生活之中和风俗习惯里，不断支配并形成人们固有的思维方式和日常行为。《千字文》当中的不少汉字后来被越南人奉作重要的人生信条，例如儒学中常提的"孝"和"礼"。越南人认为"孝"为"百德之首"，不孝则为大逆不道，会深受舆论的谴责和嘲笑，而"礼"则是要求人们处处按礼行事，尤其是丧礼和祭礼，更是相当重要，在形式上必须要大操大办。甚至在现在，越南仍旧保留着祭祀祖先的习俗，在首都河内，家家都供奉着祖先的灵位，每月初一、十五都要用肉类、果品、鲜花等供给祖先，以示尊敬。

四、《千字文》在越南汉语教学中的运用

（一）越南汉语教学现状

越南汉语教学在基础教育层面依旧薄弱，并没有实现"登堂入室"。虽然政府在政策上鼓励和支持汉语进入越南中学课堂，但实际情况往往是作为同等外语课，英、法、俄、日等语言比汉语更受追捧，尤其是英语，甚至可以说是占据了大半江山。究其原因，一方面是越南学生对于汉语的了解不够，更倾向于选择英语作为外语课；另一方面则是在中学阶段，熟悉和了解汉语的中文老师数量匮乏，

导致师资紧缺,无法满足学生选择汉语学习的需求。据统计,越南开设汉语课程的中学不超过20家,即使在越南首都河内,开设汉语学习课程的中学也寥寥无几。在这样的教育大环境之下,《千字文》虽然是作为汉语初学的课本,但在中学基础教育中并没有发挥应有的价值,直到高等教育层面,这样的现象才稍显缓和。

越南高校自20世纪初开设中国语专业以来,主要针对本科和硕士研究生进行教学,全国并没有一所大学具备培养中文相关专业博士研究生的资格。而具有硕士学位授予权的学校也仅限于河内大学、河内大学附属外国语大学和胡志明市师范大学。虽然没有汉语专业的培养方向,但是在各大高校仍开设了汉喃、汉语等系列选修课以供学生选择。相比于基础教育对汉语的忽视,越南高等教育对汉语的关注度则略有增加。《千字文》作为汉语学习的入门教材,在选修课中被视作教师的辅助用书以及学生的自学课本,从而得到广泛应用。

(二)《千字文》在越南汉语教学中的发展基础

1. 共同文化心理

越南传统文化包含大量中国文化的元素,从李朝时期,民众在统治者政策的影响下就对汉文化进行借鉴和模仿。无论是传统节日还是鬼神思想都与中国传统有异曲同工之妙,尤其是在底层百姓之中,至今都保留着相似的风俗习惯,如前文提到的祭祀祖先等传统,在中国广大农村也是代代相传。文化背景的相似,使越南和中国拥有共同的文化心理和审美情趣,在汉语教学过程中也就拥有较为一致的文化基础,为《千字文》教学提供有利条件;同时,也为汉语教学在越南的发展积累文化铺垫。

2. 外语教学政策

20世纪90年代,中越关系恢复正常,与此同时,越南高校对于汉语课程的限制也随之解除。而到了2006年5月,越南教育培训部向全国中小学颁布《普通教育课程:中国语课程大纲》,使各类中学在开设汉语课程方面获得政策支持。同年8月12日发行的越南《公报》中的《关于颁布普通教育课程的决定》再次涉及关于汉语课程设置等内容,为汉语在中小学的发展铺平道路,也从官方层面肯定了汉语在越南教育中的地位和作用。汉语教学开始正式进入越南教育体系,并逐步向相关领域拓展,《千字文》在这样的教育政策鼓励下,开始发挥指导作用,不断提升越南中学生汉语水平。

(三)《千字文》在越南汉语教学中的体现

1. 识字辨字

《千字文》在越南少数中学中作为学生接触汉语的入门教材,主要是帮助中小学生对一些基础性的汉字进行辨识。在牢记笔画和结构的同时，对于一些较难区分的相近字词分析辨别，或者也可以在原有的汉字学习之上，通过增添笔画或部首，从而习得新字。例如：《千字文》中的"九"字就是通过"乙"字加上"丿"组合形成，提升了识字辨字的学习效率。

2. 组词造句

在《千字文》识字辨字功能的基础上，通过两个或三个字组合形成词组，由小及大，衍生成短语句子。例如：在越南汉语教学中，教师先向学生教授"千"字，紧接着在随后的单元中学习"米"字，通过组合形成"千米"这一计量单位，并在学生汉字词汇量掌握到一定程度时，造句"这山有好几千米高。"

3. 书法临摹

《千字文》在越南汉语教学中也是极佳的书法临摹的样本，能够使学生在学习汉字的工程中，深刻体会中华文化的书法魅力。一是可以借助主笔画两步习字法快速掌握汉字结构和字形；二是可以在学生学习初期，尤其是全字形书写困难的情况下，通过拆分笔画、描红、临摹等方式，逐步建立起学生对汉字的整体感知能力。

五、结语

《千字文》作为中华文化的灿烂瑰宝，对我国的教育发展起着不可忽视的作用，同时在对外交流和文化传播的过程中，也作为主要的文化输出典籍广为流传，尤其是在越南等国，越南以《千字文》为基础，不断演变发展出属于本国的汉喃，中越彼此融合、相互借鉴，在友好睦邻的基础上，共同携手迈进，成为东南亚地区熠熠闪光的存在。

参考文献

[1] 安晟秀. 韩国《千字文》研究——以周兴嗣集字本为例[D]. 硕士学位论文, 华东师范大学, 2017.

[2] 邓月娟(Tang Nhit Kin). 越南华裔大学生文化认同与汉语学习研究——以胡志明市为例[D]. 硕士学位论文, 华中师范大学, 2020.

[3] 何仟年. 中国典籍流播越南的方式及对阮朝文化的影响[J]. 清史研究, 2014(10).

[4] 黄碧玉(Huynh Bich Ngoc). 越南汉语能力标准构建研究[D]. 硕士学位论文, 中央民族大学, 2020.

[5] 李宇. 越南汉字和汉字词专题研究[D]. 硕士学位论文, 浙江财经大学, 2019.

[6] 六角恒广.日本中国语教育史研究[M].北京：北京语言学院出版社,1992.

[7] 罗洋.《千字文》在对外汉字教学领域的传播历程与应用新探[D].硕士学位论文,湖南大学,2019.

[8] 裴国玲(Bui Quoc Linh).中越京族传统文化节日哈节交流研究[D].硕士学位论文,云南大学,2018.

[9] 任晓霏,邓燕玲.《三字经》在越南的传播与影响[J].国际汉学,2020(2).

[10] 任晓霏,张杰,陈丹蕾,刘俞君.中国古代蒙学典籍海外传播和影响研究[J].江苏大学学报,2019,21(1).

[11] 阮芳草(Nguyen Phuong Thao).汉语词与汉越词对比分析及对越汉语词汇教学策略[D].硕士学位论文,西南大学,2020.

[12] 阮俊强.越南古文献中汉字与喃字的双存现象初考——以小学教材为考察中心[J]. *Journal of Chinese Writing Systems* Volume 2, 2018(2).

[13] 阮氏清水(Nguyen Thi Thanh Thuy).提升自主学习能力的O2O对外汉语教学模式研究——以越南高校汉语教学为例[D].博士学位论文,华东师范大学,2020.

[14] 阮玉明(Nguyen Ngoc Minh).中国现当代作家作品在越南的传播与接受研究[D].博士学位论文,华中师范大学,2020.

[15] 杨如玉孝(Duong Nhu Ngoc Hieu).汉越委婉语对比及对越教学[D].博士学位论文,扬州大学,2019.

[16] 意杰林(Vincenzo Iannotta).意大利汉语教学的历史和现状考察[D].硕士学位论文,上海外国语大学,2018.

[17] 张氏越祯(Truong Thi Viet Trinh).越南汉语教材《汉语》词汇编排考察与研究[D].硕士学位论文,上海师范大学,2019.

[18] 张武玉玲(Truong Vu Ngoc Linh).越南语汉越词研究[D].博士学位论文,中央民族大学,2020.

[19] 张新朋.东亚视域下的童蒙读物比较研究——以《千字文》与《开蒙要训》之比较为例[J].浙江社会科学,2015(11).

[20] 周宁.2000年西方看中国[M].北京：团结出版社,1999(2).

[21] Do Uyen Thien Trang.越南大学的汉字教学情况调查分析[C].第9届汉字与汉字教育国际研讨会论文摘要集,2019.

[22] PHAM THI HONG THAM.越南大学汉语教学发展研究[D].博士学位论文,武汉大学,2020.

作者简介： 任晓霏,江苏大学文学院。

朱慧妍,上海市静安区人民检察院。

附：中国古代蒙学典籍的海外传播及其影响

Sự lan truyền và ảnh hưởng của sách Trung Quốc cổ về nền giáo dục tiểu học

调查问卷

câu hỏi

感谢您花费宝贵的时间参与我们的问卷调查，我们想询问您一些与中国古代蒙学典籍《三字经》等有关的内容,请在问题下面作答。

　　Cảm ơn đã dành thời gian quý báu để tham gia khảo sát bảng câu hỏi của chúng tôi. Xin hãy trả lời câu hỏi bên dưới.

Q1 您的国籍是？(Anh là người nào?)

_____

Q2 您的母语是？(Tiếng mẹ đẻ của con là gì?)

_____

Q3 您的年龄是？(Cô bằng tuổi gì?)

_____

Q4 您的性别是？(Quan giới của cô là gì?)

○男(đực)

○女(phụ)

Q5 您的职业是?(Công việc của anh là gì?)

_____

Q6 您的学历是？(Giáo dục của anh thế nào?)

　○本科(sinh viên)

　○硕士(chủ)

　○博士(bác sĩ)

　○其他(khác)

Q7 您的专业是？(Anh học ngành gì?)

　_____

Q8 您是否会说中文？(Anh có nói tiếng Trung không?)

　○是　(Phải.)

　○否　(không)

Q9 您是否学习过中文课程？(Anh đã từng học tiếng Trung chưa?)

　○是　(Phải.)

　○否　(không)

Q10 您的中文水平如何？(Mức Trung Quốc của anh là gì?)

　○HSK 1 级(Mức HSK 1)

　○HSK 2 级(Mức HSK 2)

　○HSK 3 级(Mức HSK 3)

　○HSK 4 级(Mức HSK 4)

　○HSK 5 级(Mức HSK 5)

　○HSK 6 级(Mức HSK 6)

　○我没有参加过 HSK 考试(Tôi vẫn chưa nhận chiếc HSK.)

Q11 您知道哪些中国古代文学典籍？(Cô biết những quyển sách văn học cổ đại nào?)

　_____

Q12 您是否阅读过《千字文》？(Cậu đã bao giờ đọc cả ngàn bài luận chưa?)

○是 (Phải.)

○否 (không)

Q13（多选题）您是通过什么途径接触到中国古代蒙学典籍的？

(Anh đã liên lạc với cổ điển Mông Cổ của Trung Hoa bằng cách nào?)

□书本（电子或纸质）(Sách điện tử hay giấy)

□影视（电影、宣传片、新闻等）(Phim và truyền hình phim, phim quảng cáo, tin tức, v.v.)

□音乐(âm)

□讲座(giảng)

□交谈(trò chuyện)

□网络(mạng)

□学校(trường)

□游戏(game)

□从未接触过(Chưa từng chạm)

Q14 您所在国家或地区学校是否有中国古代蒙学典籍相关课程？

(Có môn cổ xưa của Trung Quốc nào về cổ điển không?)

○是 (Phải.)

○否 (không)

○我不知道(Tôi không biết.)

Q15 如果有,在哪个阶段，叫什么名字？(Nếu vậy, tại thời điểm nào và bằng tên gì?)

_____

Q16 您是否愿意更多了解中国古代蒙学典籍？

(Anh có muốn biết thêm về cổ đại tiểu học Trung Hoa không?)

○是 (Phải.)

○否 (không)

Q17 据您所知，在哪里能够接触到中国古代蒙学典籍？

(Theo như anh biết, tôi có thể truy cập vào... cổ đại... cổ đại... cổ đại của nền giáo dục tiểu học ở đâu?)

_____

Q18（多选题）就您个人而言，你更能接受以什么方式了解中国古代蒙学典籍？

(Theo như anh biết, làm sao anh có thể hiểu được cổ điển Trung Quốc?)

□影视（电影、宣传片、新闻等）(Phim và truyền hình phim, phim quảng cáo, tin tức, v.v.)

□音乐(âm)

□书本（电子或纸质） (Sách điện tử hay giấy)

□讲座(giảng)

□交谈(trò chuyện)

□网络(mạng)

Q19 您周围的人是否提起过中国古代蒙学典籍？

(Có phải những người quanh đây đã nhắc đến cổ điển Trung Hoa của giáo dục tiểu học?)

○是 (Phải.)

○否 (không)

Q20 他们如何评价？(Họ đánh giá thế nào?)

_____

Q21 您知道中国古代蒙学典籍在您国家或地区有什么影响？

(Anh có biết tác động của sách Trung Quốc cổ về nền giáo dục tiểu học ở đất nước hay vùng của anh không?)

_____

您已完成本次问卷，感谢您的帮助与支持

Bạn đã điền xong câu hỏi này

Cảm ơn vì đã giúp đỡ và hỗ trợ.

希望能对您有所帮助

Hy vọng sẽ giúp được anh.

谢谢

Cảm ơn.

文化语境视角下的汉语微课教学设计
——以《我心中的英雄》为例

◎ 田 艳 张 清 董乐颖

> **摘 要：** 本文发掘语言与文化的内在联系,探讨利用文化语境理论进行国际汉语微课教学的重要性及可行性。运用文化语境理论,采取个案分析和内容分析等研究方法,对微课教学设计进行分析,探讨文化语境理论运用于语言教学的特点和可行性,并以参加第三届全国研究生汉语教学微课比赛的作品《我心中的英雄》为例,分析文化语境的选择及具体实施。最后,对运用文化语境理论进行汉语微课教学提出反思与建议。期待本文能为今后国际汉语微课教学设计,提供新的思路和启示。
>
> **关键词：** 文化语境；微课；教学设计；国际汉语教学

一、研究背景和研究设计

（一）全球突发公共卫生事件给国际汉语教学带来机遇和挑战

在现代教育技术飞速发展的背景之下,信息技术已成为推动汉语国际教育事业发展的重要工具,信息化是汉语国际教育发展的必然趋势（郑艳群,2019）。

全球新冠肺炎疫情暴发后,受疫情影响的地区纷纷采取了临时关闭学校的措施,网络教学几乎"全面替代了线下课堂教学",传统线下国际汉语教学遇到巨大挑战（李泉,2020）。遍布全球的汉语学习者开始在网络空间通过线上汉语课程继续学习汉语,全球突发的公共卫生事件全面加速了汉语国际教育信息化发展这一进程,线上汉语教学迎来了前所未有的发展机遇(崔希亮,2020)。在这样的全球背景下,基于互联网的国际汉语微课开始发挥出其特有优势,使全球汉语教学形式发生巨大变化。

(二)国际汉语微课研究处于起步阶段

随着汉语国际教育信息化的不断发展,国际汉语微课数量不断增加,针对国际汉语微课教学的研究也开始受到学界关注。国内对国际汉语微课研究的文献最早出现于2014年(魏智慧,2014),在此之后,逐年增加。

2019年以来,国际汉语微课研究发展迅速。截至2021年,以"汉语微课""汉语微课教学"为关键词检索到有关的国际汉语微课领域的论文31篇,其中专门探讨汉语微课教学设计的论文7篇。尚未见到运用文化语境①理论进行国际汉语微课研究的相关论文。由此可见,国际汉语微课研究正处于起步阶段,研究视角相对有限,教学设计指导理论研究相对薄弱。

(三)本文主旨

本文以参加第三届全国研究生汉语教学微课大赛的汉语微课《我心中的英雄》为研究对象,基于现有研究基础,将国际汉语微课设计与文化语境理论相结合,旨在以一种新的视角,即在文化语境理论视角下研究汉语微课设计,并力求探索利用文化语境理论进行国际汉语微课教学的可行性和具体实施,以丰富国际汉语微课教学设计理论。

(四)研究步骤

本文研究步骤分为前端分析、理论梳理、案例分析及启发思考。

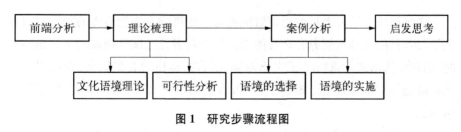

图1 研究步骤流程图

---

① 文化语境既包括话语产生的社会历史文化背景,也包括说话者在场的具体社会现实文化环境。语言教学中的语境既包括情景语境,也包括文化语境。

二、文化语境运用于微课教学设计的可行性

"语境"这一概念最早由英国人类学家马林诺夫斯基于1923年提出,是指人们使用语言时的环境。没有语境,话语就没有意义。语境可分为情景语境和文化语境两种:情景语境指的是与话语有关的环境因素,它包含了话语范围即交际内容、话语基调和话语方式;文化语境指说话人所在的言语社团的文化背景(周双,2004)。文化语境既包括话语产生的社会历史文化背景,也包括说话者在场的具体社会现实文化环境。语言教学中的语境既包括情景语境,也包括文化语境。

文化语境承载着语言背后的文化内涵,特别是在国际汉语教学中,由于教学对象的特殊性和文化异质性,运用文化语境更能创造出有助于实现教学目的,即教授汉语和传播中华文化的教学语境。

(一)文化语境有助于丰富语言教学情境创设

汉语教学所面对的任务不仅来自语言形式层面,更源于语境层面。因此,语言教学特别是语法教学不能脱离语境而单独进行。在语言教学中,文化语境是情境创设中特殊的一种,它不仅能传递语言结构表层的意义,同时还能凸显语言蕴含的文化意味。文化语境的创设,可以让一般的教学情境拓展为更丰富多元、更具有趣味的教学情境。在语言教学中必须为学习者创设尽可能真实的目的语文化语境,让他们在具体的文化语境中,自然习得目的语并能恰当得体地运用目的语进行交际。

(二)文化语境有助于提高学习者目的语理解能力

文化语境对学习者目的语理解能力有一定影响。文化语境的创设可以促进学习者目的语理解能力和掌握能力。当学习者处在课堂创设的文化语境中时,语言结构形式就被赋予了文化内涵,语言结构所包含的意义、功能以及文化也就能够被学习者整体理解了,学习者进而也就真正理解了语言形式所表达的意义。

文化语境是正确理解言语的内涵,减少语用失误的重要因素(杨淑云,2006)。人们运用语言进行交际的时候,往往习惯于用自己的说话方式来解释对方的话语。这种习惯带到不同民族语言的学习中去,必定会造成语用失误。

(三)文化语境有助于培养学习者的文化感知力

语言是被用来创造经历,并被来自同样文化背景的人所理解,语言的特点使它本身就带有文化的印记。语言表达文化现实,任何一种语言教学都不可能在文化真空中发生(陈申,2001),语言教学中的文化因素如价值观念、思维方式和交际风格等通常是隐含在文化语境中。因此,文化语境有助于培养学习者的文化感知能力。

三、《我心中的英雄》语境的选择

本研究以参加全国第三届研究生汉语教学微课大赛①的汉语微课作品《我心中的英雄》为研究对象。该作品为汉语语法教学,以讲解语法点复句关联词"尽管……还是……"为教学内容展开教学设计,教学视频全长9分56秒。本文作者参与了该微课作品的设计制作,并担任该作品的主讲人。

(一)"尽管……还是……"的语义特点

"尽管"是汉语中常用的表达让步意义的连词,能够引导具有假设语义的偏句,并通过一定的转折达到强调正句的作用。

在语义上,连词"尽管"表示让步,后面的分句是一个已经存在确定的事实(吕叔湘,2017),通过让步承认一定的事实情况,并多与正句形成转折关系,从而达到强调结果的作用。

在语用上,"尽管"被用于复句中,连接两个或两个以上意义相关而结构互不包含的分句,"尽管"后的第一个分句描述的只能是一种情况,第二个分句表达一个结果,前面多用"还是"呼应,构成关联词组(彭小川,2004)。整个词组的主要作用是强调正句结果不受偏句假设情况影响,如"尽管下这么大的雨,我还是要去"。因此可用于表达"不怕困难,态度坚决"的含义(吕叔湘,2017)。

---

① 该赛事由北京师范大学国际中文教育学院、北京唐风汉语教育科技有限公司主办,天津大学国际教育学院承办,至2021年已举办过三届,是国内规模最大、影响力也最为广泛的汉语微课教学赛事。

(二)《我心中的英雄》文化语境的选择

1. 语境之间的发展关系

根据对"尽管……还是……"的语义分析可见,该关联词组多用于强调结果,表达结果不受任何情况影响,可表达不惧困难,坚决完成某事的态度和决心。基于此,从教学内容出发,结合微课教学对象特点,我们从经典故事、热门电影和社会时事中筛选出了"木兰故事""中国女排"和"抗疫"三个文化语境。

"木兰故事"来自中国经典故事,且流传广泛,是国际学生感兴趣的故事。此外,花木兰的故事也早已被改变成动画电影,在国际上流行已久。在内容上,"木兰故事"展现了古代巾帼英雄花木兰克服困难、替父参军、征战沙场、立下战功的故事。故事情节体现的人物精神符合"尽管……还是……"的语义和语用特点,可以用于创设文化语境和设计例句。

"中国女排"语境的创设思考源于热门电影《夺冠》。"中国女排"也是代表中国的形象之一,特别是近些年来在包括奥运等国际重大赛事中展现了强大的实力,在国内外享有极高的知名度和美誉度。中国女排的成功源于经历失败之后的刻苦钻研和团结奋战,她们的奋斗历程展示了中国人的无所畏惧、顽强拼搏的精神。女排英雄这一波澜壮阔、跌宕起伏的奋斗历程正符合"尽管……还是……"的语义特点,可以用于创设语本次微课教学的文化语境。

相较于上述两个语境,新冠肺炎疫情更是当下全球性的公共卫生事件,具有极强的代入感。"抗疫"工作责任重大,中国医生、护士和志愿者等典型群体的舍己为人、逆行而上,展现了以他们为代表的无数"抗疫英雄"的奉献精神。虽然病毒肆虐,他们依然选择坚守和付出,这一点也恰好符合"尽管……还是……"的语义特点,可以将其应用于创设文化语境,辅助微课教学。

2. 语境之间的关联

上述三个文化语境既适用于语言点的教学,也符合教学对象的认知水平和理解力。"木兰故事""中国女排"和"抗疫人物"都包含了"英雄"这一元素,故可以将"我心中的英雄"为主线,把三个语境串联起来。我们在"英雄"这一话题下设置了三个大语境,各大语境之下又分别设置了三个小语境,从而使得微课文化语境的创设结构完整,层次分明。微课内容语境的整体设计既体现了中国文化特色,也符合普适价值观,能引起学习者的学习兴趣,为他们所接受。

如图 2 所示,在汉语微课《我心中的英雄》中,文化语境的选择首先基于教学语言点的语义和语用特点,归纳总结出语言点最常用的语境;然后在众多的话题中选择了具有典型性和代表性的三个文化语境。在三个教学文化语境中,又分别设计三个小语境,在整体上创设出具有递接性和层次性的文化语境。

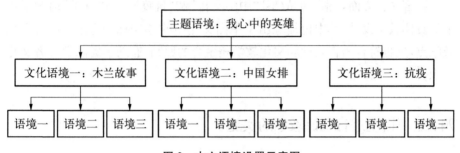

图2　本文语境设置示意图

(三)语言形式、内容与文化语境的统一

汉语微课《我心中的英雄》教学内容为复句关联词"尽管……还是……",根据该语言点的语义特点和语用特征,以"英雄"为话题和主线展开教学设计。运用可视化设计和视觉呈现设计"木兰故事""中国女排""抗疫"三个教学文化语境,在各文化语境中采用典型例句展开讲解和操练。在语言形式、内容与语境的选择和设计上,实现了统一和融合,符合运用文化语境教学的原则。

1. 语言形式与语境的统一

汉语微课《我心中的英雄》文化语境的选择和设计符合教学内容的语义功能特点,抽象的语言形式在真实贴切的文化语境中通过视觉化呈现直观地展示出来,更加情景化、具象化,实现了语言形式和语境的统一。学生在接近于真实的场景中将语言形式和语言文化语境整体习得,语言形式不再是抽象的符号排列,而成为学习者心中有画面感的文化语境。

2. 语言内容与语境的融合

在文化语境的牵引下,教学内容隐晦模糊的逻辑关系和微妙难懂的语义关系简明清晰地呈现了出来。《我心中的英雄》运用具有层次性和递接性的各个文化语境,集中突出语言点的关键语义关系,在相互关联的文化语境中展开教学和操练,实现了语言内容在语境上的有机融合,更突破了汉语微课缺少真实语境的限制。抽象的语义特征在生动具体的文化语境中呈现出来,易于学习者体会理解。语法学习不再抽象晦涩,而是在语境中通过可视化设计有声有色地展示出来。

3. 语言文化与语境的结合

语言文化方面,"木兰的故事""中国女排"和"抗疫"作为"英雄"话题语境下的具体教学设计,其中也提炼出了中国文化中的"家国精神"作为语言文化教学点,这也符合语言教学和文化教学相融合的原则,有助于提高学习者文化意识。

四、运用语境进行微课教学的实施

《我心中的英雄》的语境主要是通过文本设计和视觉设计两个方面呈现。

(一) 教学设计

图3是本次微课作品的整体设计:

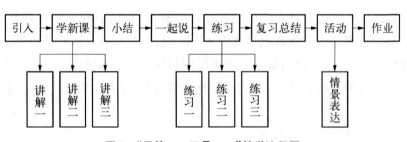

图3 "尽管……还是……"教学流程图

(二) 文化语境的文本呈现

1. 句子的文化语境

文化语境的设置依靠以目标句型为中心而设计的句子或句段,它多以例句形式出现。在"尽管……还是……"教学的例句设计中,我们充分考虑到文化语境设计的递接性和微课教学的层次性。

(1) 学新课环节

在"木兰的故事"教学文化语境下,以故事脉络发展为主线,结合"计划参军""参军前"和"在战场上"三个时间点的具体语境,设计了教学环节三个例句:

① 尽管父亲不同意,木兰还是要去参军。
② 尽管木兰舍不得,她还是剪了头发。
③ 尽管木兰受伤了,她还是冲在最前面。

例句①语境为木兰计划参军前。由于木兰是女性,父亲不同意她去参军,但木兰仍然决定替父参军。所以,这里存在着让步转折的语义关系,可以使用"尽管……还是……"。例句②语境为木兰参军前的准备,由于古代只允许男子参军,所以虽然木兰舍不得,但木兰必须剪掉长发,女扮男装。例句③语境为战场情景,木兰不幸受伤,但她没有退缩,依然冲向最前面,奋勇杀敌。

各例句在"木兰的故事"的大语境下,三个小语境形成以时间逻辑连贯的故事串联,构成完整故事发展,突出了木兰的"巾帼英雄"的文化形象。例句设计不仅体现了语法点的语义特点,还能帮助学生在具体形象的文化语境中理解语言。

(2) 练习环节

在"中国女排"教学文化语境下,以"女排精神"形成过程为主线,设计了练习环节的三个例句:

④ 尽管很努力,中国女排还是输了。
⑤ 尽管压力很大,她们还是坚持训练。
⑥ 尽管对手很强大,中国女排还是赢了。

例句④背景为1988年奥运会,中国女排虽然拼尽全力,却输了比赛。根据语义关系,可以使用"尽管……还是……"创设语境。例句⑤语境为中国女排队在经历失败后,仍然顶住压力,坚持训练。例句⑥为2016年奥运会中国女排夺得冠军的比赛场景,虽然面对强大的对手,中国女排队仍然力挽狂澜,赢得了比赛。因此,可以根据语义创设语境。

这三个例句在情节上突出中国女排作为团体的"自强不息""坚持不懈"的精神,展现了"女排精神"的形成过程。营造了紧张、情绪跌宕的课堂气氛,在情境上推动了故事的发展,有助于培养学生的语言表达能力。

(3) 活动环节

在"抗疫"教学文化语境下,以典型群体展现为主线,设计了活动环节例句:

⑦尽管疫情很严重,医生们还是赶到了最危险的地方。
⑧尽管已经工作了很久,护士们还是坚持照顾病人。
⑨尽管天气很冷,志愿者还是热心为大家服务。

例句⑦以抗疫医生群体为对象。虽然疫情非常严重,到抗疫一线有被感染的风险,医生们还是不顾个人安危,奔赴抗疫前线。因此符合"尽管……还是……"的语义关系。例句⑧以抗疫前线护士群体为对象。她们虽然已经长时间坚守在岗位上,甚至有的人连续工作数十个小时,依然继续坚持照顾病人。例句⑨以抗疫志愿者为对象。虽然天气寒冷,依然可以看见志愿者们的身影忙碌在社区、街道,为大家送去温暖的服务。这三个例句展现的小语境共同构成了"抗击疫情"这一社会现实大语境,展现了抗疫群体中的医生、护士、志愿者等典型群体,构成了整个社会抗疫群相谱,也体现了语言教学联系交际实际的原则。

教学整体的例句设计如图4所示,教学、练习和活动环节分别用三个例句创设了九个小文化语境,这九个小的语境相互关联,层层递接形成了"木兰故事""中国女排""抗疫"三个大文化语境。在教学环节上,各层次文化语境环环相扣,联系紧密,形成完成的教学设计;在教学主题上,各部分文化语境相互关联,层层递进,形成了以个体、群体和社会为主线的"英雄"话题,体现了文化语境理论对语言教学的促进作用。

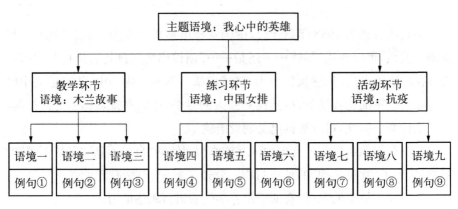

图4 整体教学例句设计

2. 段落的文化语境

语言教学的根本任务和汉语教学的目的是培养汉语语言交际能力

(刘珣,2000)。语言教学要在语言要素教学的基础上,培养学生成段表达的能力。

汉语微课《我心中的英雄》整体教学设计围绕"以学生为主体"的教学原则,段落练习设计了机械练习、半机械练习和交际性练习,所有练习都在语境中展开,有助于培养学生语言表达能力。

在"中国女排"大语境下设计了练习一"听音频说句子"和"连词成句",对语法点进行成段操练。"听音频说句子"通过播放1988奥运女排比赛音频创设语境,输入目标句,帮助学生听辨并重复输出。"连词成句"运用图片创设语境,为学生展示语言材料,帮助学生进行语法点练习并段落输出。

在"木兰故事"大语境下设计了半机械练习"一起说",进行句子输出练习。通过动画视频创设文化语境,帮助学生在半交际性文化语境中进行句子练习。

在"抗疫"大语境下设计了交际性活动"播新闻",练习段落表达。运用一组展示抗疫典型群体图片,创设"抗疫"大文化语境,培养学生在语境中运用语言点进行成段表达的能力。

练习设计在结构上整体层次分明,循序渐进;在目标上突出学生成段表达的操练,由句子练习到段落练习,由整句输出到整段输出,所有练习都在语境下展开。既符合语言教学的层次性原则和交际性原则,也体现了文化语境理论和语言教学的融合。

(三) 文化语境的视觉呈现

1. 图片

在汉语微课教学中运用图片形象直观展示文化语境,不仅能使文字叙述具体化、形象化,还能增强学生的学习兴趣。在国际汉语语法教学中,存在大量抽象难懂、难以用语言直接解释的语言点,借助图片就能直观展示,并且能帮助学生整体记忆,即语言和语境整体习得。

汉语微课《我心中的英雄》运用大量丰富的图片,帮助创设如临其境的文化语境,寓文化教学于语言教学中,不仅丰富了语言教学的形式,也将语言教学中的文化教学融入微课中。

"木兰故事"大语境使用电影海报1张,电影截图3张。电影海报引出文化语境主要人物故事,并突出花木兰"巾帼英雄"的形象。电影截图选用经典故事《花木兰》主要情节截图,帮助营造故事情节,创设教学文化语境。

"抗疫"大语境使用社会纪实图片4幅,组成了一组以"抗疫"为主题的人物群像谱。图片分别展示了抗疫一线的医生、护士和志愿者为大我舍小我的无私奉献的英雄形象。

"中国女排"大语境使用电影海报1张,赛事实况图片5张。选用热门电影《夺冠》电影海报创设语境,并展示中国女排风采。赛事实况图片选用对中国女排具有重要意义的两场赛事纪实,即1985年第四届世界杯和2016年里约奥运会,5张图片分别展现了中国女排从失败、坚持训练到最后夺冠的完整历程,突出中国女排败而不馁,顽强争胜并最终夺冠的拼搏历史。

2. 视频

视频类素材不仅包含了大量的语言交际,对学习者起着举足轻重的作用,同时它还包含了大量的非语言交际,非语言交际的背后所蕴含的是来自该语言的文化背景知识。因此,借助视频的辅助开展汉语微课教学,有助于创设教学语境。同时,视频类素材所呈现的影像与现实情境相似,打破了时间和空间限制。

在汉语微课《我心中的英雄》中,运用了丰富的网络视频资源和原创视频资源,辅助创设文化语境。

(1) 网络视频资源。

网络视频资源包括电影片段、赛事纪实片段。在"木兰故事"大语境中运用电影《花木兰》情节片段作为教学引入,不仅直观展示了教学文化语境,生动形象,具有吸引力,而且视频画面代入感强,利于帮助学生理解语言点。电影片段完整展示了三个目标句的文化语境,视频图像、音乐等元素极具中国文化特色,也有利于培养学生的文化感知能力。"女排故事"大语境运用2016年奥运会中国女排赛事纪实片段,营造了中国女排厚积薄发、勇夺冠军的真实文化语境。

(2) 原创视频资源。

原创视频资源包括自制动画和互动采访。在教学环节的"木兰故事"大语境中,运用自制动画在"一起说"创设文化语境,帮助学生复述木兰故事,输出目标句,巩固复习语言点。在活动环节的"抗疫"大语境中,通过互动采访视频创设交际文化语境,引导学生运用所学语法点进行成段表达,培养学生的语言交际能力。

汉语微课中的视频资源使用,突出了语言的语用特征,具有直观具体、形象生动的特点。此外,借助视频形式,还丰富了语言教学的呈现形式,将语言背后的价值观和文化自然地呈现出来,体现了文化教学和语言教学相融合的特点。

五、对于将文化语境理论运用于微课教学设计的思考

在微课的课堂中运用文化语境理论,可以为学生提供语境化的语言输入。本文结合文化语境相关理论对汉语微课《我心中的英雄》进行详细具体的内容分析后,初步探索了文化语境理论应用于汉语微课教学设计的可行性和具体实施。对汉语微课中创设文化语境的整体性、关联性、功能性与微课教学设计提出以下思考:

(一) 如何选择文化语境

在汉语微课教学设计中,文化语境应该根据教学内容的结构、语义和功能特点进行筛选。首先,文化语境应该具有典型性和真实性,不仅准确体现语言点的典型用法,也应该是贴近学生现实生活的真实场景;其次,在选择微课文化语境时,应该考虑各教学文化语境间的层次性和关联性,形成结构完整的教学设计,让语言教学在完整的语境中展开。

(二) 如何运用文化语境

在运用文化语境理论进行微课教学时,应该在教学各环节、各层次贯穿文化语境理论,要充分运用教学文本设计和视觉呈现设计,将文化语境进行可视化呈现。此外,文化语境理论在微课教学中的具体实施还应该体现语言教学与文化教学相结合的原则。

六、结语

本文将研究着眼点放在当前国际汉语教学界的热点之一——微课教学。首先梳理了文化语境的相关理论,随后以汉语微课《我心中的英雄》为对象进行具体的内容分析,提炼出文语境理论应用于汉语微课设计的具体实施。在全球化与文化多元化的今天,利用文化语境理论进行汉语微课教学不但是可行的,而且是可取的。汉语微课教学结合文化语境既符合当前文化多元背景

下汉语学习者的认知特点,也符合语言文化教学的理念。期待本研究能在一定程度上促进文化语境理论下的国际汉语微课设计发展。

参考文献

[1] 陈申.语言文化教学策略研究[M].北京:北京语言文化大学出版社,2001.
[2] 崔希亮.全球突发公共卫生事件背景下的汉语教学[J].世界汉语教学,2020,34(3).
[3] 胡铁生."微课":区域教育信息资源发展的新趋势[J].电化教育研究,2011(10).
[4] 李泉.2020:国际中文教育转型之元年[J].海外华文教育,2020(3).
[5] 李宇明,李秉震,宋晖,白乐桑,刘乐宁,吴勇毅,李泉,温晓虹,陈闻,任鹰,苏英霞,刘荣艳,陈默."新冠疫情下的汉语国际教育:挑战与对策"大家谈(上)[J].语言教学与研究,2020(4).
[6] 刘红霞,赵蔚,陈雷.基于"微课"本体特征的教学行为设计与实践反思[J].现代教育技术,2014,24(2).
[7] 刘若云,徐韵如.对外汉语教学中例句的选择[J].中山大学学报论丛,2005(6).
[8] 刘珣.对外汉语教育学引论[M].北京:北京语言大学出版社,2000.
[9] 吕叔湘.现代汉语八百词[M].北京:商务印书馆,2017.
[10] 彭小川,李守纪,王红.对外汉语教学语法释疑201例[M].北京:商务印书馆,2004.
[11] 杨淑云.论语境理论在对外汉语教学中的运用[J].广西民族大学学报(哲学社会科学版),2007(S1).
[12] 郑艳群.对外汉语教育技术概论[M].北京:商务印书馆,2012.
[13] 郑艳群.汉语作为第二语言教学的教学技术研究[M].北京:商务印书馆,2019.
[14] 郑艳群.新时期信息技术背景下汉语国际教育新思路[J].国际汉语教学研究,2015(2).

作者简介: 田艳,中央民族大学国际教育学院。

张清,中央民族大学国际教育学院。

董乐颖,中央民族大学国际教育学院。

吉尔吉斯斯坦小学汉语教材中的中国国家形象分析

——以《汉语》(1—3册)为例

◎ 杨一飞　缇　俷(Dzhumabekova Altynai)

> **摘　要**：基础教育阶段的国际中文教材是塑造中国国家形象的重要文本媒介。本文以吉尔吉斯斯坦国内小学普遍使用的《汉语》(1—3册)教材为研究对象,首先梳理教材中有关中国国家形象的所有内容,依据内容框架对其进行归类与统计,明确其分布,对教材中各维度形象内容加以总结,接着从"态度"的角度分析教材中中国国家形象的呈现方式与特点,最后总结问题,提出建议。
>
> **关键词**：中国国家形象；《汉语》(1—3册)；内容框架；态度表达

一、国家形象与国际中文教育

(一) 国际中文教育是建构中国国家形象的重要途径

国家形象是"一国内部公众和外部公众对该国政治、经济、社会、文化与地理等方面状况的认识与评价,可分为国内形象与国际形象,两者之间往往存在很大差异"(孙有中,2002)。我国政府始终积极参与国际事务,开展对外援助,承担大国应尽的责任,但在复杂多变的国际局势与部分境外媒体歪曲报道的影响下,中国的国际形象并不十分正面,国家形象已经成为"中国目前最大的战略威胁之一"(乔舒亚·库珀·雷默等,2006)。国内学界对国家形象的研究成果多以西方媒体对中国形象的建构以及国外民众对中国形象的解读为研究对象,这对了解国家形象面临的"他方构建"困境颇有帮助;但另一方面,我们也必须主动探索出一套行之有效的"自我构建"体系,在世界舞台上树立起客观、准确、立体的中国国家形象。在这个体系中,国际中文教育是除了政府宣传、媒体报道以外的又一条"润物细无声"的重要民间途径。

通过国际中文教育,学生在学习语言的同时,自然而然地获得了中国国家知识,构筑起属于自己的中国形象。作为一项跨国民间交流活动,国际中文教育可以近距离地接触各国民众,有针对性地了解他们的文化背景与认知心理,帮助他们熟悉中国的话语体系与表达方式,从而更好地处理影响国家形象理解与生成的跨文化因素,消除学习者对中国的误读与刻板印象。而反过来,如果一个国家在他国民众心目中的形象是积极正面的,这不但有助于两国发展互惠互利的政治、经济合作,也将大大推动彼此间的文化与教育交流。所以说,国际中文教育与中国国家形象的建构是共生共存、互惠共赢的。

(二)基础教育阶段的国际中文教材是塑造中国国家形象的最佳媒介

教材与国家形象关系密切,国外学术界关于二者的研究早已有之。从二战结束到20世纪90年代苏联解体,历次国际格局的结构性变动均会带动教材研究的热潮。各国普遍认识到"建设主权国家过程中应重视精神与文化重塑,以教科书国家形象建构为手段,塑造国家认同"(耿希,2020)。

在国际中文教育中,教材不但是语言知识的信息载体,更直接影响着学生的价值判断与意识形态。小学汉语教材应用于基础教育阶段,与高等教育、成人教育相比,学习者年龄更小,获取信息来源的渠道相对更加单一,受教材的影响会更大,教材"权威性"的特点发挥得也更加淋漓尽致。因此,我们认为,越是基础教育阶段的国际中文教材,越应该全面而客观地反映出中国的国情、文化、历史与当代发展,帮助孩子们建构起真实、立体的中国国家形象,避免误导。

二、吉尔吉斯斯坦的中文教育与中文教材

（一）吉尔吉斯斯坦的中文教育

自建交起，中国同吉尔吉斯斯坦在教育领域即展开了良好合作。1994年，两国教育部签订了教育合作发展协定。2002年，两国签署相互承认学历、学位证书的协议。近年来，在"一带一路"倡议的推动下，两国在经济、贸易、教育、文化等领域上的交流不断深化。2018年，吉尔吉斯斯坦在华留学生超过4 600名，中国已成为吉尔吉斯斯坦学生心目中继俄罗斯之后的第二大留学目的地。

在吉尔吉斯斯坦国内，汉语学习者人数已达1.5万人。除四所孔子学院合作高校外，还有11所高校开设汉语专业，52所高校开设汉语课程。另外，吉尔吉斯斯坦还有三所高等教育机构提供中文课程，全国范围内共有65所各类汉语培训学校。

与大学阶段的汉语教学相比，吉尔吉斯斯坦的中小学汉语教学开始较晚。2000年后，吉尔吉斯斯坦政府才开始重视在中小学推广汉语教学，近年来学生人数不断增长。

（二）吉尔吉斯斯坦的中文教材与《汉语》简介

吉尔吉斯斯坦高校使用的中文教材主要有《新实用汉语课本》《发展汉语》《汉语会话301句》《博雅汉语》《汉语入门》等，其中《新实用汉语课本》用得最多。中小学使用的汉语教材相对种类较少，主要有《快乐汉语》《汉语新起点》《体验汉语》《汉语》与《汉语乐园》等（赵爽，2014）。

总的来说，吉尔吉斯斯坦使用的中文教材存在以下三个问题：① 编写年代普遍较早，时效性不强；② 缺乏针对性，教材大部分为英语或俄语注释版，这就给部分学生，尤其是外语能力不强的低年级小学生造成了一定的困难；③ 教材数量不足，部分学校的中文教材主要来自中外语言交流合作中心（简称"语合中心"）的赠书，无法做到学生人手一本，还出现了像《快乐汉语》这样针对11—16岁中学生的教材被拿到部分大学汉语课堂上使用的情况。

与成人相比，小学生在对信息的接收、处理与理解上存在一定的特殊性，他们的记忆力又很强，思维定式一旦形成，便很难更改。因此，基础教育阶段

的国际中文教材体现了怎样的中国国家形象,对学习者头脑中的"中国印象"影响巨大。《汉语》是2017年出版的一套专供俄语地区中小学生使用的中文教材,作者是Maria Rukodelnikova。近年来,《汉语》因其内容新且实用、体例完整、练习丰富而被越来越多的吉尔吉斯斯坦中小学选为汉语课指定教材。

《汉语》全书共五册,每册十课,每课均包括课文、生词、注释、听说、语法、写字、练习、学习中国文化等板块。除学生用书外,还有教师用书、学生练习手册和配套CD。针对学生年龄特点,《汉语》有大量彩色插图,风格活泼,结合实用的对话课文,力求提高学生学习汉语、了解中国的兴趣,培养学生在日常生活中的汉语交际能力。吉尔吉斯斯坦大部分小学从一或二年级开始使用这套教材,至小学阶段①结束时,基本学完前三册,故本篇论文将《汉语》(1—3册)作为研究对象,通过对其中中国国家形象内容与呈现方式的梳理,探讨该套教材如何建构以及建构了怎样的中国国家形象。

三、《汉语》(1—3册)中的中国国家形象

(一)教材中的中国国家形象研究内容框架

对国家形象具体内涵的认识会基于研究角度的不同而有所差异。在西方知名机构国家品牌指数研究体系②的基础上,清华大学国家形象传播研究中心得出结论:决定国家形象的最主要认知维度是政府维度、企业维度、文化维度、景观维度、国民维度、舆论维度六项(范红,2016)。张鹏等(2018)对语文教科书中实际存在的国家形象元素进行内容分析,建构了教科书的国家形象分析框架。此框架主要包括以国家领土及主权为核心代表的物质形象、组织形式为核心代表的制度形象、以文化行为为核心代表的文化形象及以典型人物为核心代表的国民形象四部分。本文的内容框架则在此基础上,结合国际中文教育实际加以改动,使内容更具体、丰富。

---

① 吉尔吉斯斯坦中小学的学制与中国的不同。学生从小学开始一直到高中都在一所学校学习,学校共有11个年级,1—4年级是小学,5—8年级是初中,9—11年级是高中。
② 国际知名的"安霍尔特—捷孚凯"国家品牌指数将国家品牌的建构分为文化、国民、旅游、出口贸易、国家治理及移居与投资六大体系。另一家国家品牌指数研究机构FutureBrand将国家品牌分为国家现状与亲身体验两大体系。前者包括价值体系、生活质量、商业潜力,后者包括文化遗产、旅游、生产制造。

从实体与非实体两个维度区分国家形象相关内容,实体维度的国家形象指支撑国家生存和发展的自然物质基础和各种物质要素的总和,是具象的客观存在,基本对应于国家的"硬实力";非实体维度则主要是国家几千年历史的文化积淀与民族精神、民族性格的表现,是抽象且主观评价的存在,基本对应于国家的"硬实力"。第二层次上,实体维度的国家形象包括"国情资源形象"与"国力发展形象"两部分,前者是静态的、固定的,后者是动态的、发展的。非实体维度的国家形象包括"政府国民形象"与"文化精神形象"两部分,前者是外在表现,后者是内在积淀。四者共同作用,由古至今,由表及里地帮助国际学生建构起完整、立体的中国国家形象。各部分的具体内容详见表1。

表1 教材中的中国国家形象内容研究框架

维度	特征	具 体 内 容
实体形象	国情资源形象	静态的、固定的	国情概况:疆域、人口、气候、行政区划、民族等; 法律法规:各方面基本政策、经济制度、政治法律制度、文化制度等; 自然资源:动植物、江河湖海、名山大川、土地资源等; 人文景观:历史建筑、世界遗产、文化景观、城市风貌等
	国力发展形象	动态的、发展的	日常生活:衣食住行、治安、购物消费、休闲娱乐、教育医疗等; 经济发展:代表产品、知名企业、品牌形象等; 科技军事发展:已有成就、互联网、先进技术、创新能力等
非实体形象	政府国民形象	外在的、典型性的	政府形象:各级机关、国家行为、重大事件、国际交往等; 国民形象:文明礼仪、行为举止、典型人物等
	文化精神形象	内在的、延续性的	历史文化:历史文物、历史知识、历史人物、历史事件等; 语言文字:汉字文化、语言文化等; 文学艺术:小说诗歌、音乐建筑、绘画书法、传统手工艺等; 风俗习惯:节日习俗、禁忌与喜好等; 价值观念:宗教信仰、思维模式、情感态度、民族性格等

(二)《汉语》(1—3 册)中的中国国家形象分布统计

我们仔细梳理并摘出了《汉语》(1—3 册)教材中有关中国国家形象的全部内容,根据参考框架进行归类与统计,详细分布见表 2。

表 2 《汉语》(1—3 册)中的中国国家形象内容的分布(按内容)

实体形象								非实体形象			
41(51.9%)								38(48.1%)			
国情资源形象				国力发展形象			政府国民形象	文化精神形象			
14(17.7%)				27(34.2%)			2(2.5%)	36(45.6%)			
国情概况	法律法规	自然资源	人文景观	日常生活	经济发展	科技发展	政府形象	国民形象	历史文化	语言文字	文学艺术	风俗习惯	价值观念
5	2	1	6	24	0	3	1	1	10	5	7	8	6

需要说明的是,我们从教材中找出的中国国家形象语料①一共有 50 条,但在具体的统计中,这些语料却变成了总共 79 条内容。这是因为有的语料涵盖了不止一方面的内容,如:

> 历史上,中国是传统的父权制家庭。以前中国家庭生很多孩子,几代人一起生活。男性在家庭中占有绝对的统治地位,家庭成员都要服从他的指令。跟现代女性相比,古代女性的地位很低……②现在中国发生了很大变化,年轻人自由恋爱,孩子结婚后与父母分开生活的情况越来越多。由于中国人口增长非常迅速,国家鼓励独生子女家庭。就在几年前,中国家庭还不允许养宠物……但这并不意味着中国人不喜欢宠物。人们常常在家里养好看的鸟、养蟋蟀。现在,你经常可以在安静的小巷和公园里看到老年人在遛他们的宠物……

---

① 本文的语料,有的是来自课文的中文原句,有的是从教材中的俄语句子翻译来的,在论文中不做区分。

② 限于篇幅原因,部分不影响文意的内容被省略,下同。

以上内容成段出现在《汉语》(第2册)第一课的"学习中国文化"板块。我们认为,这段文字包含三个方面的中国国家形象内容:一是"独生子女"政策,属于"国情资源"下的"法律法规";二是"中国家庭在养宠物方面的发展与变化",属于"国力发展"下的"日常生活";三是"中国人在恋爱、婚姻、家庭观方面的发展与变化",属于"文化精神"下的"价值观念"。

从表2可以看出,《汉语》(1—3册)中的中国国家形象分布既"平衡"又"不平衡"。"平衡"体现在实体与非实体的层面,教材中实体形象的内容占51.9%,非实体形象的内容占48.1%,这是值得肯定的;但从我们框架的二级维度来看,教材中各部分的内容又是不太平衡的:介绍文化精神形象的内容最多,差不多占到了一半;而政府国民形象又几乎没有,国情资源形象的内容相对也较少,这会导致学生对中国形象整体的把握比较欠缺。

进一步地,我们在二级维度上将每一册教材的数据统计出来,可以看出中国国家形象内容在每一册的分布也是极不平衡的,详见表3。

表3 《汉语》(1—3册)中的中国国家形象内容的分布(按册)

国情资源形象			国力发展形象			政府国民形象			文化精神形象		
第1册	第2册	第3册	第1册	第2册	第3册	第1册	第2册	第3册	第1册	第2册	第3册
4	8	2	4	10	13	0	2	0	17	6	13

(三)《汉语》(1—3册)中的中国国家形象内容解读

在这一节中,我们以表格的形式(见表4—6)简单列出《汉语》(1—3册)在各二级维度上呈现出的中国国家形象具体内容,并加以简单总结。

表4 《汉语》(1—3册)中的中国国情资源形象

国情资源维度	具 体 内 容
国情概况	民族与人口:中国是一个多民族的国家,中国人口增长非常迅速 姓名文化:中国人姓名的顺序,《百家姓》,姓氏数量,最常见的姓等
法律法规	独生子女政策、九年义务教育政策
自然资源	大熊猫是中国的国宝

续 表

国情资源维度	具 体 内 容
人文景观	中国的首都北京：天安门广场、故宫、北海公园、天坛、长城、鸟巢、老舍茶馆等景点与气候特点。 河南的少林寺、湖北的武当山（与中国功夫有关）

我们认为，《汉语》(1—3册)在中国国情资源方面呈现的内容是比较失衡的。教材介绍了中国的人口与姓氏，却只字不提面积与行政区划；对法律法规提得很少，人口政策需要更新。除国宝大熊猫以外，未见其他代表性动植物。另外，教材中非常详细且具体地介绍了北京的各个景点，但却完全没有提到上海、广州、深圳、重庆等其他代表性城市与人文景观，也没有出现其他秀美景色、名山大川。教材中先后4次重复"北京的夏天太热了"，却没有对中国气候加以概括性的说明。

表5 《汉语》(1—3册)中的中国国力发展形象

国力发展维度	具 体 内 容
日常生活	生活规律：打招呼、时间观念、午休与早睡 饮食：中国菜、筷子、上菜顺序、饮食习惯、茶的历史与种类、"真功夫"连锁快餐 娱乐：中国电影、养宠物、锻炼方式、兴趣爱好 教育：各个学习阶段、学年的划分与法定假期 医疗：西医与中医
经济发展	无
科技发展	古代科技成就：四大发明、文房四宝

就日常生活来说，《汉语》(1—3册)的介绍绝大部分集中在了"食"这个话题，并未提及"衣住行"等方面的内容。另外教材也没有介绍中国最新的经济发展与科技、军事等方面取得的成就，这显然是不够的。

国民形象方面，《汉语》(1—3册)只有一处提及中国政府曾经举办的大型活动——2008年北京奥运会，主要是配合鸟巢国家体育场的介绍，说明得非常简单；也只提到一位具体人物——功夫演员成龙，除此以外再没有其他的近现代或当代人物，学生在教材中无法获得全面深入了解中国政府与国民形象的有效信息。

表6 《汉语》(1—3册)中的中国文化精神形象

文化精神维度	具 体 内 容
历史文化	天干地支、传统历法、秦始皇、各个重要朝代、科举考试等
语言文字	"你好吗"是受西方语言影响才有的表达;中文不难,很有意思;汉字很好看且十分重要;汉语中有很多同音异形字,如赵元任《施氏食狮史》
文学艺术	骆宾王《咏鹅》;传统艺术形式:国画、书法、京剧;传统手工艺:剪纸、中国结
风俗习惯	数字的好恶;颜色的好恶与代表意义;送礼的讲究;春节与团圆;有特别文化意义的植物:梅花、牡丹、菊花、莲花和兰花
价值观念	宗教;等级观念与亲属关系;中国功夫、中医的起源离不开阴阳及天人合一的理论;男女地位;恋爱与婚姻;家庭观念

总的来说,《汉语》(1—3册)在文化精神形象方面的内容最为丰富,这也是国际中文教材的一个普遍特点。通过教材,学生能对中国的历史、朝代、艺术等有一个较为全面的了解,也能知道中国人在禁忌与喜好、节日习俗、思维模式上与本国的基本差异,这些都是值得肯定的。但教材在具体说明上也有写得片面或不正确的地方,如唐诗没有提到最有名的三大诗人而只介绍了骆宾王,主要的京剧角色只说了生、旦、净、丑四种,对中国人见面时打招呼的用语也概括得不太准确。

四、《汉语》(1—3册)中的中国国家形象态度呈现

在这一节中,我们将主要从"态度"的角度,对《汉语》(1—3册)中的中国形象的呈现做进一步的分析。经过统计,三册教材的50条中国国家形象内容中,持"肯定"态度的共25条,占50%;持"否定"态度的8条,占16%;其余是中性表达。

对中国国家形象的肯定态度一般通过以下三种方式表现出来:

(一)直接呈现,一般是句子中出现带有显著积极意义的形容词或评价性词语,如:

(1) 中国电影很有意思。(第1册第7课)

(2) 如果你去北海公园,一定要登上佛塔底部的观景台,从那里可以欣赏到北京的美景!(第2册第10课)

(3) 武术极具魅力,在世界上非常受欢迎。(第3册第5课)

(二) 时间与比较,一般通过比较长的时间跨度,表明某种现象历史悠久;或通过比较的形式,表明更早或更优于其他国家,抑或达到最高级;

(4) 听说欧洲花边就是起源于中国结的编织。(第1册第5课)

(5) 中国的长城是人类历史上最伟大的防御性建筑。它位于中国北方,东西纵横,从山顶到山脚形似一条长着齿梳的巨龙。(第1册第9课)

(6) 四千多年前,从夏朝(第一个半神话王朝)起,中国人已经开始使用一种特殊的月历。根据公元前16至11世纪最古老的甲骨文记载,一年有12个阴历的月,它们有长有短……每五年一次,增加第13个闰月以与阳历相配合。(第2册第6课)

(7) 在针灸技术和穴位按摩方面,中医在世界上享有盛名。在欧洲,这些治疗方法直到19世纪才为人所知。(第3册第10课)

(三) 间接呈现,一些内容表达看似是中性的,但学生阅读以后会产生积极的联想:

(8) 中国人(无论儿童还是成人)都起得很早,许多人会进行户外锻炼,早上7点前吃完早餐,然后立即上班或上学,这与俄罗斯人有很大的区别。中小学校和大学的课程从早上8点开始,成年人也很早就开始工作。(第2册第7课)

(9) 中国人怎么休息呢?首先,他们喜欢在早上打太极拳、练太极剑、舞扇。……大部分都是老年人,年轻人更喜欢在学校一起打篮球。如果有人不喜欢和大部队一起活动,那么他会在体育馆里一个人锻炼,或者去体育场散步。中国人会想出各种活动!例如向后倒着走。重要的是,周围的人永远不会笑话这样的人,因为这是他个人的选择……(第3册第8课)

例(8)中国人早起的习惯会让吉尔吉斯斯坦人惊叹中国人的勤劳,因为吉尔吉斯斯坦的大学和公司不会从8点那么早就开始。例(9)会让人感叹中国人对于休闲活动也抱着积极上进的态度，在吉尔吉斯斯坦的休息时间，人们一般就是躺在沙发上看电影或者去外面吃饭。

教材中对中国国家形象的"否定"态度主要体现在以下三个方面：

（一）在一个完整的话题说明中，消极的内容与积极的内容一起出现，而消极的内容多是主观判断或错误的：

(10) 长城是人手建造的，很多中国普通民众<u>被迫去修建长城</u>，历史上也有许多普通老百姓在工作中<u>过度劳累而死去</u>的传说。（第1册第9课）

(11) 中国科学家在大熊猫的人工繁殖方面做了大量工作，但这项工作<u>不能说完全成功，因为大熊猫不愿意接受人工繁殖</u>。（第3册第4课）

(12) 要养活中国这样一个大国并不容易，肉也比较贵，这就是为什么中国人习惯吃<u>便宜的食物</u>：米饭、面条和蔬菜。<u>许多菜肴会放增味剂（味精）</u>。（第3册第11课）

（二）某一情况的反复出现：教材分别在第2册第6课、第10课与第3册第9课中重复"北京的夏天太热了"，共计四次，先不论客观情况到底如何，这样的重复完全没有必要。

（三）中国的情况与吉尔吉斯斯坦差异过大，导致学生无法理解，从而产生不好的联想。如第3册第7课介绍中国送礼的禁忌，包括不能送挂钟、雨伞和鞋，不能和恋人分梨吃，也不能用白色的包装。相较而言，吉尔吉斯斯坦人送礼比较随便，并不会考虑那么多，有的学生看了以后觉得中国人很迷信，送礼很麻烦。再比如第12课作者用《施氏食狮史》的例子，原意是想要说明辨认汉字的重要性，但笔者问了一些同学，大家都表示看了以后反而觉得中文太难了！

五、问题与建议

基于前文的分析，我们总结了《汉语》(1—3册)在向学生呈现中国国家形象方面的一些问题并试着提出针对性的建议：

第一，内容上。总体设计：教材中有关中国国家形象的内容十分重要，应与教材的课文、词汇、语法、功能表达等板块一样,事先进行总体的设计与编排。《汉语》中的中国国家形象内容虽然在实体与非实体层次的分布上较为平衡,但在二级维度的四个大类与三级维度的14个小类上还是存在较大差异,首要应让学生了解的国情资源与国力发展不够全面,文化精神形象内容过多,政府国民形象、当代中国发展形象过少。另外,第1册到第3册,教材语言的难度是逐级提高的,中国国家形象内容的介绍也应如此,即将比较具体的国情资源、日常生活内容安排在前,将比较抽象的政府国民、文化精神内容安排在后,这也符合学生的年龄特点与认知规律;并且,要精炼、准确、客观。相比其他国际中文教材,《汉语》中一些介绍中国国家形象的篇幅显得冗长。如下面是第3册第4课介绍大熊猫的内容:

> (13) 说到中国的动物,大家都会想到神奇的——大熊猫(竹熊)。这头黑白相间的动物不仅是中国的国宝,也是世界自然基金会的象征。大熊猫在中国中部山区(海拔高达4 000米)生活。可惜的是,野生大熊猫目前只剩下几千只。1869年,法国传教士阿尔芒戴维第一次告诉西方有大熊猫这样一种动物……多年来,科学家们一直在争论:它属于哪一类——猫、熊、浣熊还是貂?今天遗传学家已经确定熊猫其实是南美眼镜熊的近亲。大熊猫不是一个小动物,成年熊猫肩宽可达70厘米,身高长至170厘米,体重可达140公斤。大熊猫的习性很有趣……人工饲养的熊猫被驯服得很好……尽管大熊猫算是猛兽,但它主要以幼竹为食……中国科学家在大熊猫的人工繁殖方面做了大量工作,但这项工作不能说完全成功,因为大熊猫不愿意接受人工繁殖。大熊猫在中国是受法律保护的……1983年在四川省成都市成立大熊猫研究中心(保护区),占地20万多公顷,有1 000多只大熊猫住在那里。

这段文字不仅介绍了大熊猫的外表、性格、生活习性,还讨论了大熊猫所属的科目、人工繁殖技术等,说得正确与否尚且不论,一些内容实在没有必要。中国国家形象的内容已经足够丰富,许多时候点到即止、让学生有一个初步了解即可。如个别学生对某方面特别感兴趣,他自然会去搜索相关资料,做进一步的学习。篇幅太长、内容太多,会让学习者特别是低年级学生感觉内容烦琐、难度太大,造成适得其反的效果。

教材中一些关于中国的描述过于武断、片面,有些甚至是错误的。仅以第

2册为例,就有下面这些:

(14)就在几年前,中国家庭还<u>不允许</u>养宠物。在街上既看不到狗,也看不到猫……(第1课)

(15)白色是哀悼和悲伤的颜色。人们在葬礼穿白色衣服。你已经知道了中国新娘在婚礼上会穿红色礼服,而不像欧洲人习惯的那样穿白色婚纱。到了现代,受全球化的影响,新娘有时会追随西方时尚穿上白色礼服,但<u>很多人反对这种新习俗</u>。(第4课)

(16)中国人喜欢喝绿茶,这和我们不一样,我们喜欢喝红茶。(第5课)

例(14)与(15)是错误的,从来就没有不允许中国家庭养猫狗的规定,也没有人反对新娘穿白色婚纱;例(16)的说法比较武断,确实有许多中国人喜欢喝绿茶,但喜欢喝红茶、黑茶、花茶的中国人也很多,这么说会造成对中国饮茶文化的刻板印象。国际中文教材在生活习惯、价值观念上的表述,应尽量中立、客观,避免将编写者的主观想法误认作事实传递给学生,尤其当教学对象是小学生时,一旦错误、片面的中国国家形象被固化,在很长一段时间内都很难改变。

对两国差异过大的内容,如汉字、阴阳历的使用、饮食观念等,教材在介绍的同时也应阐明差异产生的原因,以避免学生主观臆想带来的误会。在话题编排上,尽量安排两国相异的内容与相似的内容一起出现,让学生明白国与国之间既有相似也有不同,这都是很正常的。

第二,态度表达上,提倡"软介入",即不是一味地通过"美丽""丰富""广阔""灿烂文明"等褒义词直接向学生灌输"中国很大、很强、很美"的观点,而是更建议通过诸如客观事实的描述、实景图片、展示时间跨度、第三方信源等较为间接的方式,让学生自己在阅读过程中体会到中国悠久的历史与深厚的文化底蕴,了解到中国人是一个勤劳、善良、充满智慧的民族。对于一些确实存在的负面内容,教材也没有必要刻意回避,这样才能让学生觉得所呈现的中国国家形象是客观立体、真实可信的。

第三,教材体例上,我们建议每课介绍的中国国家形象内容应尽量与该课的语言教学相关,如第1册第4课,课文中学习如何用中文介绍自己的家人,后续的国家形象内容就是介绍中国人的姓名与俄罗斯人的不同,这样既能加深对于课文主题的理解,也能学着用中文表达相关内容。据统计,《汉语》(1—3)册课文中,42%的中国国家形象内容与该课语言内容相关,这个比例还可以进一步提高。另外,对于一些抽象难懂的知识,如文学艺术、价值观念、法律法规等,可结合说明文字设计一些简单、有趣的实践性练习,使知识点在互动中复现,帮助学生加深印象。

参考文献

[1] 范红.论国家形象建设的概念、要素与维度[J].人民论坛·学术前沿,2016(2).

[2] 耿希.国外教科书国家形象建构的理论基础[J].教育研究,2020(1).

[3] 刘宏等.中华文化海外传播研究[M].北京:社会科学文献出版社,2023.

[4] 乔舒亚·库珀·雷默.中国形象:外国学者眼里的中国[M].北京:社会科学文献出版社,2006.

[5] 孙有中.国家形象的内涵及其功能[J].国际论坛,2002(3).

[6] 张鹏,吕立杰.语文教科书中的国家形象分析——以 A 版初中教科书为例[J].全球教育展望,2018(7).

[7] 赵爽.吉尔吉斯斯坦汉语教材使用状况调查分析[D].硕士学位论文,新疆师范大学,2014.

作者简介: 杨一飞,上海大学国际教育学院。

缇俳,上海大学国际教育学院。

"中国概况"课程研究二十年回顾与展望

◎ 张宇清 方 芳

> **摘 要**："中国概况"课程是高等教育来华学历生的必修课,进入21世纪,尤其是2018年以来对"中国概况"的研究数量呈明显上升。本文对"中国概况"研究中的课程定位、课程建设、教材、教师、传播作用等研究做了回顾与梳理,并提出明确的课程定位、分语种课程研究、教师课堂语言研究应成为下一阶段的研究重点,同时研究手段科学性也亟待提升。
>
> **关键词**："中国概况";课程建设;课堂语言;教材

一、引言

随着中国国力与国际影响力的日益提升,越来越多的国际学生,尤其是"一带一路"沿线国家的学生,选择来到中国留学,我国教育对外开放程度持续提升。高等教育国际化是一项国家工程,反映一个国家的社会意识形态和价值观。"中国概况"是教育部、外交部、公安部2017年颁布的《学校招收和培养国际学生管理办法》(第42号令,以下简称"第42号令")中明确规定的高等教育来华学历生的必修课。对"中国概况"课程的研究现状进行系统全面的分析,可以为课程的设计和提供重要的参考,同时也能为进一步的课程改革提供依据。因此,有必要对"中国概况"课程的研究成果做系统的、阶段性的梳理。

本文通过对中国知网平台,以"中国概况"为主题,并且全文包括"国际学生"或"留学生",检索获得了2000—2020年的期刊文献33篇,本文将从文献发文趋势、研究内容、研究方法等角度对这些文献进行划分和梳理,展望下一阶段的"中国概况"课程的建设及研究趋势。

二、"中国概况"课程研究发文量趋势分析

从图1中可以看到,关于"中国概况"课程的研究在2004—2017年之间,每年均有一到两篇期刊文章发表。自2018年起发文数量呈现明显上升趋势,且开始得到各级基金的支持。在表1中我们进一步统计了自2018年起"中国概况"课程研究论文得到各级基金支持的情况,可以看到获得基金支持的数量与级别总体呈现明显上升趋势。可以说,第42号令发布之后政策导向作用明显,"中国概况"课程的研究受到越来越多的关注和重视。

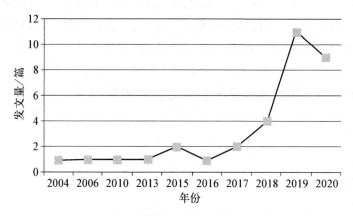

图1　2004—2020年"中国概况"课程研究论文发文量趋势

表1　2018—2020年"中国概况"课程研究论文基金支持情况

年　份	发文量(篇)	基金支持比例(%)	基金级别(个)
2018	4	25	校级(1)
2019	11	64	校级(4)、省级(3)
2020	10	50	国家级(3)

三、对"中国概况"课程的定位

明晰的课程定位是课程建设与课程研究的基础。通过对33篇文献的梳理我们注意到这些研究对"中国概况"课程内容与定位不一致。

（一）课程中的文化内容

在本文所涉及的文献中，有20%的研究没有明确对"中国概况"课程内容作出定义。20%的研究者提出"中国概况"包括对中国国情和中国文化的介绍。这里的"文化"，作为与"国情"并列的概念，以中国传统文化为主，包括历史、地理、传统思想、科技、教育、饮食、艺术、中医、武术、节日及风俗等。祖晓梅、陆平舟(2006)认为"'中国概况'旨在全面而概括性地介绍中国的国情和文化背景知识，其性质相当于法语的 civilization 和英语 cultural studies 课程"。此外陈闻(2020)，杨莹雪(2020)，王惠莲(2019)，胡袁园、于书娟(2019)，万玉波(2013)等均提出"中国概况"课程内容中应包括中国国情和中国文化。大部分研究者将"中国概况"课程定义为文化课程。这里的文化范围宽泛，重在系统、全面地介绍中国。

敖雪岗(2017)从学习者为中心的视角出发，提出"中国概况"的教学内容应合理安排传统中国与现代中国的比重、主观文化知识与客观文化知识。刘元满、李欣(2020)在对近30年以来出版的"中国概况"教材进行分析后提出，当前主流的"中国概况"教材在古今文化知识选取中重视当代中国国情，但对反映中国人的日常生活、行为模式、价值观的主观知识重视尚不够。从教材编写中反映出来的问题，在教学实践中更甚。2000年以来的研究中可以看到，教学实践和研究者对"中国概况"中如"茶文化"等传统特色更青睐，对国情、文化等核心概念的内涵定义不清晰，或者未加思考。

（二）课程中的汉语技能

"中国概况"课程是否还要承担汉语教学的任务也存在诸多不同见解。语言与文化不可分割是二语教学界的共识，一部分研究者认为汉语授课的"中国概况"课程在教学目标中应包括语言技能的教学。祖晓梅、陆平舟(2006)认为语言教学和文化教学应该结合，在文化课程中实现培养语言交际能力的目标。张匡娟(2018)则明确提出"中国概况"课有中国文化知识教学和汉语技能训练的"双重教学目标"。部分研究者对"中国概况"课程中的汉语技能训练持比较保守的态度,严宏智(2019)提出,"中国概况"课程"可以适当兼顾语言教学";但是以韩秀梅为代表的研究者没有把语言技能教学列为"中国概况"课程的教学目标,韩秀梅(2004)在研究中提出"中国概况"课"属于认知性教学",教学目的中不应包括语言技能训练。近年来随着全英文授课的"中国概况"课程开设逐步普遍,关于汉语技能教学的讨论热度将降低。

大部分关于"中国概况"的研究在对课程定位时会引用相关政策、大纲等官方文件。根据我们搜索的信息,相关政策、大纲共有四份,包括国家对外汉语教学领导小组办公室2002年发布的《高等学校外国留学生汉语教学大纲(长期进修)》(以下简称《长期进修大纲》)和《高等学校外国留学生汉语言专业教学大纲》(以下简称《汉语言专业大纲》),以及教育部、外交部、公安部分别在2000年和2017年发布的《高等学校接受外国留学生管理规定》(第9号令和第42号令)。

《长期进修大纲》中"中国概况"属于文化知识课,面向中级以上的外国留学生开设,与中国历史、中国文学等课程并列,"讲授中国的国情、历史、文化等文化背景知识";《汉语言专业大纲》中,"中国概况"课属于中国人文知识课,面向专业三年级的外国留学生开设,与中国政治、经济、文学、哲学、历史、地理等并列,教学目标为"使学生熟悉中国国情,了解中国社会文化,具备基本的中国人文知识"。这两份同时发布的大纲均明确了"中国概况"作为对外汉语文化课程的定位,并且在具体描述上均提到了中国国情。但从我们对近20年的文献分析中,可以看到长期以来大部分一线教师和研究者对"中国概况"的定位仍然是"对外汉语教学中的一门重要的文化课程",除了少部分研究者外,对文化的概念做细分及深入思考的并不多。

《长期进修大纲》中"中国概况"教学目标之一为"使学习者提高其语言运用的层次"。语言进修生很长一段时期内都是来华留学的主要力量,因此《长期进修大纲》受众广泛,影响深远,即使第42号令对"中国概况"给出了独立于汉语课程之外的定位,2018年之后仍然有相当一部分研究把"汉语技能的提高"作为该课程的教学目标之一。

第9号令和第42号令对"中国概况"的定位均为"高等学历教育的必修课"。但从发文情况来看,2000年的第9号令发布之后对一线教学、研究工作没有产生明显的影响,仅韩秀梅(2004)、吴琼(2016)在研究中有引用,相比之下2017年第42号令的发布对教学与研究的影响明显,此后发表的研究有3/5

以上都对其进行了引用,明确了"中国概况"作为所有学历学习的国际学生都必修的课程。第 9 号令和第 42 号令对"中国概况"课程定位的关键不仅是"必修课"这个属性,更值得关注的是学习者不仅局限于汉语言为专业的学历生或者中级以上水平的语言生,而是所有学历留学生,这就要求"中国概况"应该跳出语言文化课程的定位束缚。作为一门培养留学生的关键性课程,亟须具有更普适性的定位,以指导各高校建设课程。

四、课程建设、教学研究

随着"中国概况"课程的需求量增加,教学课时有限、教学内容繁多等问题集中凸显,此外课程还面临着受众背景差异大、现行教材的实用性不强、话题与现代中国相关性弱、话语体系本土化等问题,研究者尝试应用新的教学模式与方法来提升教学效果。汇集团队力量与优势资源的课程建设项目数量增加,在学术理论性支持下的实践探索是提高"中国概况"教学质量的重要手段。

(一)教师中心向学习者中心的转向

传统意义上的"中国概况"是知识普及为主的课程,以教师主导开展教学。万玉波(2013)根据爱德加·戴尔的学习金字塔理论,提出相较于听老师讲解的被动学习,学生主动学习模式能取得更好的学习效果。在学习者为中心的理念指导下,不少研究者做出了有意义的尝试,汤蕾(2019)展现了 PBL(problem-based-learning)教学模式在"中国家庭"课例中的教学实践;万玉波(2013),吴成年(2020)研究了任务型教学法在"中国概况"中的运用;张袁月(2019),高文茜、容琼(2019)分别以"茶文化"和"中国饮食文化"为例展示模块化教学在课程中的应用;这些教学实践在充分调动学生的积极性,利用学生多国别、差异化的背景优势方面取得了积极的成果,但是教学受到学生的语言能力差异的制约,同时对教师的教学能力提出了更高的要求。

(二)融合地域优势,结合实践体验

"中国概况"属于认知性课程,传统教学主要通过语言来传达信息。语言本身有其局限性,尤其在多元文化交融的环境中,学习者语言能力不均衡,导致教学效果不佳。近年来不少研究均提出体验式教学的思路,建议将高校所在地的优质文化、经济、社会发展资源纳入"中国概况"课程中。

黄卓明、吕兆格(2020)在教学实践和学生问卷调查的基础上提出"讲授+研讨+体验"的立体教学模式,将社会实践体验跟课程教学相结合,利用学校地处中原的优势,在课程中融入实践型和体验型的教学内容。胡袁园、于书娟(2019)针对江南大学所在地无锡的地域特点,建议在教学内容中融入"江南特色人文和创新的苏南经济发展模式等区域文化"。广西民族师范大学地处崇左,其自然资源和少数民族资源独具特色,严宏智(2019)建议将这些优质资源整合,融入课程中,以增加地方高校对留学生的吸引力。王惠莲(2019)在课程中加入了义乌当地经济发展历史与现状等地域特色概况的体验式学习与专题调研,让学生从地方发展中体会中国发展,从而激发兴趣,消除隔阂,提升留学生的文化认同能力。

在"中国概况"中利用地域优势开展实践有利于学生直观感受,增强课程的趣味性和可理解性,是值得关注的一个研究方向。

(三) 在线资源结合网络技术的多模态教学手段

"中国概况"课程内容多,课时有限,"可借助多媒体,图片、文字、视频、音频、微电影、动画等多模态地呈现给学生"。不少研究者(王惠莲,2019;胡袁园、于书娟,2019;栾著、周慧,2017)都在课程建设和改革的建议中提出要充分发掘在线资源、利用网络平台和技术,突破教学上的时空限制。

陈旦(2019)、苏瑞(2019)尝试运用多种形式的新媒体辅助课堂教学,将"课堂拓展至课前预习和课后反馈";黄斯雯、玉宁(2020)采用翻转课堂教学模式,通过整合慕课课程平台或其他现成的视频资料提供课前学习,课后线上评价与传统课堂相结合的方式开展教学,提升教学效率。郑州大学的课程建设团队采用混合式教学模式,录制 MOOC 视频,并依托智慧树、中国大学慕课共享开放教学资源,满足国际学生个性化的学习要求(黄卓明、吕兆格,2020)。

在后疫情背景下,对应用网络技术,引入在线资源的混合式教学模式的精细化研究,具有积极的意义和较高的研究价值。充分发挥网络技术的优势,适度合理打造在线资源,才能放大教学模式对教学内容的支撑作用。

(四) 建设英文授课课程

随着我国国际学生教育事业发展,部分大学开设面向国际学生的全英文专业,"中国概况"英文授课的课程建设和研究也开始起步。现有不多的研究中能看到,"中国概况"英文授课的课程面临着教材、师资方面的不足(杨莹雪,

2020;张匡娟,2018)。

"中国概况"课程的教学语言是教学中的难点之一。采用英文教学的"中国概况"一样面临着大部分学历国际学生母语不是英语的矛盾。马立立、吴海迪(2018),胡袁园、于书娟(2019)均提出教学中应注意使用通俗易懂的英语词汇及简洁的句式。

对"中国概况"课程教学的研究目前还停留在"旧瓶装新酒"的阶段,尚未触及中英文授课的"中国概况"课程之间差异的核心问题。英文授课的"中国概况"不是中文版的翻译,教学语言的变化,带来的是教学对象以及需求的改变,相应的教学目标和教学内容也发生了变化。在这些方面的研究目前看来都还是空白。

总体来说,教学研究能针对传统"中国概况"课程教学中的问题展开,研究者在利用先进的研究成果做出了多方面积极探索。研究中的不足之处为研究大部分还是停留在构想上,付诸实践的少;经验介绍型多,落脚点在课例较多,缺少可以推广的优质的实证研究。各个高校对"中国概况"课程的质量有较高的重视度,但还是处于自我摸索的阶段,没有统一的课程定位和课程目标给予指导。在研究方法上,还存在着较强的主观性和随意性;在学生需求调查时采用了预设回答的量表形式,且大部分研究样本数较小,时间跨度短,所得出的结果恐科学性不足。

五、教材研究

教材是课程之本,是教师开展教学的依据。吴琼(2016)"中国概况"教材中主流的"教科书体例"和"语言教材体例"进行了分析后提出,"教科书体例"的教材"有一定的学术理论性",但是语言难度太高;"语言教材体例"的教材虽然更易懂,但是"学术理论性"不强,成熟度有待提升。康洁(2015)对两本主流中国概况类教材词汇难度进行分析后指出,教材词汇难度大于高中教科书,建议选择教材内容时应避免"厚古薄今";在语言难度上,减少成语、惯用语、古诗句的使用,简化文本表述方式。张维嘉(2019)提出教材中应加强开放题的设计,引发学生思考,增强学生跨文化比较的能力。杨莹雪(2020)结合"中国概况"教材及配套视频资源的策划开发,提出了"纸数结合""一纲多本"的教材开发趋势。刘元满、李欣(2020)提出由于"中国概况"课程定位以及面向的学生群体的变化,对教材编写提出了"重新审视,准确定位"的要求,需要"研制统一、层级化的教学大纲作为编写依据,对中国概况、中国国情和中国文化进行区别"。

对"中国概况"教材的研究都关注到了教材语言的难度与内容学术理论性的平衡关系;且随着科技和网络的进步,也开始关注配套网络资源库的建设,通过教材开发推进混合式教学模式,缓解师资紧张的矛盾,实现优质资源的共享。研究者们也关注到了课程定位的变化,但是针对不同需求的教材开发研究还有很大空间。

六、教师研究

一线教师是教学实践和探索的主体,是"三教"问题中的核心。韩秀梅(2004)提出了该课程教师应该要"向学者和杂家的复合型方向发展",不仅需要知识面广,还要"注意在自己的某一专业方向上有精深研究"。针对"中国概况"内容较多较广的特点,严宏智(2019)提出了搭建跨校名师平台,通过"一专题一名师"开展教学;胡袁园(2019)则提出应建设"中国概况"英文授课教师团队,分工合作,集体备课,提升团队教师的知识功底与英语口语能力。以上是在研究中看到的对"中国概况"教师需求提出的设想,教师队伍所面临的"专业教师缺乏,具有跨学科知识结构的教师团队带头人更缺乏"(张匡娟,2018)的现状尚未引起研究者的足够重视,相关专题研究仍是空白。

七、"中国概况"的传播

随着中国国力日益强盛,来华留学日益成为国家外交的重要途径和人文交流的重要抓手。作为面向国际学生开设的必修课,刘元满(2020)提出"中国概况"是"国家对外宣传课程"。杨莹雪(2020)提出"'中国概况'担负着讲好中国故事、传播中国形象的时代使命",在教材编写中应"传播正能量,传递社会主义核心价值观"。

不同国家间的文化传播与交流会带来必然的融合,不同国家、不同民族之间的差异不可忽视,构建全球性问题的过程中,不同价值观如何传播的平衡是微妙的,发达国家的学者在21世纪初已经提出不应"运用西方特权理解非西方",指出了大国优越感的话语体系下的传播的不平等性和不可接受性。"单方面介绍中国的文化和成就,无法引起学生的共鸣,甚至容易引起他们的反感和不屑"(胡袁园,2019)。研究者对"中国概况"教材编写中的话语体系给予了一定的关注，吴琼（2016）提出教材编排不宜"过于强调主观文化"；张维嘉（2019）提出"切忌从中国人角度出发"。

陈闻（2020）在课程模型设计研究六条原则中提出，要实事求是地介绍中国在发展中面临的困难和矛盾；同时也要深入贯彻"多元文化"的思想，"既要宣传中华文化的精髓，又要承认世界文化的多样性，鼓励不同文化之间的沟通与交流"。"中国概况"的传播功能只有在构建起可接受的对话体系的基础上才能得到发挥。

八、研究与展望

综合过去20年间对"中国概况"课程开展的研究和目前中国教育国际化的形势，我们认为今后的相关研究应从以下四个方面开展。

（一）课程定位

从已有的研究中，我们可以看到对"中国概况"的课程定位尚不清晰，这样的现状既有历史原因，与中国教育国际化的发展趋势也有很大的关系。随着学历国际学生的发展，"中国概况"作为必修课需求量会相应提高。明确课程的定位，也就需要明确课程教学的目标，我们认为"中国概况"应该是国际学生的通识课程，不仅是知识的学习，更有国际化的育人功能。明确了教学目标，再讨论课程教学应该教什么，教多少，怎么教，就比较容易了。

（二）授课语言

授课语言为汉语抑或是英语已经无需讨论。"中国概况"的英文授课版和中文授课版一样有需求。课程本身的特质决定了对大部分汉语水平达不到中高级的国际学生来说，中文授课的教学效果将大打折扣，采取英文授课可以取得更好的教学效果。教学语言的改变是由学习主体的需求决定的，这也意味着课程的内容、授课的形式、对教材和教师的要求都会发生不容忽视的变化。对英文授课"中国概况"的研究以及不同语种的"中国概况"的对比研究都值得深入，而目前还基本是空白。

（三）研究方法的科学性

目前的研究对课程的内容、学习者的需求、教学模式、教学手段等核心问题均有涉及,但研究以经验式或建议式居多,需要进行进一步的实证性研究,通过教学效果来证明设想的合理性。通过这样的研究指导制定统一的课程大纲,使课程质量得到保障。

(四)教师的课堂语言

在上述研究中,部分研究者已经关注到了"中国概况"的话语体系的问题。与之相关的教师课堂语言的研究却基本没有看到。"中国概况"课程以中国本土性知识的传播为主,课程内容通过教师的课堂语言来进行传递。面对大部分同样来自发展中国家的国际学生时,如何增加本土性知识的可理解性;弱化大国优越感,从而增强教学话语体系的可接受性,教师的课堂语言是关键性的,值得关注和研究。

参考文献

[1] 敖雪岗."中国概况"课教学内容创新刍议:以学习者为中心[J].对外汉语教学与研究,2017:68-75.

[2] 陈旦.新媒体视域下"激发——交流式"课堂教学法探索——以面向学历留学生的中国概况课程教学改革为例[J].教育现代化,2019,6(21):66-68.

[3] 陈闻.全球新冠疫情期间"中国概况"在线课程的领域模型设计[J].国际汉语教学研究,2020(3):22-30.

[4] 国家对外汉语教学领导小组办公室.高等学校外国留学生汉语教学大纲(长期进修)[M].北京:北京语言文化大学出版社,2002.

[5] 国家对外汉语教学领导小组办公室.高等学校外国留学生汉语言专业教学大纲[M].北京:北京语言文化大学出版社,2002.

[6] 韩秀梅.谈《中国概况》课的教学思路[J].云南师范大学学报,2004(5):30-33.

[7] 胡袁园,于书娟.面向来华国际学生的全英文中国概况课程教学——基于江南大学全英文中国概况课程的实践探索[J].教育观察,2019,8(35):29-30+62.

[8] 黄斯雯,玉宁.翻转课堂在对外汉语中国概况课中的应用研究——以广西财经学院学历生留学生为例[J].科学咨询(教育科研),2020(4):28-29.

[9] 黄卓明,吕兆格.国际学生中国概况课程建设研究与实践[J].云南师范大学学报(对外汉语教学与研究版),2020,18(3):1-9.

[10] 康洁.中国概况类教材词汇难度考察——以郭鹏本《中国概况》和肖立本《中国概况教程》为例[C]//重庆大学、厦门大学、意大利米兰国立大学.变革中的国际汉语教育——第四届汉语国别化教材国际研讨会论文集.重庆大学、厦门大学、意大利米

兰国立大学:厦门大学海外教育学院,2015:104-119.

[11] 刘元满,李欣.从概要介绍到分级教学——"中国概况"教材编写发展分析[J].国际汉语教学研究,2020(3):10-21.

[12] 万玉波.浅析任务型教学法在概况课中的应用——以2013年为汉阳大学学生开设的中国概况课为个案[J].人文丛刊,2013:195-203.

[13] 吴琼.留学生"中国概况"课教材编写及教学思路探究[J].对外汉语教学与研究,2016:38-45.

[14] 学校招收和培养国际学生管理办法[EB/OL]. http://www.moe.gov.cn/srcsite/A02/s5911/moe_621/201705/t20170516_304735.html,2017-05-16.

[15] 严宏智.地方高校中国概况课程实践教学策略——以广西民族师范学院为例[J].广西民族师范学院学报,2019,36(3):141-143.

[16] 杨莹雪.融媒体背景下国际汉语教材的开发——以纸数结合《中国概况》为例[J].出版广角,2020(11):60-62.

[17] 张匡娟."中国概况"课程双语教学法例谈[J].常州工学院学报(社科版),2018,36(6):118-120.

[18] 张维嘉.浅谈外向型"中国概况"教材的编写[J].新闻研究导刊,2019,10(17):174-175.

[19] 祖晓梅,陆平舟.中国文化课的改革与建设——以《中国概况》为例[J].世界汉语教学,2006(3):121-127.

作者简介:张宇清,上海工程技术大学国际合作与交流处。

方芳,上海工程技术大学国际教育学院。

"一带一路"背景下的汉语国际教育
（第三辑）

学科建设与教学

汉语国际教育专业留学生硕士论文模糊限制语使用研究

◎ 曹净文　李　慧

> **摘　要**：本文以汉语国际教育专业留学生学位论文中的模糊限制语为研究对象，参考 Hyland(2005)、庄凯丽(2014)对模糊限制语的分类，人工提取自建语料库中的模糊限制语，考察汉语国际教育专业留学生硕士论文中模糊限制语的使用情况，归纳出留学生模糊限制语词种数与中国学生持平，但使用总量明显减少、同一语篇中模糊限制语有时存在过度使用的现象的使用特征，提出"在学术论文中标示模糊限制语""串联同一语素构成的模糊限制语""语义、搭配和语境相结合教学""及时、严格地纠正学生的偏误"四点教学建议，为留学生学术论文中模糊限制语的教学提供参考和帮助。
>
> **关键词**：学术汉语；模糊限制语；汉语国际教育；留学生；硕士学位论文

一、引言

"学术汉语"最早由高增霞等(2016)提出，是训练学生运用汉语从事专业学习和学术活动的汉语教学。随着来华学历留学生数量急剧增加，汉语作为知识载体的属性不断增强。形势的新发展要求对外汉语教学领域重视学术汉语的教学工作。目前围绕留学生学术写作方面的研究，大多数集中在留学生学术汉语课程建设、教学建议、写作需求、写作策略等宏观层面，对留学生学术论文中微观语言项目的研究却为数不多，远不如对中国学术论文研究得全面、多维。

模糊限制语(hedges)这一概念最早由 Lakoff(1972)提出，是"使事物变得模模糊糊的语言"。聚焦学术语篇,Hyland(2005)将模糊限制语纳入立场标记语范畴,认为其涉及作者表现自己和表达他们的观点、判断或承诺的方式,是一种展示态度的、以作者为导向的功能。模糊限制语表达可能性,表明作者保留对命题的绝对承诺,信息作为意见而非既定事实呈现出来,如"may""possible""usually"等。

国内有关汉语语料中模糊限制语的研究数量远少于对英语语料的研究,且绝大多数都是非学术领域的探讨,还有很多只是将模糊限制语作为论文一部分考察,并非专门地对模糊限制语的研究。学术领域下,汉语语料中模糊限制语的研究对象大体分为中国人和留学生两类。前者如吴格奇等(2010)探讨了汉语语言学论文里模糊限制语的使用特征,发现作者主要以使用表精确度的模糊限制语为主;后者如刘弘等(2018)对比分析中外硕士学位论文摘要元话语的使用情况,发现外国学生使用模糊语词汇种类不如中国学生丰富,且存在语体使用不合适的问题。

总的来说,国内对模糊限制语的研究主要属于各个领域的应用研究,研究语料主要为英语语料,集中在非学术领域。就其内部来说,经统计,国内对英语语料以及英汉语料模糊限制语对比的研究,作者多来自外国语言文学或应用语言学专业;而对汉语语料模糊限制语的研究,作者多出自汉语国际教育专业或汉语言文学专业。目前,有关英语语料和非学术领域中模糊限制语的研究已相对成熟,而聚焦纯汉语语料的学术语篇中模糊限制语的研究却极度匮乏,研究留学生学术汉语语料的更是少之又少。因此,这部分需要更多本专业学者投入更多精力去探索开拓。

本文主要采用定量与定性相结合的方法,利用分词软件对自建语料库进行分词统计,借助 word 文档查找工具来人工提取其中的模糊限制语,通过对比留学生与中国学生模糊限制语使用异同,总结并分析留学生硕士学位论文中模糊限制语的使用特征。

二、研究基础

(一)模糊限制语的界定及分类

模糊限制语表明作者对某一命题并不作出完全承诺,只是让它以一种观点而非既定事实呈现出来(Hyland,2001)。作者通常会衡量某个主张的精确度或可靠性,并力求在文章观点受到质疑时寻求一种保护(Hyland,1998)。因此,就像口语中切忌把话说满,书面语中使用模糊限制语可以降低因用语过于武断而引发质疑批评的风险,同时也传递出学术论文的严谨以及作者的谦逊态度。如例(1):

(1)这一组的分数也比作者给出的平均分要高很多,<u>可能</u>的原因<u>也许</u>和同压力水平的相同,也是因为中国人的生活压力过大。(中10)①

模糊限制语的范围非常广泛,可以是词,也可以是短语,甚至还包括个别句式。Hyland(2005)给出的模糊限制语示例有"Our results suggest…""may""at least""usually"等,汉语翻译过来就有很多种表达,如"可能""也许""大概""常常""往往",等等。而国内对模糊限制语的统计对象也因各自语料的不同而各不相同。因此,对模糊限制语的分类和统计在很大程度上需要结合自身研究的语料作具体分析。

本文根据 Hyland(2005)将模糊限制语按语义分为表可靠性(reliability)和表精确度(precision)两大类,又结合庄凯丽(2014)将表精确度的模糊限制语按语义特征分为表数量、表程度、表频率和表指代四小类。每一类中具体包括哪些词语或句式,则依据本研究自建语料的实际情况确定。具体分类如表1。

表1 模糊限制语的分类

模糊限制语类别		词　语
表可靠性		(有)可能、尽可能、可、可以、似、似乎、也许、试图、试(着)、尝试、大概、最好
表精确度	表数量	大量、大约、一些、很多、很少、很大、很小、不多、不少、不高、大多(数)、多个
	表频率	常(常)、通常、经常、时常、往往、有时(候)、一般
	表程度	基本(上)、大体、不太、相对、较、相当、……得多、主要、类似、大致、几乎、一定(的)
	表指代	有的、某

---

① 本文对20篇中国学生硕士学位论文和17篇留学生硕士学位论文进行编号,分别记作"中1""中2"……"中20","留1""留2"……"留17"。为方便论述,文章统一使用简称。

（二）语料来源

本文从中国知网上选取2015—2022年国内高校汉语国际教育专业中国学生硕士学位论文20篇，向导师及本校和外校硕士指导老师收集了相同时间范围内的留学生硕士学位论文（含初稿）17篇。为保证参照对象的质量，选取的中国学生硕士学位论文分别来自北京语言大学、北京大学、华东师范大学、山东大学、南京大学、上海大学、暨南大学七所院校。留学生论文主要来自北京语言大学和上海大学。为确保统计结果的精确性，本文聚焦所有论文的主体部分，论文的目录、参考文献、附录、致谢等部分，以及以图表形式存在的文字和不成语段的脚注均不在本文的考察范围之内。中国学生硕士学位论文总计643 893字，留学生硕士学位论文总计516 486字。语料库情况具体见表2和表3。

表2　中国学生硕士学位论文语料库

	论文数量（篇）	语料库容量（万字）
北京语言大学	3	8.173 1
北京大学	3	13.154 6
华东师范大学	3	9.547 2
山东大学	3	7.649 4
南京大学	3	9.232 2
上海大学	3	10.578 5
暨南大学	2	6.054 3
总计	20	64.389 3

表3　留学生硕士学位论文语料库

		论文数量（篇）	语料库容量（万字）
北京语言大学	初稿	4	10.589 0
	定稿	6	21.235 7

续表

		论文数量(篇)	语料库容量(万字)
上海大学	初稿	6	16.1168
	定稿	1	3.7071
总 计		17	51.6486

这里需要说明的是：本文之所以选取硕士学位论文这一单个语域，是因为硕士研究生阶段的学术论文写作相比本科阶段更加成熟、规范，并且较之博士学位论文数量庞大，是学位论文的主体部分，具有普遍性；选取留学生硕士学位论文初稿是因为初稿未经过其指导老师修改，更能反映留学生模糊限制语使用存在的真实问题，使研究结果的可信度更高；选取的留学生语料初稿和定稿并非同一篇论文，而是来自不同论文，内容上并无重复之处。

三、留学生硕士学位论文中模糊限制语的使用情况

在所选取的 17 篇留学生硕士学位论文语料中，模糊限制语总共出现 3 657 次，平均每篇使用 215.12 次。每一类模糊限制语的具体使用比例情况见图 1。

由图 1 可知，在留学生硕士学位论文中，表程度的模糊限制语出现频率最高，占到全部模糊限制语的 39%；其次是表数量的模糊限制语出现频率；再次是表频率和表可靠性的模糊限制语；表指代的模糊限制语使用频率最低，仅占约 9%。下面挑选一些典型例句进行分析。

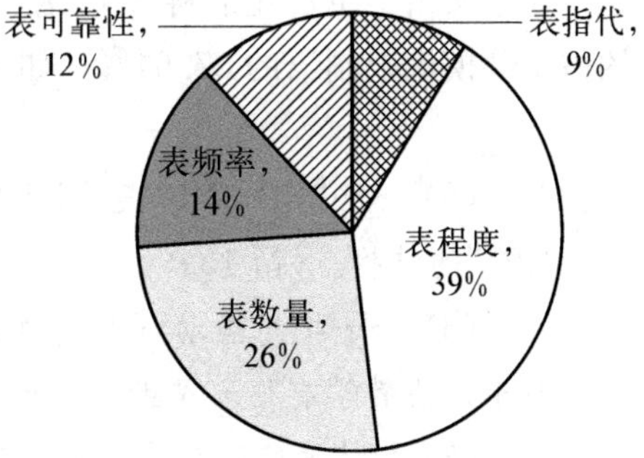

图 1 各类模糊限制语在留学生硕士学位论文中的比例

（一）表可靠性的模糊限制语

在本文留学生自建语料库中，表可靠性的模糊限制语共检索出 452 个，约占全部模糊限制语的 12.36%。如例(2)—(4)：

(2)这个部分有助于学生对某话题学习更多典型句,但教师和学生不太重视这个部分,<u>可能</u>因为它跟课文的主要部分没有密切关系。(留1)

(3)笔者认为虽然选择同意的不是多数,但是也<u>可以</u>去调查一些他们表示同意的原因,同时也<u>可以</u>考虑他们的需求,这样有可能发现新的问题。(留2)

(4)本章<u>尝试</u>提出以下几点改进的建议和对策。(留2)

"(有)可能"出现次数较多,出现了107次,仅次于"可以",占全部表可靠性模糊限制语的23.67%。例(2)的"可能"是作者对教师与学生不重视课本补充例句原因的一种揣测,并不完全可靠;除了使用"可能",作者还用了"某""不太"等模糊限制语,分别是对"话题"指代和"重视"程度的模糊。

"可以"是表可靠性的模糊限制于中出现次数最多的一类,出现了272次,占全部表可靠性模糊限制语的60.18%;"可"是"可以"的缩略形式。例(3)和作者用"可以"在表达观点、建议的同时舒缓了语气,更易使读者接受。例(4)的"尝试"体现了作者在学术论文中谦虚谨慎的态度,其建议和对策也更易于被读者接受。

(二)表精确度的模糊限制语

在本文留学生自建语料库中,表精确度的模糊限制语共检索出3 205个,约占全部模糊限制语的87.64%。如例(5)—(11):

(5)<u>一些</u>"PP+VP(是+NP)"的结构还可以说成"PP+的+VP(是NP)"的结构。(留13)

(6)……把情态动词和对外汉语教学有机的结合起来,得到<u>了很多</u>对于汉语教学有<u>很大</u>帮助的结论。(留7)

(7)"从"<u>通常</u>不作为句末修饰使用,<u>通常</u>放于句子中间,"с、из、от"等表示起点意义的前置词则<u>通常</u>位于句尾。(留13)

(8)关于副词"再""又"的研究相对来说比较少,且大部分的研究基本上都是从某一个角度出发,收集的研究对象的语料也比较少,<u>有时</u>还缺乏普遍性。(留12)

(9)汉语是一种<u>相对较</u>于孤立的语言,其形态变化往往不够丰富。

（留13）

（10）后者将其放于句子开头，用来表示某一事物存在或某一动作发生的处所。（留13）

（11）不少同学会在课堂走神或者做其他事情，比如有的同学在课堂上边听音乐边上课，有的边打电话边听课，有的同学甚至在家里一边坐着泡脚一边听课。（留15）

在表精确度的模糊限制语中，表数量的模糊限制语在留学生硕士学位论文语料库中共出现942次，在表精确度的模糊限制语中占比约29.39%。其中，使用频率最高的是"一些"，最低的是"很小"。"一些"在留学生语料库中共出现413次，约占全部表数量模糊限制语的43.84%，接近半数。例(5)中，作者用"一些"表明并非所有"PP+VP(是+NP)"的结构都可以说成"PP+的+VP(是NP)"的结构，避免绝对化表述。例(6)的"很多"和"很大"分别是对"结论"和"帮助"的修饰限定，但此处不需要具体说明多少"结论"与多少"帮助"，所以作者使用了表数量的模糊限制语。

表频率的模糊限制语在留学生硕士学位论文语料库中共出现512次，占全部表精确度的模糊限制语的15.98%。例(7)接连使用三个"通常"，充分体现出作者在描述汉语与俄语词语使用差异时的严谨，只介绍最常见的情况，不排除特殊情况，没有留下可能被质疑的漏洞。例(8)短短一句话使用了五次模糊限制语，分别为"相对""比较""基本上""某"和"有时"，其中"有时"表明"缺乏普遍性"这一现象并不绝对。

表程度的模糊限制语在留学生硕士学位论文语料库中共出现1 428次，是四类中出现次数最多的一类，约占表精确度的模糊限制语的44.56%，也是全部模糊限制语中出现次数最多的一类。其中，"较"出现了550次，在表程度的模糊限制语中出现次数最多，约占38.52%，也是全部模糊限制语中出现次数最多的一类。例(9)的"相对"和"较"说明汉语并不是世界上最孤立的语言，只是和其他很多语言对比后更显出孤立的特点，此处的"较于"可能是留学生用语不当，换成"较为"或"比较"更为合适；其后表频率的模糊限制语"往往"也表明汉语形态只在大多情况下是不丰富的。此外，在统计过程中，我们发现，"相对"和"较""较为""比较"等词语经常连用，用来缓和语气，避免绝对。

表指代的模糊限制语是留学生硕士学位论文语料库中出现次数最少的一

类,共出现323次,在表精确度模糊限制语中占比约10.08%。"某"在留学生语料中共出现234次,是表指代模糊限制语中出现次数最多的。例(10)作者连用两个"某"分别指代后面的"事物"和"处所",因为作者无法知晓具体是什么事物或处所,只能使用表指代的模糊限制语。"有的"共出现了89次,例(11)中作者并没有说明具体有多少同学、具体是哪个或哪些同学,而是用三个"有的"代替;前面的"不少"也是模糊限制语,是对学生数量的模糊。统计过程中我们还发现,"有的"一般不太会只出现一个,经常是两到三个连用。

在统计过程中,本文发现,在留学生硕士学位论文语料库中,表示数量多的模糊限制语普遍使用较多,如"很多""大多(数)";而表示数量少的模糊限制语普遍使用较少,如"不高""很小";使用最多的是表示数量不多不少的"一些",见图2。

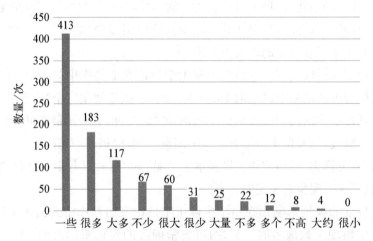

图2 表数量的模糊限制语在留学生硕士学位论文语料库中的出现次数

本文认为可能是由于数量庞大的事物更难计算出具体数量,所以学生更倾向于使用模糊限制语;反之,数量少的容易计算出具体数目,便不需要使用模糊限制语了。至于背后其他更深层次的心理方面的原因,以及为什么表示数量不多不少的"一些"使用频率最高,还有待进一步研究。

综上,在模糊限制语中,表程度意义的在留学生硕士学位论文中使用最多,表指代义的出现次数最少,表数量意义的出现次数较多,表频率和表可靠性的出现次数接近。具体来看,"较"和"主要"出现频率最高;"似"和"很小"使用频率最低,语料库中没有出现。同时,在表数量的模糊限制语中,留学生更倾向使用数量不多不少的模糊限制语("一些")和表数量多的模糊限制语。

四、留学生硕士学位论文中模糊限制语的使用特征与教学建议

上文中我们探讨了留学生模糊限制语的使用情况。本节将分析总结留学生硕士学位论文中模糊限制语的使用特征,并基于这些特征和问题提出相应的教学建议。

(一)使用特征

1. 使用数量明显少于中国学生

留学生模糊限制语的使用数量和中国学生差距较大。中国学生共使用模糊限制语4 456次,平均每篇使用约222.8次;而留学生共使用3 657次,平均每篇仅使用约215.12次。也就是说,在硕士学位论文语料库中,留学生使用模糊限制语的数量共比中国学生少799次,平均每篇约少7.68次。下面我们将按类别对每一类模糊限制语在中国学生和留学生语料库中出现的次数进行对比分析。

(1)表可靠性的模糊限制语。

表可靠性的模糊限制语在中国学生语料库中共出现707次,平均每篇约35.35次;留学生语料库中共出现452次,平均每篇约26.59次。留学生使用表可靠性模糊限制语的数量共比中国学生少255次,平均每篇约少8.76次,见图3。

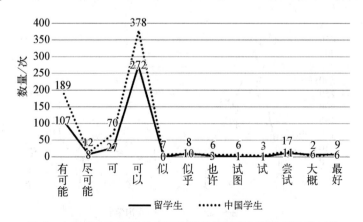

图3 中国学生和留学生表可靠性的模糊限制语使用次数对比

由图3可以看出,代表留学生的实线整体上低于代表中国学生的虚线。留学生和中国学生一样在学术论文中倾向使用"可以"和"有可能"来展示命题的可靠性,但从使用频次上看,留学生还远不如中国学生使用得多。留学生出现次数较少的是"似""试"和"试图",中国学生出现次数较少的是"大概"和"试"。

从统计结果还可以看出,虽然"有可能""可""似""试"在语义上与"可能""可以""似乎"和"尝试""试图"并无差别,但不管是留学生还是中国学生,都更倾向使用双音节的后者。由此可见,在表可靠性的模糊限制语的使用上,留学生可能认识到了双音节词在汉语中的优势,但也有可能是其对双音节词缩略形式的把握不好(比如"似"),故而选择了回避。

在表可靠性模糊限制语的使用上,虽然留学生和中国学生整体趋势吻合,使用频次高的模糊限制语和频次低的模糊限制语基本没有差别,但从数量上看还存在较大差距。除了"似乎"和"大概"的使用频率高于中国学生,其余各项均低于中国学生。在学术论文中,很多时候我们无法确定某些命题是否准确可靠,这时候表可靠性的模糊限制语如"可能""也许"等便能凸显作者对待学术客观谨慎的态度,为自己对观点的描述留有一定的余地。在这一点上,留学生没有中国学生理解透彻。

(2)表数量的模糊限制语。

表数量的模糊限制语在中国学生语料库中共出现870次,平均每篇约43.5次;留学生语料库中共出现942次,平均每篇约55.41次。留学生使用表数量的模糊限制语的次数共比中国学生多72次,平均每篇约多11.91次,见图4。

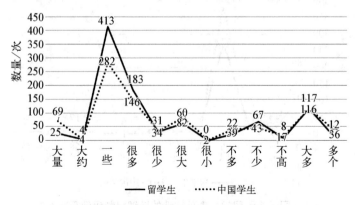

图4 中国学生和留学生表数量的模糊限制语使用次数对比

学科建设与教学

汉语国际教育专业留学生硕士论文模糊限制语使用研究

由图4可以看出,代表留学生的实线整体上高于代表中国学生的虚线。两条曲线各有一个最高值,中国学生和留学生均为"一些";各有三个较高的数值,中国学生为"很多""大多"和"很大",留学生为"很多""大多"和"不少";两条曲线各有三个较低的数值,中国学生和留学生均为"很小""大约"和"不高"。

我们发现,留学生和中国学生一样,使用表数量多的模糊限制语("很多""大多""很大""大量""不少"等)的次数整体上多于表数量少的模糊限制语("很小""不高""很少""不多"等)的次数,且使用最多的均为数量不多不少的"一些"。说明留学生在与中国学生认识一样,对于数量庞大、难以计算出具体数量的事物,倾向于使用模糊限制语限定修饰。至于"一些"成为留学生和中国学生使用频率最高的一类,我们猜测可能与其适用范围更广有关。它既可以修饰数量多的事物,也可以修饰数量少的事物。

在表数量的模糊限制语的使用上,留学生和中国学生的使用特征基本一致,具有很多相同之处。同时,留学生使用表数量的模糊限制语的频率高于中国学生,可见留学生已具备在学术论文中使用表数量模糊限制语的意识。

(3)表频率的模糊限制语。

表频率的模糊限制语在中国学生语料库中共出现522次,平均每篇约26.1次;留学生语料库中共出现512次,平均每篇约30.12次。留学生使用表频率的模糊限制语的次数共比中国学生少10次,平均每篇约多4.02次,见图5。

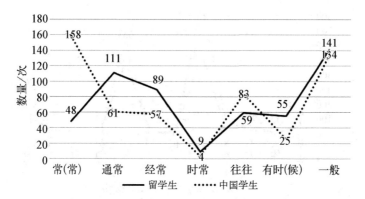

图5 中国学生和留学生表频率的模糊限制语使用次数对比

由图5可以看出,代表留学生的实线和代表中国学生的虚线在高度上没有明显差距。两条曲线各有一个较高值,中国学生和留学生均为"一般";各有一个最低值,均为"时常"。

留学生和中国学生一样,在学术论文中喜欢使用"一般",不爱使用"时常"。因为"一般"使用范围广泛,又可以构成"一般来说/说来""一般情况下"等学术论文中的高频短语;而"时常"相比"通常""常常"和"经常",文学色彩更强,更适合在文学作品而非学术论文中使用。同时,"时常"只能作状语,语法功能较为局限,在现实生活中的使用频率也不及后面三个高,在论文中留学生自然更倾向使用自己平时使用更多、更为熟悉的词汇。对于留学生更爱使用"通常"和"有时(候)",中国学生更爱使用"常(常)"和"往往",本文认为这些词在语义和语用上没有太大差异,即使留学生和中国学生在学术论文的使用中存在不同之处,也并不能说明任何问题。

在表频率的模糊限制语的使用上,留学生使用表频率的模糊限制语的数量多于中国学生,但两者差距并不显著。可见留学生已具备在学术论文中使用表频率模糊限制语的意识。

(4) 表程度的模糊限制语。

表程度的模糊限制语在中国学生语料库中共出现 2 104 次,平均每篇约 105.2 次;留学生语料库中共出现 1 428 次,平均每篇 84 次。留学生使用表程度的模糊限制语的数量共比中国学生少 676 次,平均每篇约少 21.2 次,见图 6。

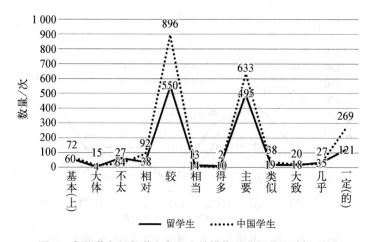

图 6 中国学生和留学生表程度的模糊限制语使用次数对比

由图 6 可以看出,代表留学生的实线整体上低于代表中国学生的虚线。两条曲线的整体趋势基本一致。留学生和中国学生一样在学术论文中倾向使用"较""主要"和"一定(的)"来模糊命题的程度,但从使用频次上看,留学生都远不如中国学生使用得多。留学生出现次数较少的是"大体"和"……得多",中国学生出现次数较少的是"……得多"和"相当"。

虽然两条曲线趋势接近,即留学生使用较多和较少的表程度的模糊限制语和中国学生基本一致,但除了"不太""相当""……得多""几乎"四类留学生使用频率略高于中国学生外,其余各项的使用频率均不及中国学生。这表明留学生在学术论文中使用表程度模糊限制语的意识还不够强。

(5) 表指代的模糊限制语。

表指代的模糊限制语在中国学生语料库中共出现253次,平均每篇约12.65次;留学生语料库中共出现323次,平均每篇19次。留学生使用表程度的模糊限制语的数量共比中国学生多70次,平均每篇约多6.35次,见图7。

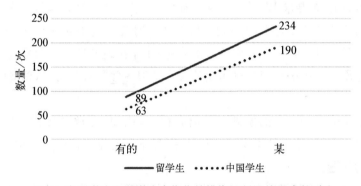

图7 中国学生和留学生表指代的模糊限制语使用次数对比

由图7可以看出,代表留学生的实线位于代表中国学生的虚线之上。中国学生和留学生使用"某"的频率均高于"有的";但从使用频次上看,留学生在这两项上均比中国学生使用得更为频繁。

"某"后可以接人,也可以接物,构成的短语比"有的"所构成的短语更加精炼、更加书面化,更符合学术论文的用语特征。留学生和中国学生一样意识到了这一点。

2. 同一语篇中模糊限制语过度使用

同一篇语料中,留学生经常出现模糊限制语过度使用的情况。

有的学生高频使用表数量的模糊限制语"一些",限于篇幅我们仅展示其中一段:

(12)中国关于情态动词方面的研究虽然已经逐渐完善,但是在<u>一些</u>方面还是存在着<u>一些</u>比较大的问题,比如说理论研究方面大都是<u>一些</u>比较浅层的知识,对于<u>一些</u>深度的理论体系的研究内容还是比较少的。(留7)

该文中的"一些"多达50处,约占全部模糊限制语使用次数的23.47%。究其内容,很多地方其实都可以省略或用其他表数量的模糊限制语进行替换,如"很多""不少""许多"等词语。中国人在遣词造句、行文写作中力避重复,追求的是富于变化的表达,学术论文用语也同样如此。一篇论文中过度使用同一个模糊限制语会使文章的语言呆板单调。

又如有的学生通篇使用表频率的模糊限制语"通常":

(13)在要求L2学生阅读困难的、<u>通常</u>是真实的文本的环境中,乍一看阅读体验似乎与L1学生相似,但文本的长度<u>通常</u>要短得多,……在一段时间内,L2学生也不太可能接触到L1学生<u>通常</u>阅读的所有文本类型,部分原因是……他们可以阅读的文本范围<u>通常</u>是有限的。(留8)

汉语中表示频率高的模糊限制语有很多,比如"常常""经常""时常""往往""一般",等等,该生的论文中密集使用"通常",暴露了留学生汉语词汇丰富度不够的问题。

除此之外,还有留学生一篇论文使用"某"多达104次,约占全部模糊限制语的28.18%;"较"使用53次,约占全部模糊限制语的38.97%……这些现象在中国学生语料库中并不存在。毫无疑问,留学生的汉语词汇量没有中国学生丰富,母语为汉语的中国学生在论文撰写的用词方面更加游刃有余,留学生却存在某一模糊限制语使用过度的特点。

(二)使用建议

基于留学生模糊限制语的使用特征和问题,本文认为教师可以采用以下四种方式对学生进行训练。

1. 在学术论文中标示模糊限制语

输入是输出的基础。要想让学生在学术文本中准确、自如地使用模糊限制语,首先应当注重学术阅读的教学。教师可以精选一些优秀的汉语期刊论文,最好是留学生专业领域以外的论文,因为读不懂内容的学术论文更能促使学生专注于该论文的语言,让学生边读边圈出里面的模糊限制语,并在一旁标注出其所属类别和作者使用该模糊限制语的目的,即该模糊限制语的作用。长此以往,学生在阅读汉语学术论文时便会有意识地注意其中的语言表达,关注到遍布文本各处的模糊限制语,结合语境自主地体悟不同种类模糊限制语在论文中的不同作用,甚至会发现一些规律性特征。

2. 串联同一语素构成的模糊限制语

同一类别的模糊限制语往往有着相同的语素。比如表精确度的模糊限制语"很大""很小""很多""很少"都含语素"很"表示数量,"通常""常常""经常""时常"都含语素"常"表示频率,"(有)可能""尽可能""可以""可"都含语素"可"表示可靠性……将这些具有强构词力语素和词法规则的模糊限制语成组进行操练,有助于留学生了解模糊限制语的聚合关系,从而扩大模糊限制语的词汇量,提高学术论文中使用模糊限制语的丰富度,从而解决留学生使用模糊限制语重复、单一的问题。

3. 语义、搭配和语境相结合教学

张博(2022)提出,学术汉语词汇的教学不仅要解释词义,还要帮助学习者了解该词语通常与哪些词语组合,在哪些语境中出现。本文所研究的是学术汉语语篇中的模糊限制语,其在语义和语用上都要与学术语体相适应。教师在教学中孤立地解释某一模糊限制语的语义往往是不够的,还要注重向学生介绍它在学术论文中的常见搭配,以及其在学术语篇中出现的典型语境。例如留学生与中国学生使用频率差距较大的表程度的模糊限制语"一定(的)",可以如此呈现:

(1) 意义:① 规定的;确定的。② 固定不变的;必然的。③ 表示坚决或确定;必定。④ 特定的。⑤ 某种程度的。

(2) 在学术语篇中的常见搭配:动词+一定(的)+名词,或("在")+一定(的)+"程度上"。

(3) 在学术语篇中的典型语境:当作者对某一命题程度的把握并不精确、肯定时可以使用。

"一定(的)"具有多个意义,但是留学生往往不熟悉其在学术论文中的常用意义和搭配,从而出现了使用频率较低的问题。只有提供了搭配和语境,才能将具体的模糊限制语与学术语篇有机结合,促使留学生不仅在日常交流中,在学术语篇中也能恰当、自如地表达自身的态度立场;否则学生即使掌握了词语的语义,在学术论文中也会出现回避使用的情况,出现因不知如何使用而导致模糊限制语使用数量远低于中国学生的问题。

4. 及时、严格地纠正学生的偏误

对于留学生的口语偏误,我们一直提倡以一种鼓励、包容的态度对待,不苛责以免学生产生畏难心理,不频繁纠错以防学生羞于开口表达或打断学生讲话思路,延时纠错以保护学生的自尊和自信。但面对学生的书面偏误,尤其是高级水平留学生学术语篇中出现的偏误,我们认为应当从严对待,及时纠正。因为学术语体是书面语体的一种升级,其语言表达要求更加注重准确、规范、专业,这样才能体现学术研究的严谨性和客观性。留学生的口语偏误很多时候并不影响其在现实生活中的交际沟通,但如果一篇学术论文中出现了一处或多处用语不当的偏误,则会严重影响其论文的可信度,引起读者质疑。所以,教师一定要严肃认真地对待学生学术论文中出现的模糊限制语使用偏误,强化纠正性反馈,避免学生因语言表达不当而影响到论点的输出和整篇论文的质量。

五、结语

本文以 Hyland(2005)的分类为框架,同时综合国内外其他学者的观点,将模糊限制语分为两个大类,并根据自身语料特点最终确定模糊限制语共 46 个。对比留学生与中国学生模糊限制语使用异同,发现并总结留学生硕士学位论文中模糊限制语的使用特征,即留学生模糊限制语词种数与中国学生持平,但使用总量明显减少、留学生同一语篇中模糊限制语有时存在过度使用的现象。基于留学模糊限制语的使用特征和问题,本文尝试提出明确标示模糊限制语、串联同一语素的模糊限制语、语义、搭配和语境相结合教学及时、严格地纠正学生的偏误等教学建议以供教学参考。

我们希望未来的研究能够扩大语料规模和学科领域的范围,尤其是通过多种渠道收集到更多留学生硕士学位论文初稿,采取更为科学的方法对模糊限制语进行标注,从而提高学术汉语模糊限制语研究所得结论的普遍性、代表性和客观准确性,以为留学生学术汉语写作,特别是学术语篇中模糊限制语的运用提供更有价值的帮助。

参考文献

[1] 高增霞,刘福英.论学术汉语在对外汉语教学中的重要性[J].云南师范大学学报(对

外汉语教学与研究版),2016,14(2).
［2］ 刘弘,宋羽蕾.中外汉语国际教育硕士学位论文摘要元话语使用对比分析[J].国际汉语教育(中英文),2018,3(2).
［3］ 吴格奇,潘春雷.汉语学术论文中作者立场标记语研究[J].语言教学与研究,2010(3).
［4］ 庄凯丽.汉语教学类期刊论文立场标记语研究[D].硕士学位论文,北京外国语大学,2014.
［5］ Ken Hyland. Stance and engagement: a model of interaction in academic discourse [J]. *Discourse Studies*, 2005, 7(2).
［6］ Lakoff, G. Hedges: A study in meaning criteria and the logic of fuzzy concepts[J]. *Chicago Linguistic Society Papers*, 1972 (8).

作者简介：曹净文,上海大学国际教育学院。

　　　　　　李慧,上海大学国际教育学院。

"翻转课堂"教学模式在对外汉语教学中的应用策略

◎ 黄自然

摘　要：互联网的普及和 OpenAI 技术在教育领域的应用，使"翻转课堂式"教学模式变得更为可行。翻转课堂模式在对外汉语教学中的逐渐渗透，实现了对学生跨文化意识、专业素质的培养，更革新了相关教学模式、教学内容、评价方式。教师在教学中构建混合式教学模式、翻转课堂模式、智慧课堂模式等新的教学模式可以激发学生学习热情，实现对学生专业能力、专业素质的全面提升。对外汉语教学中，应用翻转课堂模式能够大大提高教学效率，提高学生学习主动性和学习效率。本文探讨了翻转课堂教学模式在对外汉语教学中的应用策略，希望能为汉语国际推广事业及一线教育者提供参考与借鉴。

关键词：翻转课堂；对外汉语；教学策略

现代化教育背景下，新型翻转课堂模式在国外教学中取得了不俗成绩，通过翻转课堂教学在对外汉语教学中的逐渐渗透，实现了对学生跨文化意识、专业素质的培养，更革新了相关教学模式、教学内容、评价方式。综合利用翻转课堂教学模式优势，在对外汉语教学中激发学生主动性，进一步提高学生学习积极性和学习效率，显然是可行且有效的教学方式。下面就结合"翻转课堂"的内涵和特点，分析相关教学设计、教学环节和教学活动的可行性，为对外汉语教学创新发展提供新的思路。

一、"翻转课堂"教学模式

（一）内涵

"翻转课堂"之所以命名为"翻转"课堂，实际上就是对师生主体、课内外教学做了转化，通过实现学生转化为课堂主体，激发了学生独立思考和自主实践的热情，同时转化线上、线下教学的融合，实现了对学生课外时间、碎片化时间的有效利用，也因此大大提高了教学效率和学习效率。对比传统课堂模式，翻转课堂模式有着显著优势，其更加注重学生知识的内化程度，也因此大大提高了学生专业能力和综合素质。此外，翻转课堂模式实现了由教师主导转化为学生主体思考和探究，再加上网络媒体、微课视频、信息技术等的加持，更是为学生提供了便利的学习条件。总之，翻转课堂教学模式是一种新型课堂模式，使得师生主体发生了颠倒与转换，更突破了传统教育观念、教学模式的限制，实现了现代化教育手段与优秀传统教学方式的融合。由此大大提高了课堂教学效率，在网络媒体、微课视频和信息技术等新技术的辅助下构建出浓浓的学习氛围，更提高了师生互动、生生互动频率，为广大学生学科思考和探究、探索与实践奠定了坚实的基础。

（二）特点

1. 打破时间限制

翻转课堂教学模式颠倒了师生身份，使得教师成了课堂的服务者，而学生作为主体独立思考和自主探究。也就是说，当学生想要主动学习时，就可以不受时间限制，进而对自身学习环境、条件和状态等进行管理，能够达到事半功倍的学习效果。加之，现代化教育背景下广泛普及计算机、多媒体设备，也为学生提供了广大的互联网教育资源支持，使得学生可以利用新技术做各方面的学习探究，再一次提高了自主实践学习效率。可见，翻转课堂教学模式的应用打破了时间限制，使得学生不论课内外都可以独立思考和自主探究，尤其对于那些学习能力和素质较差的学生来说，更起到了查漏补缺的作用。

2. 打破空间限制

学生久坐在课堂上听课和被动学习，远远达不到我们预期的教育效果。此时，引入翻转课堂教学模式，能够有效打破课堂教学限制，引导学生代入不同情境、不同环境下学习,能够有效增强广大学生的学习兴趣和主动性。对外汉语教学中,我们可以看到部分学生不愿意学习中文,上课违反纪律和逃课的现象频出,这实际上并不意味着学生们不喜欢汉语学习,反而是环境对人的影响可能出了问题。教学改革趋势下衍生出翻转课堂模式,何不利用这种新型教学形式打破教学空间限制,还原一个更加真实的中文应用和交流场景,更能够打动学生内心并使其努力学好汉语。可见,翻转课堂教学模式的应用能够打破空间限制,使得学生沉浸在专业知识应用过程中收获更好的学习体验、情感体验,尤其对于那些活泼、好动的学生来说,更能够达到事半功倍的教育效果。

二、翻转课堂教学模式在对外汉语教学中的优势

现代化教育背景下,翻转课堂教学模式在对外汉语教学中广泛应用,但我们必须承认其还处于初级探索阶段,仍然在各方面教学中存在不足和显著问题。写作教学中应用这一方法效果显著,可以将有限的课堂时间都利用起来,最大化地提高课堂教学效率和质量,同时引导学生恰当地自主学习和实践。在未来,我们必须推进对外汉语教学中的翻转课堂模式应用,还必须结合其他课堂模式共同生效,为强化学生汉语能力和素质奠定坚实基础。不仅如此,我们对于翻转课堂教学模式中的网络媒体、微课视频和信息技术应用还比较缺乏,因此还需要突破外部环境、经济基础等方面的限制,尽可能构建出更加完善的教学设施,为提高对外汉语教育水平奠定坚实基础。

三、翻转课堂教学模式在对外汉语教学中的应用策略

(一)科学选择教学素材,微课视频引导思考

就对外汉语课堂中构建翻转课堂模式情况来看,利用微课视频引导学生主体思考和探究至关重要,这是强化学生汉语兴趣并提高学生课堂参与程度的有效手段之一。为了让更多学生有效吸收重点、难点知识,应用微课视频对重点、难点知识进行解析,能够强化学生汉语学习,同时提高学生课堂适应能力和参与程度。然而,如何激发学生的学习热情,进一步把握教学核心引导学生知识内化并非易事。为此,教师必须做好充足的课前准备,而科学选择教学

素材并利用微课视频引导学生思考,实际上是一种可行且有效的教学途径。

在教学素材的搜集与整理工作中,教师必须围绕课堂教学的重点与难点,并将学生生活中经常会遇到的场景加以思考,通过互联网将这些相关视频进行搜集和下载,也可以实地录制微视频,做到教学素材的全面搜集与科学选择。在制作教学微视频的过程中,教师要将选定的视频内容进行有针对性的剪辑,其间既可以添加相应的文字说明,也可以进行相关的慢放处理,让教学微视频真正能够引起学生注意力、激发学生兴趣,最终让学生能够以最直接的方式了解本课教学的重点与难点,为开展项目化教学打下良好的基础。

(二)深入拓展项目实践,促进学生知识内化

除了融入微课教学法拓展实践外,对外汉语教师还可以融入项目式教学方法,促进学生汉语知识内化,同时促进学生汉语学习主动性和积极性。翻转课堂教学模式中课堂结构重组作为重要特点,其目的就是要将信息进行有效传递和内化,因此开展项目化教学是非常重要的,也是课堂教学的核心部分。对外汉语教学中,教师提前规划好教学环节,按照既定教学目标完善各教学环节,再引导学生积极参与和互动,就能够实现多维度、全方位的课堂教学优化,进一步提高课堂教学效果和学生综合水平。对外汉语教学中,构建翻转课堂教学模式要将其作为关键,具体操作则体现在两个方面:

一方面,教学重难点知识必须清晰体现。这些重要信息就是课堂主要内容,据此策划出具体教学任务或活动,并引导学生思考和探究、探索和实践,就是最主要的教学任务。基础教学中,教师利用微课展示生字词,能够达到导入课堂的效果,同时高度明确学习信息,由此指导学生有针对性地、快速地了解重点、难点,以求在最短的时间内理解和掌握。

另一方面,学生必须主动参与课堂环节,通过合作学习掌握各类知识。在明确学习项目后,教师要引导学生设计项目目标、项目流程和注意事项等,组织学生开展合作与讨论,鼓励学生应用汉语沟通和交流、分享与借鉴,进而达到思维碰撞的教育效果。讨论得出观点后,展现观点可以是PPT汇报,也可以是组员轮流发表心得,都能够帮助学生很好地实现知识内化。

(三)优化评价教学环节,树立学生学习自信心

为保证对外汉语课堂教学的完整性,一线教师还必须重视评价环节,力求总结各项知识点、学生表现情况等,为汉语小课堂画上一个完美的句号。只有

这样,学生才能有的放矢地自主预习、学习和复习,并在无压力的状态下主动学习和使用汉语,进而达到事半功倍的学习效果。语言学习最主要的就是交流和应用,因此评价环节可以围绕学生实际表现探讨,让课堂结束成为新的起点,这是教师和学生更加直接地了解"教"与"学"所需的重要平台。具体操作应包括以下两个方面:

一方面,教师结合课上所学内容,探讨学生的学习成果和上课状态。教师采用简明的语言概述重点、难点知识,接着针对积极性较高的学生进行具体点评,并提出相关问题和解决方案。教师再针对个别学生的具体优劣势进行对比分析,明确学生学得好的地方,再找出学生需要加强的地方,并以建议性语言为不同学生提供学习思路。这样一来,大家都可以从点评环节中有所收获,思考老师说的话是否可以应用到自身,进而生成学习汉语的自信。

另一方面,教师要留出学生表达的空间,使得彼此更加了解。教师在课堂结束前的3—4分钟内,要鼓励学生点评课堂教学过程和自身学习过程,不仅说出自身对汉语学习、课堂学习的思考,还要说出自身收获,并明确今后的努力方向。这样一来教师可以具体记录,结合学生真实需求改造翻转课堂模式,也能够了解到学生的预期目标而明确翻转课堂教学目标。

(四)口语引导学生实践,强化学生口语表达

将翻转课堂模式融入对外汉语口语教学中,能够为广大学生提供更多表达观点、交流互动的机会,也因此能够达到良好的口语教学效果。部分学生在词语朗读中可能出现问题,进而可能出现汉语表达中的"口音"问题,此时教师如果当场提出这一问题,学生当时很可能会纠正自己的错误转为正确发音,但是在自己独立阅读时又出现发音问题。如果利用翻转课堂教学模式,人工智能技术支持的系统可以监督学生发音,并为学生口语朗读打分和提供指导,甚至教师也可以在课下与大家互动,指明学生发音习惯中的不恰当之处并引导修正。假设部分学生可以对一些较为简单的话题进行表达,但是却没有足够的能力准确生成长句子,这并不会对学生的口语表达能力造成较大的影响,但却不利于学生理解新知识。通过翻转课堂教学模式引导,就可以有针对性地对学生进行系统训练,使学生可以理解同一语句在不同语境下的意思表达,以此提高学生对汉语语义的理解能力,对不同语言习惯进行区分,进而提高汉语综合水平。如布置课后任务,还原语境引导学生进行口语练习,则能够达到事半功倍的教学效果。

(五) 语法教学颠倒课堂,师生高效互动探究

语法教学中也可以颠倒课堂,结合翻转课堂模式促进师生互动、同学间互动。如,教师从多个维度准备学习资料,分类上传到学习系统中供学生参考,为学生顺利预习、学习和复习做好准备。这一过程中,学生只需要考虑自身汉语语法学习需求,就可以结合互联网资源中的有效部分主动思考和探究,找到语法学习中的问题所在,纠正自己在学习过程中出现的偏误,提升学习效果。值得注意的是,教师也要充分了解本班学生情况,考虑到不同语言点的教学技巧,及时汇总学生出现的问题,并展开针对性教学与个性化培养,做到有的放矢的高效互动、高效教学。

(六) 写作教学颠倒课堂,提高学生写作水平

对外汉语写作教学与其他汉语教学有着异曲同工之妙,但是教学过程中仍然要帮助学生解决实际问题。教师要积极记录学生问题和错误,鼓励学生在课后开展写作训练,提升学生对于错误的语言表达进行纠正的能力,提高学生对汉语的理解能力。构建翻转课堂模式,我们还可以对学生课后自主写作情况进行监督,使得学生成为汉语写作的主体,强化学生跨文化意识,提高其汉语写作能力与汉语使用水平。确保对外汉语教学能够顺利开展。

翻转课堂教学模式已经受到对外汉语教学届的广泛关注,许多一线对外汉语教师也在尝试翻转课堂教学设计和具体实施。这种新型教学形式依托信息技术,为对外汉语教学带来了更多可能性。未来,我们要聚焦翻转课堂教学模式的应用与实践,力求突破外部环境、教育水平和学生差异等限制,为广大学生构建出利于独立思考和自主探究的学习环境,助力其汉语能力与综合素质的全面提升。也希望翻转课堂教学模式能够推动对外汉语教学领域不断革新与发展,最终实现教育水平更上层楼。

参考文献

[1] 陈娟,邵楚涵.国内高校对外来教育思想的吸收与改造——以对外汉语教学"翻转课堂"应用的个案为例[J].管理观察,2018,38(12).

[2] 段舟杨.SPOC翻转课堂教学在实践性知识学习中的应用——以"对外汉语教学法"课程为例[J].西安文理学院学报(社会科学版),2017,20(4).

[3] 霍倩倩.基于移动学习的翻转课堂教学模式及实施路径研究——以"对外汉语教学

法"为例[J].黑龙江生态工程职业学院学报,2020,33(6).

[4] 孙旋,叶华利.本土化与国际化的融合:国际化课程"对外汉语概论"的探索与实践[J].湖北经济学院学报(人文社会科学版),2017,14(9).

[5] 铁徽."对外汉语教学实践研究"课程教学模式改革初探——以浙江财经大学为例[J].汉字文化,2017(9).

作者简介: 黄自然,上海大学国际教育学院。

国际中文教师的 TPACK 结构及"P"型路径建构研究[*]

◎ 刘 洁

> **提 要**：TPACK 指的是整合技术的学科内容教学知识，是当今中外教师教育研究的热点。而针对国际中文教师的 TPACK 研究却很鲜见。本文以七要素为纲，结合中文教育中教学对象、教学场景和教学内容的特殊性，以整合技术的汉字教学为例，分析了国际中文教师的 TPACK 结构，并探讨了国际中文教师 TPACK 建构的"P"型路径，即在科学的 TPACK 认知观的指导下，通过 TPACK"脚手架"助力，加大 TPACK 的个性化实践量并在反思 TPACK 中进行行动研究。
>
> **关键词**：TPACK；国际中文教师；"P"型路径

一、引言

新时代对国际中文教师的专业知识提出了新的要求，它不但要求中文教师要具备扎实的学科专业知识，还要具备运用信息技术深度融合教学的信息素养。信息技术与教学的融合是近十多年来教学研究领域的新焦点，并以此为核心在国内外形成了一系列相关研究。早在 20 世纪 80 年代，美国斯坦福大学的 Shulman（1986）就提出了学科教学知识，即 Pedagogical Content

---

* 本文为成都信息工程大学研究生教育教学改革研究重点项目"基于 TPACK 框架的汉语国际教育硕士信息素养培养研究"（CUITGOKP202115）的阶段性研究成果。

Knowledge,简称 PCK 的教师知识框架,该框架指的是学科内容知识与教育学知识相结合的知识结构。2005 年,美国密歇根州立大学学者 Mishra 和 Koehler(2005)在 Shulman 的 PCK 框架原型之上,引入"技术知识",提出了新的教师知识概念,即整合技术的学科内容教学知识,"Technological Pedagogical and Content Knowledge",简称 TPACK①,同时指出这是一种"技术内化"的教师知识框架,该框架描述的是技术 T 如何与学科内容知识 PCK 进行整合互动而进行有效教学的。PTACK 为重构新时期国际中文教师的知识结构提供了新思路和新要求。然而,国内关于 TPACK 的研究起步较晚,在学科应用上,TPACK 也主要运用于中小学教师知识的相关测量和研究,针对国内高校相关专业研究还很少,针对国际中文教师"整合技术的学科教学知识"相关研究更是鲜见。鉴于此,本文探讨国际中文教师的 TPACK 结构和建构路径,以期为国际中文教育中的教师教育研究提供理论基础。

二、国际中文教师的 TPACK 结构

"国际中文教师"是 2019 年长沙国际中文教育大会之后出现的新名词,其前身是"国际汉语教师"。关于国际汉语教师的标准,目前只有《国际汉语教师标准》(2012 年版),该标准从五大模块规定了国际汉语教师应该具备的知识和技能,其中模块四关于教学方法的标准九明确指出:"教师熟悉并掌握有关计算机的基本知识与操作方法,了解常用的现代化教学手段及网络技术,并能应用于汉语教学实践。"在以大数据和人工智能为标签的数智化时代,该标准的内涵指的就是了解信息技术的相关知识,能选择合适的信息技术,并知晓如何将信息技术用于中文教育,即 Mishra 和 Koehler 所提出的 TPACK 知识框架,可以简单概括为"技术—教学法—学科知识"的结构框架。

(一) TPACK 结构的相关研究

Mishra 和 Koehler 的 TPACK 框架强调学科内容知识(C)、教学法知识

---

① Mishra 在第九届全美技术领导峰会(Annual National Technology Leadership Summit)上,将 TPCK 改名为 TPACK,为方便朗读发音,写作"T‑Pack",表示教师知识的 Total Package。

(P)和技术知识(C)三者的核心作用,它们是有效整合技术和教学的重要因素,其 TPACK 框架结构如图 1 所示:

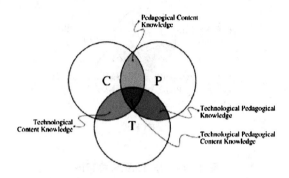

图 1　Mishra 和 Koehler(2006)的 TPACK 结构图

Cox 用概念分析的方法对 Mishra 和 Koehler 的 TPACK 框架进行了细化分析,她把该框架分析为 CK、PK、TK、PCK、TCK、TPK、TPCK 和 CONTEX 共计八个要素,其中 CK、PK 和 TK 为三个核心要素,指的是学科内容知识、教学法知识和技术知识,PCK、TCK、TPK、TPCK 为四个复合要素,指的是学科教学知识(PCK),整合技术的学科内容知识(TCK),整合技术的教学法知识(TPK),整合技术的学科教学知识(TPACK);CONTEXT 指的是由他们整体形成的情境因素,具体框架细化图如图 2 所示,焦建利等人(2009)翻译成中文 TPACK 框架图如图 3 所示:

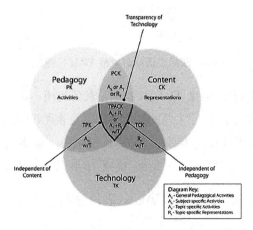

图 2　Cox(2008)的 TPACK 框架细化图

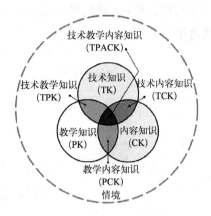

图 3　中文版 TPACK 框架图

另外,结合学科教学,王琦(2020)分析了国际汉语教师职前 TPACK 结构构成,认为内容知识 CK 指的是汉语学科内容知识,如图 4 所示:

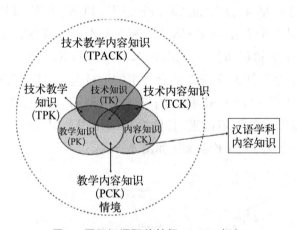

图 4　国际汉语职前教师 TPACK 框架

综合以上相关研究,可见 TPACK 指的是教师运用一定的科学技术技术,结合特定学科的教学活动、特定主题的教学活动以及兼顾教学内容表征,从而促进学生学习的相关知识(Cox,2008)。TPACK 框架各个要素具有一定的复杂性,彼此之间又互相联系交杂,并在一定的"情境"中形成一个动态的平衡系统。

(二)国际中文教师的 TPACK 结构分析

1. TK:技术知识

技术知识指的是了解相关信息技术知识,具备学习和操作与学科教学有关的信息技术的能力。Mishra(2005)认为技术知识是 TPACK 框架中最灵活不定的元素,是七元素之首。目前,技术知识已经不单单指了解和运用知识的能力,还指掌握信息技术的流畅度(fitness)。① 教育的信息化不仅是互联网2.0时代的新要求,亦是中国教育现代化的顶层设计:2010年国际颁布《国家中长期教育改革和发展规划纲要(2010—2020)》,确立了"加快教育信息化进程"的指导思想;2017年《国家教育事业发展"十三五"规划》提出了"互联网＋教育"形式,2018年,教育部印发《教育信息化2.0行动计划》,倡导信息技术与教育的深度融合。

国际中文教育因为新冠肺炎疫情的暴发发生了革命性的变化:线上教育开始占据较大比例,"中文＋教育"形态凸显。MOOC、翻转课堂、SPOC、移动学习等新的教育模式亦在不断教学和学习乃至评价领域不断出现,大数据和人工智能技术为教育的新业态提供了技术支持,国际中文教师的信息素养、数据素养成为重要的核心素养,其运用信息资源进行教学的能力、科研能力、推广能力、学习理念、应遵循的科技伦理道德和应有的共享合作能力构成了国际中文教师的信息素养结构,如图5所示。

2. CK:学科内容知识

学科内容知识指的是所教学科专业具体的相关知识,如相关核心概念、外延,原理方法等,这部分知识是保证学生所学知识科学性和准确性的前提;同时学科知识还包括结合学科专业把信息技术进行恰当转化进行有效教学的相关知识,这部分知识是信息技术进行教学转化的重要前提。王琦(2020)构建的国际汉语职前教师的 TPACK 结构模型中只突出了汉语学科的相关知识,如汉语本体知识,要素教学知识,汉语课型教学知识等,稍显狭窄。"国际中文教师"的名称取代"国际汉语教师"的说法,也反映了当下学科内容知识的扩展,汉语、文学、文化、中国才艺四大模块相关知识都是国际中文教师应该具备的学科内容知识,具体如图6所示:

3. PK:教学法知识

詹艺、任友群(2010)在分析 PK 的内涵时认为:教学法知识是普通教学法知识,是对所有和教与学过程、实践或方法相关的知识(如关于学生、教学目

---

① 由全美研究理事会信息技术素养委员会(Committee of Information Technology Literacy of the NRC)提出,具体见 KOEHLER, M. J. & MISHRA, P. Introducing TPCK. AACTE Committee on Innovation and Technology (Ed.), *The Handbook of technological pedagogical content knowledge (TPCK) for educators*[M]. Mahwah, NJ: Laewrence Erlbaum Associates. 2008: pp.3-29.

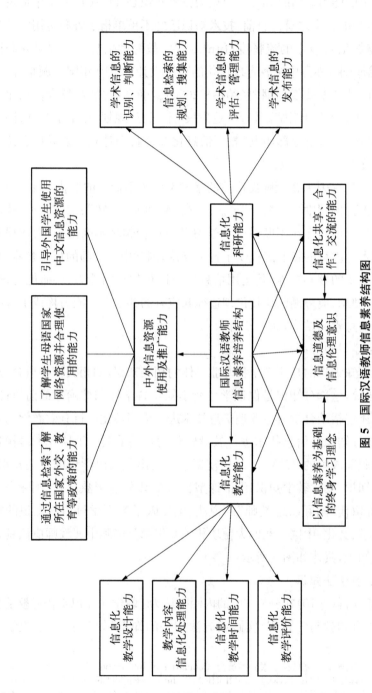

图 5 国际汉语教师信息素养结构图

资料来源：林海燕、赵霎宇：《"一带一路"倡议下国际汉语教师信息素养培育研究》，载《情报科学》2020年第4期。

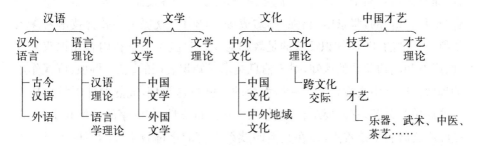

图 6　国际中文教师 CK 结构图

标、教学策略、课堂管理和评价的知识)的深刻理解。该要素是 TPACK 诸要素中最为稳定不变的要素。国际中文教师作为教师,基本的教育学常识、课堂教学基本环节、课程教学基本原理、课堂管理基本技能和教育评价基本模式等教学法知识构成了 PK 的主要内容。

4. PCK：学科教学知识

董涛(2008)认为：PCK 是特定的学科知识、教学法知识和情境知识的整合或转换,是学科知识在教学应用中的转化形式。这部分知识关注的是如何将教师对学科内容知识的理解如何影响教师的教学行为,教师掌握的学科知识如何用恰当的形式转换为学生理解的形式,教师如何使课程材料转换为可解释的学科内容表征,也就是说教师的实践性知识尤为重要。Shulman 认为："教师拥有学科的理论知识,也有实践知识,这些知识既对他们的教学产生影响,也受到教学行为的影响。对教师知识的任何描述都应该包括这两个方面。"(黄涛,2008)尤其在国际中文教学中,经常会出现教师教学大、空、全与学生学习懵、混、乱的情况,主要的原因是教师满腹的"经纶"不能恰当有效地转化。国际中文教师在一定的情境下把自身的学科内容知识运用一定的教学法恰当整合和转化的知识是进行国际中文有效教学的关键知识,PCK 国际中文教学中是实现有效教学的重要保障。PCK 的知识结构如图 7 所示。

图 7　教师 PCK 构成图

5. TCK：整合技术的学科内容知识

整合技术的学科内容知识不是指普适性的信息技术与学科内容知识的整

合,而是指适合某个学科内容的专门技术与学科的深度融合,技术是为学科内容"量身打造"的,张景中、葛强、彭翕成等人(2010)就提出要教育技术要深入学科。教师的TCK知识反映的是教师对于信息技术与学科内容知识双向互动、影响和制约关系的认知,对于信息技术对知识表征的表现、再现、可视作用的理解。国际中文教育作为外语教育的一种特殊类型,成熟的外语教育技术不能简单"移植",它需要结合汉语、汉文化的特殊性,如汉字的教学和学习,在国际中文教育中是难点,而在其他印欧系语言的字母教学和学习中不是。整合技术的汉字知识需要教师从汉字的图像性、音义合成性、二维平面性、系统性、理据性等特点出发考虑相关信息技术的整合,这种整合需要教师对学科内容知识的透视,也需要对于信息技术的审视。

6. TPK：整合技术的教学法知识

整合技术的教学法知识指的是如何运用信息技术来支持教学,即如何实现信息技术与教学的深度融合的相关知识。当前,已经进入教育信息化2.0时代,信息技术对教育的变革是结构性改变,移动学习、终身学习、"数字教师"(杨宗凯,2014)等教与学的新形态不断伴随着5G技术的运用而出现,大数据的海量信息使得学生和教师获取知识的渠道变得多样,教育信息化不但是目标,已是趋势。教育部于2018年发布《教育信息化2.0行动计划》,该计划规划的教育信息化2.0的目标是到2022年基本实现"三全两高一大"的发展目标,即教学应用覆盖全体教师、学习应用覆盖全体适龄学生、数字校园建设覆盖全体学校,信息化应用水平和师生信息素养普遍提高,建成"互联网＋教育"大平台,推动从教育专用资源向教育大资源转变、从提升师生信息技术应用能力向全面提升其信息素养转变、从融合应用向创新发展转变,努力构建"互联网＋"条件下的人才培养新模式、发展基于互联网的教育服务新模式、探索信息时代教育治理新模式。国际中文教育作为"国际性"特征突出的教育形式,其网络化、信息化、移动性、终身性、数字化等会首先表现出来。作为国际中文教师,其TPK知识的具备已是该行业必不可少的知识素养。

7. TPACK：整合技术的学科教学知识

整合技术的学科教学知识是TK、PK和CK三个核心要素的互动和融合之后形成的复杂知识系统。技术可以重构教学法知识和学科内容,同时教学法会影响到对技术和学科内容的选择和设计。如汉字动画可以使得汉字笔顺和汉字形体演变过程可视化,汉字组词接龙的教学方法只能用于汉字的识记和使用。它们之间的张力和动态平衡在一定的情境中得以维持。

总的来说，TPACK 知识框架强调技术对 PCK 的作用，强调技术与 PCK 的深度融合，而不是外部的孤立因素。突出 TK、PK 和 CK 三核心要素的平等、互动和平衡，并强调该框架结构的情境性。尤其在信息化时代的国际中文教师的学科专业性、多学科交叉性、强实践性、国际性等知识结构特点是 TPACK 框架知识结构的典型体现。

三、国际中文教师 TPACK 建构路径

教师的 TPACK 知识结构具有动态性、建构性和情境性等特征，对于国际中文教师而言，其 TPACK 知识的建构，一方面要注意技术赋能中文教育学科内容的特殊性和教学法相关知识，另一方面要注意中文教育学科内容对相关技术的选择性，同时还要注意国际中文教育新时代的特殊情境。其建构路径可有如下选择。

（一）建构国际中文教师 TPACK 的认识观

新时代的国际中文教师已经不是过去传统意义上的汉语教师，国际中文教育出现了新情况，尤其是新冠肺炎疫情暴发以来，汉语教学网络化比重加大，职业汉语教学需求日益增加，学习人群低龄化趋势明显。以人工智能和大数据为标签的数智化时代对国际中文教师的专业知识提出了新要求，数字信息技术素养成为教师专业发展最为重要的核心素养之一，运用数字技术进行有效教学是国家教育信息化进程中最核心、最本质、最深远的价值导向与实践诉求。如果说这是外部环境对国际中文教师 TPACK 的建构提出了新要求，那么教师对技术的态度，使用技术的效能感则是教师 TPACK 发展的内推力。国际中文教师只有具有了这样的认知，才能在 TPACK 建构中积极进行自我专业成长。

（二）加大国际中文教师 TPACK 的实践量

TPACK 框架中特别强调的是 T，即技术，而技术与 PCK 的融合需要在反复大量的实践中互相选择适应，不同的 C，会有不同的 T 与之深度融合。国际中文教育涵盖了国内针对外国人的中文教育和海外的中文教育，对外中文教育和本土中文教育的"情境"不同，本土与本土的"情境"也千差万别：如美国对外语教育信息化有相关文件和标准要求，信息技术条件也比较成熟，而国

际中文教育在中国发展历史较短，国际中文教师的 PCK 构成复杂，与 T 的结合还处在不断互动磨合的动态变化之中，中文教育资源还不够丰富，中文教育评价量化工具较少，信息化水平在快速上升阶段等，一些"经验"不可简单照搬。但是国际中文教师可以进行大量的案例教学，Angeli 和 Valanides（2009）曾提出"技术映射"（technology mapping）的教学设计方式值得借鉴。国际中文教师可以某个学科知识点为主题针对教学对象、教学法、内容表征和技术工具等内容进行相关设计，并在技术运用中进行"淬炼"，实现由学科知识向学生理解的转化。不断积累通过"技术映射"的案例而形成的"案例库"会成为教师 TPACK 建构的重要经验参考。

（三）搭建国际中文教师 TPACK 的"脚手架"

汉语国际教育作为一个年轻的学科专业，教师的专业需要搭建针对 TPACK 知识建构的学习平台"脚手架"，目前各培养单位只有针对职前准教师的实训平台、实习基地、专业技术大赛等学习实践平台。在职教师的 PCK 目前只有汉考国际针对取证教师的回炉研修，而针对技术赋能学科教学知识的深度学习还有待开发。

国际中文教师中的新手教师、熟练教师和专家教师之间可以通过新老教师帮扶协作、教研活动等方式可以充分发挥新手教师 T 优势和熟手、专家教师 PCK 优势，同伴协作的社会中介模式是最方便也最容易实现效果也较明显的教师专业发展路径。

另外，由于新冠肺炎疫情的暴发，国际往来的暂时中断也使得国际中文教育中技术融合教学显得尤为重要和突出，学生不能回到中国，学生不能回到教室，只能"挤"到网络空间里，很多教师是"匆匆上线""草草上台"，技术操练的生疏，课程内容对技术的不适应等情况集中出现，这些警醒了国际中文教师对技术使用的忽视，也催生了针对国际中文教师 TPACK 知识的网络协作学习平台，如"中文联盟""全球中文教学线上交流平台"等，这些平台本身是技术工具，亦是 TPACK 知识学习本身，当下也成为国际中文教师发展 TPACK 知识的重要途径之一。

（四）反思国际中文教师 TPACK 的元认知

反思是教师与自我对话的过程，是持续激发教师积极性主动性和创造性的内在动力，如何实现技术与教学深度融合，教师需要在深度反思中实现对自己的"元认知",具体可以通过以下路径。

1. 撰写教学日志

TPACK的落实需要教师通过教学来完成和体现,国际中文教育由于其教学对象多元文化的特殊性,课堂的很多突发状况如学生的问题无法回答①,课堂秩序混乱,出现跨文化冲突、技术障碍等无法通过教师提前充分准备来应对,熟练教师勉强应对,新手教师只能置之不理或简单"糊弄"。因此教师需要通过教育叙事的方式客观持续记录教学过程,反思教学问题,探讨和追寻中文教育的特殊性和特殊解决路径;同时通过撰写一个个具体的"个案",解决一个个具体的"问题",尤其是技术赋能的大数据时代教师使用技术进行中文教学的成功经验和失败体会,才能在不断总结反思中慢慢自觉成长。

2. 进行教学评价

国际中文教师的自我教学评价可以是多方面、多维度、多层次,就一般意义而言,教师可以通过一般的教学评价手段,如Harris(2010)研发的"技术整合的观察工具",Doering(2009)开发的具有可视化评估功能的Geo Thentic系统等。但是,这些手段耗时耗力,针对性也不强,国际中文教师的教学评价可以随时进行,如通过观测学生课堂积极性、课堂活动参与度,与教师沟通次数,作业完成度,作业质量等反观学生对技术赋能课堂教学的满意度。如新时代,汉字教学仍然是中文教学的难点,认汉字比写汉字容易,适用性更广,"打字"技能比"写字"技能更实用,因此教师可以通过引入Webchat、淘宝、京东模拟购物等完成课堂练习、作业布置和教学点赞等。

3. 开展行动研究

日志是通过记录反思内省,评价是通过反馈反观外推,行动是通过实践践行个性。国际中文教学是个性化教学凸显的教学类型,教学对象的差异、教师来源的差别、教学环境的迥异、教学目标的不同等都使得国际中文教学具有即时性、特殊性和个性化特征。行动研究指的是教师要从旁观者、观察者转变为实践者、思考者和研究者,寻找适合该学科的解决路径。国际中文教师选择哪种信息技术整合哪块学科知识,不能简单照搬他人经验,如中文语音教学中声调教学的特殊性,词汇教学的情景化塑造,汉字教学的认写关系处理,文化教

---

① 这种情况在国际中文教学学科中表现尤其突出,如"汉语为什么用量词?"有些与教师专业知识素养有关,有些与学科相关研究不充分有关。

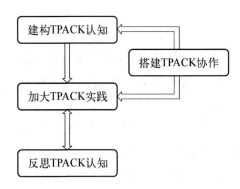

图8 国际中文教师TPACK"P"型建构简图

学的情境再现等都影响着选择哪种信息技术进行深度融合,这些"个性化"的行动反思可以促进国际中文教师TPACK知识的专业建构。

简而言之,国际中文教师TPACK的建构路径可以称之为"P"型路径,即在科学的TPACK认知观的指导下,通过TPACK"脚手架"助力,加大TPACK的个性化实践量并在反思TPACK中进行行动研究,如图8所示。

参考文献

[1] 董涛.课堂教学中的PCK研究[D].博士学位论文,华东师范大学,2008.

[2] 焦建利.TPACK:一种信息技术与课程整合的框架[EB/OL]. http://jiao.blogbus.com/logs/36052058.html,2009-6-3.

[3] 教育部.教育信息化2.0行动计划[EB/OL]. http://www.moe.gov.cn/srcsite/A16/s3342/201804/t20180425_334188.html,2018-04-18.

[4] 王琦.国际汉语职前教师的TPACK、技术态度、技术整合自我效能关系研究[J].西北师范大学学报(社会科学版),2020(5).

[5] 杨宗凯.变革时代的教育创新——先进教室、数字教师、未来教育[J].人民教育,2014(12).

[6] 詹艺,任友群.整合技术的学科教学法知识的内涵及其研究现状简述[J].远程教育杂志,2010(4).

[7] 张景中,葛强,彭翕成.教育技术研究要深入学科[J].电化教育研究,2010(2).

[8] Angeli, C. & Valanides, N. Epistemological and Methodological Issues for the Conceptualization, Development, and Assessment of ICT-TPCK: Advance in Technological Pedagogical Content Knowledge[J]. *Computer & Education*, 2009, 52(1): 154-168.

[9] Cox. S. A Conceptual Analysis of Technological Pedagogical Content Knowledge [D]. Brigham Young University. 2008.

[10] Doering, A., Scharber, C. & Miller, C. et al. Geo Thentic. Designing and Assessing with Technology, Pedagogy, and Content Knowledge[J]. *Contemporary Issues in Technology and Teacher Education*, 2009, 9(3): 316-336.

[11] Harris, J., Grandgenett, N. & Hofer, M. Testing a TPACK-Based Technology Integration Assessment Instrument [C]//In C. D. Maddux, D. Gibson, & B. Dodge (Eds.). Research highlights in technology and teacher education. Chesapeake, VA: Society for Information Technology and Teacher Education (SITE), 2010: 323-331.

[12] Koehler, M. J. & Mishra, P. Introducing TPCK. AACTE Committee on Innovation and Technology(Ed.), *The Handbook of Technological Pedagogical Content Knowledge (TPCK) for Educators* [M]. NJ: Laewrence Erlbaum Associates, 2008: 3-29.

[13] Koehler, M. J. & Mishra, P. Teachers learning by design[J]. *Journal of Computing in Teacher Education*, 2005, 21(3): 94-102.

[14] Koehler, M. J. & Mishra, P. What Happens When Teachers Design Educational Technology? The Development of Technological Pedagogical Content Knowledge [J]. *Journal of Educational Computing Research*, 2005, 32(2): 131-152.

[15] Mishra, P. & Koehler, M. J. Technological Pedagogical Content Knowledge: A Framework for Teacher Knowledge[J]. *Teachers College Record*, 2006, 108(8): 1017-1054.

[16] Sgulman, L. S. Those Who Understand: Knowledge Growth in Teaching[J]. *Educational Research*, 1986, 15(2): 4-14.

作者简介：刘洁，成都信息工程大学文化艺术学院。

后疫情时代在线汉语教学的反思与改进路径研究

——基于对西安交通大学留学生与教师的访谈与调查

◎ 马春燕

> **摘　要：** 如何将新冠肺炎疫情带来的"危机"转化为教学改革和师生成长的契机？作为一名汉语教师，如何在"看不见留学生"的情况下，通过教学内容的再设计，教学过程的趣味化，教学评价的多元化来重新打造空中课堂？如何在"看不见留学生"的情况下，跟踪学生学习痕迹，提升课堂的在场感、参与度，抓取学生的注意力，实现高效线上学习，需要创新思维来提高学生学习的主动性和积极性？
>
> **关键词：** 线上汉语教学；注意力；交互；同伴评价

苹果公司联合创始人乔布斯曾有一个著名的"乔布斯之问"："为什么互联网影响了我们生活的方方面面，但对教育领域的影响甚小呢？"一场突如其来的新冠肺炎疫情（以下简称"疫情"），触动了各国教育界，使其更加主动地拥抱信息技术，变革传统的教育模式。各国开展的史无前例的大规模线上教育可以说很好地回答了"乔布斯之问"，这场全球最大的信息化教学实验活动必将深刻影响未来的教育。

据有关部门统计，截至2020年5月，我国共有1 454所高校开展了在线教学，开设线上课程107万门，进行线上教学的教师有103万人，学生1 775万人。其中近50万来华留学生的线上教育更是一道独特的风景线。由于疫情暴发正值假期，绝大多数高校留学生返居母国，国内各校的在校留学生数量几乎为零(崔永华,2020),留学生的线上教育因为跨境跨文化,各国的网络、软件应用、时差及学生文化差异等各种情况使得互联网的线上教学更加复杂。在2020年秋季中国本土大学生都有序返校开展正常授课的情况下,国内各高校的留学生教育还是继续保持以线上授课为主的在线教育模式。

作为一名教授留学生的汉语教师,经历了两个学期的线上汉语授课,从对教学平台的陌生到熟悉,从对各种应用的战战兢兢到得心应手。笔者对所教授的西安交通大学国际教育学院的89名来自13个国家线上学习汉语的留学生以及6位汉语教师进行了课后访谈和问卷调查。数据显示,学生对当前线上教学认为"非常满意"的比例为12.9%,"满意"的比例为67.5%,可以看出超过90%的学生对线上教学效果是满意的,87%的学生对目前使用的在线教学平台满意。在对教师的访谈中,认为网络教学基本可以实现预期教学目标,教学平台的功能基本满足教学活动需求,对自己的教学满意度也达85%以上。但同时也有5.8%和1.8%的学生认为"不满意"和"非常不满意",说明线上教学还存在着一些问题。

一、线上教学的问题与困难

在线教学是师生基于互联网平台的时空分离、教学分离的教育方式,为学而教、以学谋教。线上教学的过程中,汉语老师们通过直播平台、社交软件、视频资源、PPT文件等多种元素努力形成一个良性的教学闭环,然而留学生身处母国,各国国情文化不同加之学生的个性差异,使得留学生的跨境跨文化汉语教学有诸多的现实困难。通过学生的调查问卷以及汉语教师的访谈,发现有的问题是师生同频共感的,有的问题是师生一方突出的单方面的。根据调查与访谈将这些问题分为师生共性问题与教学双方各自的问题两部分。

(一)师生同频共感的共性问题

共性问题是在线上教学过程中,教与学的双方都觉得这样的现实困难影响了教学质量。这样的共性问题与现实困难如下:

1. 教学设备方面硬件与软件问题

通过对学生与老师的调查,双方都认为"网络速度慢和稳定性差"被认为是对线上教学影响最大的因素。线上教学主要依赖电脑、手机与网络,因此电脑及手机设备的性能、网络通信设备的健全，均是影响教学质量的关键方面。在调查中发现，92%的学生都是用手机上网课，但受手机性能差异、屏幕小等因素影响，学生在上课过程中会出现黑屏、看不清PPT、来电干扰课堂等情况，3.2%的同学是电脑与手机同步上课，还有部分留学生因家处偏远乡村，信号基站甚至电力供应、通信基础设施不全，随时出现画面延迟、卡顿及无法联网的问题。因网络条件影响课堂是师生都反映最为明显的共同方面。

软件方面，教育部发布的平台主要有爱课程、智慧树、雨课堂、学堂在线等22个网络课程平台，直播软件有腾讯会议、Zoom、钉钉等。这些平台和软件功能侧重点和操作界面不尽相同，有各自的优缺点。在调查中发现同一个班级的学生，不同科目老师所使用的平台都不尽相同，这样切换多个教学平台及直播软件，教师和学生需要适应不同的APP，无形中耗费大量时间和精力，这样无法保证稳定的教学质量。

2. 不同国别留学生时差的问题

目前各高校的留学生班级基本都是多国别混班制。疫情期间留学生分布于世界各个国家，与中国时差小的国家学生较为方便按统一时间参与学习，而时差大的国家学生则不够方便。相较日韩及东南亚的学生，其他欧美及非洲国家平均与中国都有六个小时以上时差。这些国家的学生想同步上课，就得改变正常作息时间与生活习惯，晚睡早起甚至凌晨起来上课，学生学习效果大受影响。目前大部分高校在线汉语课程所选择的平台都具备视频回放功能，但作为一门实践性与交际性强的语言课程，现场感的缺失使得教学效果大打折扣。

3. 线上教学互动交流性不如线下课堂

由于实体化课堂情景缺失，师生物理空间分离，教师不能像在传统课堂上那样直接监控学生学习过程，直播课上老师难以观察参与课堂中学生对课程内容的反应与表现，缺乏有效直接的沟通与交流。根据对教师线上采取互动形式情况统计，主要是通过提问、讨论、弹幕作业等形式进行互动与交流。访谈中师生均表示在线上的师生之间、同学之间的互动由于缺少了物理场域中的面对面，人与人间的眼神对视等情感交流后，加之网络卡顿等硬件因素，师生受访者均表示这种互动效果不及教室授课。在对学生的调查中，78%的学生都认为线上教学与老师、同学的互动不及线下授课。尽管可以用语音随时向老师或同学发问、在聊天区讨论，但面对冰冷的屏幕，加上留学生汉字输入的能力不足，这些都影响了师生、同学间的互动交流。

（二）师生方各自的突出问题

线上教学是从老师的"教"到学生的"学"的转化，是一场学习的革命。笔者在调查研究中发现，在线教学中教师直播基本讲授以教材、课件为主线，教学内容设计与教学组织基本与传统课堂一致，学生在线上课堂的表现也未尽如人意，学生的调查中也发现超过60%的学生对自己线上的表现不够满意。有老师打趣道："我在云端声嘶力竭，你在网上昏然酣睡。"其中教师方与学生方突出的问题主要集中在以下两点。

第一，教师方问题：在线教学的教学设计与理念需提升。在线教学不是"直播课堂"，存在"上热、下不热"的情况。

教师方面存在的问题主要是对在线教学的教学设计与理念需要不断更新。在听课中发现有的教师的在线教学等于"直播课堂"。部分教师把传统的课堂"挪"到线上，有的教师的直播成麦霸。基于网络互动平台的直播教学过多注重知识灌输，直播讲授与传统课堂无太大区别，教学情境的设计不够精准。教学情境设计是每一位教师在备课过程中需要思考的问题，成功的老师会洞察学生的心理特点，遵循学习的认知规律，精心创建学习情境。特别是汉语课这类实践性强以提高交际能力为目标的课程，在脱离了情境教学的物理场域下，如何在云端线上进行学生的表达能力的训练更需要授课教师精心策划话题与情境。

第二，学生方：线上大部分留学生的注意力不够集中。

调查中发现线上教学学生方面的突出问题是：注意力难以集中。留学生的"线上＋跨境"现实，使得平台选用变得更复杂。有的同学成了课堂上"乖宝宝"，没有一点声音。整堂课程没有任何与老师的互动；还有的是课堂的"睡宝宝"，当老师叫他回答问题时，貌似把他从梦中叫醒一样，很是迷茫，甚至不明白老师在说什么。在对学生的调查中，仅22.2%的留学生表示上课注意力较专注，约35.6%的留学生经常与老师互动，44.4%的留学生偶尔与老师互动。而更多的55.6%的留学生表示上课时注意力一般，会不自觉地打瞌睡，做别的事情。

二、线上教学的建议与提升路径

在线教学是师生基于互联网平台的时空分离、教学分离的教育方式，从原先的固定教室授课到线上教学，变化的不只是时空，更多的是教学理念、方法与设计。在教学活动中，师生如何从充分利用教学平台开展教学活动，教师如何让学生能够主动学习、保证教学效率。综合师生调研结果，笔者的建议如下。

（一）基本稳定的平台使用

在线教学，它不是一个人的教学，而是要和平台、工具一起来完成，教师在课前要充分了解平台和工具的具体应用功能，选择合适的线上教学平台，形成自己独特的教学方法非常重要。尤其是留学生因语言水平限制，信息化素养不高，过多的平台切换都会影响教学。与中国学生相比，留学生仅下载软件进入授课班级群就需要一对一精准辅导。从操作的角度来说，现在的平台开发都遵行"KISS(Keep It Simple, Stupid)"原则。也就是操作的简单化人性化原则。根据对汉语老师访谈，老师们在两个学期的教学实践中均已经形成了利用腾讯、雨课堂或"钉钉直播＋微信群"或 QQ 群沟通的多平台模式。老师们一般会使用腾讯会议或钉钉课堂进行课堂教学、实时互动；利用微信群或 QQ 群随时发送与课堂教学同步的电子资料。历经两个学期磨合，师生都逐渐适应了这种教学方式。教学效率以及课堂的稳定性在调研中师生的满意度都比较高。

（二）教师线上教学设计的转变工作

线上教学设计是提升教学质量的关键，教师需要认真研究教材内容和学生学习特点，增强课程实施过程中的互动性，提高教学内容的趣味性和可读性。问卷调查显示，多达七成的学生希望教学内容能更具有趣味性。线上教学可以不拘泥于教材，在总体学习目标不变的前提下，将原教学内容核心知识碎片化，精讲多练的原则在提升线上教学质量尤为重要。在教学方法上，要根据不同类型课程的特点进行设计。比如笔者所带的汉语言本科一年级的初级口语课，充分利用线上这一有交际意义的情景场域，合理取舍教学内容，将话题讨论，情境角色扮演这些线下常用的教学活动变为学生在网络环境、互联网情境下当播主，进行云直播、云购物、云访谈。这样的云交际训练也契合留学生现实生活中的真实改变，学生有一定新鲜感，讲自己故事也有表达意愿。比如课文中玛丽去现场看足球比赛，学会紧张、激动、遗憾等情绪的交际表达，以时间顺序叙述一个比赛过程这样的教学目标。教师在词语讲解、课文重点语段授课完成后，操练环节安排让学生模仿主持人做一场自己喜欢的赛事直播。

课文里留学生的购物改为学生当线上播主,在观摩了央视主持人在抖音里推销农产品的视频后,让学生们也虚拟创设一个直播间,一方为播主介绍一件物品特点,另一方为买方进行咨询以及讨价还价;课文里的留学生周末生活改为疫情生活的云访谈;等等。CLT(交际教学法)强调交际能力是语言学习的目标,有意义的交际和语言表达才会使得语言学习事半功倍。这样的话题设计,内容调整都是从学生实际生活出发,根据线上生活的现实改变调整教学内容,让学生带着表达分享的意愿,而不是为了出勤而上课。

（三）综合各种教学法,增强交互,掌握教学节奏应对学生注意力跑毛问题

课堂除了教授,可以综合运用问题项目教学法、任务驱动法等引导学生参与课堂互动。例如在精读课上,教师将部分内容如词汇学习设置成任务点,由学生来讲解生词,这样也可以引导学生认真预习。教师在课堂上多展示所批改的优秀学生作业,教学过程中教师多注意观察学生上课状态,利用点名、读课文、听写等方法检测学生学习效果。增强交互设计意识,根据需要采用文字、语音、视频多种交互方式,创新设计互动话题,设置提问、抢答环节;及时点评学生的发言,鼓励学生分享观点,引导学生形成乐于交流讨论的氛围;通过设置开放性、有难度的话题或任务,增强在线交互的频率与强度;增加学生展示自己的机会,多展示学生作品。面临汉语教学语境的缺失,可以积极开发学生所在国的含有中文资源的社区环境。鼓励学生去当地的华人餐厅、超市主动交流,制作Vlog等短小视频在课堂上展示自己的汉语学习成果。

教师创造和管理好课堂是授课成功的关键。根据心理学研究中一般成年人的集中力约为四十分钟到一小时的相关研究,教师可以在课间或密集讲授完成后用一种游戏娱乐的方式来调整课堂节奏。例如用本节课学习的生词设计一个小笑话、一个谜语、一个有趣的小故事,分享一首歌曲,等等,不仅可以锻炼留学生的汉语听力和理解能力,而且活跃了课堂气氛。在线上教学中增加留学生开口的频率,让留学生多练习汉语口语,参与课堂教学活动,更是一种集中留学生注意力、防止课中"逃跑"的有力法宝。适当进行角色扮演,初级班的学生开口读生词、开口说短语、开口造句子、开口做练习是非常有必要的。

（四）线上教学应加强对学生的人文关怀

线上课程最突出的问题是师生及同学之间很难进行良好的情感沟通,很

多留学生不积极参加课堂交流,不能认真完成学习任务,作业拖拉。这时候就特别需要任课教师做一个"有温度"的、积极的、充满正能量的长者和朋友。教学时营造成功的学习环境,让学生有归属感、认同感。授课过程中建议开启摄像头,一方面可以增强学生的现场感;另一方面可以随时关注学生的听课动向,保证教学质量。要增强仪式感,讲课开始教师要与学生相互问好,下课要互相再见道别,当看到学生的问候弹幕,教师可用语音回复学生,让留学生在虚拟线上有归属感、认同感。

(五)开展同伴评价和平辈学习,与时俱进调整线上考勤和考核的方式

在对老师的访谈中,所有的老师都认为线上教学更应该注重学生的形成性评价。老师们在期末成绩评定中,都比较注重将学生平时的课堂表现、作业完成度、出勤、课堂互动、学习参与度、学习积极性等因素纳入其中。这里笔者根据自己的教学实践,在评价体系中加入同学间的评价,使之占一定评比权重更能提升学生学习的积极性。心理学的研究也发现能够获得同学之间学习上的支持越高,其外语学习的倦怠程度越低。因此在汉语教学中,教师应多开展同学间的互相评价。比如在笔者的口语课堂上,在学生操练表达举办演讲比赛的教学中,老师预先将演讲同学的PPT通过微信群分享给全体同学,然后教师随机抽取将要进行在线点评的学生,被抽取到的学生只有认真听演讲,才能够进行中肯的点评。现实中同学互评过程中有可能出现偷懒的学生,教师应该参与到同学互评中去:教师要加入每一组的讨论中去,为学生提供反馈所需要的单词及表达方式。当学生的讨论走题时,或是提供的反馈意见不够具体时,教师需要介入其中,引导学生将他们的意图解释清楚。总之,教师在同学互评中应当起到监督和促进的作用。

三、结语

线上教学为留学生教育开展提供了简单、高效、直观、便捷的可行通路。线上模式拓展留学生教育海外市场,降低了国际学生学习成本,为国际学生接受我国便捷的留学生教育提供可能(崔永华,2020)。因此在线教学绝非特殊时期的权宜之计,它必将是一场深刻的教育教学改革。在这场全球规模的实践中,催生出大家对于教与学的重新定位和思考,为教学提供了更广阔的延展

性和开放性。在线上课堂中如何化被动为主动,让线上学习更充分,真正将疫情带来的"危机"转化为教学改革和师生成长的契机。作为一名汉语教师,如何在"看不见留学生"的情况下,精心选择教学内容,设计教学环节,完善教学评价？如何在"看不见留学生"的情况下,跟踪学生学习痕迹,有效实现课堂管控？需要创新思维来提高学生学习的主动性和积极性,提升课堂的在场感、参与度。

线上教学有着自身的教学规律,对于线上教学的大纲设计、备课、授课、考核、评价、反馈等教学环节与线下教学有着不同的要求。如何全面吸收好的做法和经验,进一步提升在线课程的质量,打造有温度、深度、效度、宽度的线上教学值得探讨。

参考文献

[1] 崔永华.试说汉语国际教育的新局面、新课题[J],国际汉语教学研究,2020(4).
[2] 王翠荣.高职学生学习倦怠与学业自我效能感及社会支持的关系研究[J].中国健康心理学杂志,2008,16(7).
[3] 中国教育报[N].2020-5-15.

作者简介：马春燕,西安交通大学国际教育学院。

拉美四国中文教育现状

◎ 薛月茗

> **摘 要**：本文整理了巴西、阿根廷、秘鲁、智利四个国家中文教育的发展情况，简要梳理了其学校的创办历史、学校特色以及目前发展中遇到的问题。总体来说，拉美四国的中文教育发展历程短、学习者少、师资力量弱、教材本土化和特色化不足。这些情况需要我们反省并作出相应举措，以提高该地区的中文教育质量。
>
> **关键词**：拉美整体中文教育；巴西中文教育；阿根廷中文教育；秘鲁中文教育；智利中文教育

一、巴西孔子学院及中文教育

据高伟浓在其著作《拉丁美洲华侨华人移民史、社团与文化活动远眺》中的描述，巴西的汉语教学"草创"于20世纪50年代，"中衰"于20世纪60年代末，"重启"于20世纪70年代，"旺盛"于今时，"辉煌"与"收获"于未来。

巴西汉语教育的办学形式有五种：公立学校、私立学校、私人家教、网络授课及孔子学院。巴西境内正规开展汉语教育的公立小学，目前仅有1所，是由里约热内卢州政府教育厅与河北师范大学共同创办的巴中双语学校。作为第一所建立在巴西教育体制内的学校，也是巴西境内第一所以中、英双语教学及以理工科为特色的普通学校，该校于2014年9月23日在里约州尼泰罗伊市正式举行揭牌仪式，这使我国的汉语语言教学和文化传播进入巴西的主体教学当中，在中巴的语言文化交流中有非常重要的意义（刘念、石锓，2016）。

在巴西的公立大学里,目前只有圣保罗大学(USP)开设有汉语专业。据 Ligia Wey Neves Lima(2012)统计,圣保罗大学的汉语专业是全巴西唯一一个大学本科层次的汉语专业,创办于 1962 年。

杨小彬(2017)指出目前巴西有 11 个孔子学院,孔子学院的学员呈典型的"金字塔"结构,基数很大,"塔尖"人数很少,初级班人数占 90% 左右,中级班占 8% 左右,高级班只有 2% 不到。巴西学生在从初级到中级过渡过程中,大多放弃学习中文,中级班和高级班人数过少一直是困扰孔子学院发展的问题。

由于中国的崛起,中巴经贸关系的发展速度,以及汉语在巴西传播的迅猛升温,造成了一个不容忽视的负面的现象——汉语教学的基本工作还没准备好,汉语教学"市场化"已经全面铺开,汉语教学"品牌"良莠不齐的情况让人触目惊心。陈明(2019)整理了巴西汉语教学已展现出的问题,如教材问题:只有《精英汉语》是巴西葡语版汉语教材,几乎没有巴西本土出版的教材,且这本教材的质量也不是很高;教学法问题:多数教师在初级课堂中几乎只生硬的教学,不会使用任务教学法等;教师问题:教师的葡语水平、汉语专业素质普遍很低,很多老师甚至在初级阶段有意识地避开汉字教学。

二、阿根廷孔子学院及中文教育

阿根廷的汉语教学发展以 2004 年为一个分水岭,在 2004 年之前属于非专业化、非官方化的初级发展阶段,2004 年后开始走向正轨。在 1978 年到 1985 年,许多来自中国台湾地区的华人移民至阿根廷,跟更早期的移民不同,这时候的华人移民经济状况稍好,多为举家移民,所以他们的后代有学习汉语的需求和能力。阿根廷的第一次汉语学习潮由此兴起。在 1990 年后,大批的福建人移民至阿根廷,华人逐渐形成阿根廷的第五大移民群(前四个均为南美洲国家),至此慢慢形成了稳定的汉语学习圈,华人和华人文化的影响力也慢慢辐射到了本地人身上。在上述时期,阿根廷没有汉语教育机构,所以阿根廷人只能一对一上汉语课,教师和教材都不专业;此外,此时教授的汉字多为繁体字、发音也多为闽南腔。2004 年,国家主席胡锦涛访问阿根廷,不仅促进了中阿经贸关系的发展,也为汉语教学的快速发展提供了契机。同年便有两家学院大刀阔斧地推行汉语教学计划,2008 年布宜诺斯艾利斯大学孔子学院成立,2010 年拉普拉塔孔子学院正式启动、第一次 HSK 考试正式组织。2004 年之后,阿根廷的汉语教学迎来了新的发展机遇,官方的、专业的、普通话的教学产生，与汉语教学紧密联系的中国元素的输出也在发展。

目前阿根廷的汉语教学除了孔子学院，也有汉语教学机构的参与。阿根廷本土的汉语教学机构多数是由阿根廷人创建和管理的，很少会聘请中国人或华人教师。汉语教学机构数量持续增加，形式也更加多样，如目前唯一一所可以颁发国家认证的汉语语言文凭的"华语文翻译专科学校"（ISIIC），再如阿根廷唯一官方认可的汉语专家协会"阿根廷汉语教师及翻译协会"（ATPIC），还有阿根廷国立罗萨里奥大学—中国研究中心、中国文化发展基金会等。

阿根廷的汉语教学虽然已经发展了十余年，但是由于一系列原因，还是存在着很多急需改善的问题，包括教师、教材、学校等方面。无论是孔子学院还是民间机构，汉语教师都很缺乏，尤其是操着标准普通话并有很强的专业化知识的教师几乎只有几位。即使在阿根廷的大城市布宜诺斯艾利斯，也存在师生比例严重失衡的问题。阿根廷的汉语教材的适用性和针对性也不强，目前几乎没有专门为阿根廷人编写的教材。此外，阿根廷汉语教材的使用较为混乱，孔子学院使用的教材是定型的：外研社出版、媒介语是西语、适合高中及以上的学习者学习。相比之下，阿根廷的非官方汉语教学机构使用的教材五花八门。总体来说，阿根廷的中国台湾地区汉语机构使用的教材比本土汉语学校使用的教材涵盖面更广、受众更多。本土汉语学校的初级教材形式比较单一，媒介语使用西语、受众是汉语初级学习者、内容是听说读写四方面。中国台湾地区机构使用的教材有针对年龄、学习阶段、媒介语、学习内容的不同教材，体现出了更大的多样性，但其专业性和实用性不免令人质疑。从教材的使用情况也可以看出阿根廷的汉语教学中学校和机构之间的整体性不高，只是在扮演各自的角色，并没有和谐统一起来。

阿根廷目前共有三所孔子学院，分别是2008年成立的布宜诺斯艾利斯大学孔子学院（以下简称"布市孔院"）、2010年的拉普拉塔国立大学孔子学院（以下简称"拉大孔院"）以及2020年10月9日举行揭牌仪式的阿根廷科尔多瓦国立大学孔子学院（以下简称"科大孔院"），因为科大孔院刚成立，所以相关信息尚缺乏。

20世纪90年代初，布宜诺斯艾利斯大学农学系与经济系基于专业发展的需要，大力鼓励学生学习外语，并以此为契机于1992年成立了Centro Universitario de Idiomas（大学语言中心，简称CUI）。2004年经中国大使馆的建议，大学语言中心开办了汉语系。2004年9月是汉语教学开始的第一个学期,实际报名人数大大超出了预期的100多人,共有900名之多,所以汉语教师成为当时最大的缺口。2007年布宜诺斯艾利斯大学农学系和经济系与国家汉办商讨并达成一致,打算建立一家孔子学院。2008年双方签署协议,布市孔院正式成立,国内合作院校为吉林大学。布市孔院课程设置延续了CUI的汉语课程。CUI汉语课程共有15级,1—5属于初级阶段,6—10属于中级阶段,11—15属于高级阶段。每年有两个学期,每个学期有4个月,有15次课,最后一次课是考试;每个星期上一次课,每次课有3个小时,中间休息15分钟。此外,布市孔院也采用了CUI的补习班式的上课性质,暑假期间也会开设汉语强化班,也会为私立学校与公司提供专业培训。在提供汉语知识的同时,布市孔院也提供多种汉语文化课,如中国历史、哲学、书法、太极等。每逢中国传统节日,孔子学院也会在当地组织不同的文化活动。

拉大法律系的中国研究中心是拉大孔院的前身,为后者的建立和发展打下了一个良好的基础。2014—2018年,拉大孔院进入了迅速发展时期。第一,拉大孔院学生人数不断增加,由最初的近百人增加到2018年的一千多人;第二,拉大孔院以总部拉普拉塔市为中心辐射全国,下设教学点增多至六个;第三,相关汉语水平考试工作进入正轨,拉大孔院圆满完成了每年两次的HSK、HSKK、BCT、YCT考试任务;第四,目前学生的类别已经涵盖儿童、青少年、大学生、研究生教育和成人教育等各个层次;第五,汉语教学内容从书本教学扩宽至书法、太极等的多种课程,拉大孔院也举办了丰富多彩的文化活动,让阿根廷人了解中国文化;第六,中国研究专业硕士课程于2017年在国际关系学院开班,致力于培养精通汉语的国际关系、法律、经济、历史、社会、文化和媒体等方面的专业人才。

拉大孔院总体来说在稳定发展,但是在发展中也面临着一些问题。第一,师资力量薄弱。2018年9月,其教师共6名:1名中方院长、1名公派教师和4名汉语志愿者,其教学团队均为中国籍教师,缺乏当地师资。另外,由于汉语志愿者普遍任期较短(一般为1年),但又是教学的主力,所以频繁的更换可能导致学生的适应和接受程度不佳。第二,中国文化课程主要以传统文化的体验为主,如传统歌舞表演、剪纸、书法等,内容和形式都缺乏创新。第三,活动的参与人群单一,几乎全是学生。推广度也不够,当地民众很少参与进来。第四,教育经费匮乏。因为阿根廷本国的财政问题,几乎没有经费拨给拉大孔院,因此来自汉办的年度项目经费成了拉大孔院运行的唯一支柱。但中央财政拨给国家汉办用于孔子学院的经费是比较有限的,"据统计平均每年每家孔子学院的运行经费为40万美元(包括中方教师工资、项目经费等),而目前每年对每家孔子学院的支持在10—20万美元"。

三、秘鲁孔子学院及中文教育

早在1925年,旅秘华侨为了自己的子女可以接受纯正的中文教育,就建立了第一所以教授汉语为宗旨的华侨子弟学校——中华学校。1935年,又建立了三民学校。1962年两校合并为中华三民联校(Diez de Octubre)。同年,若望二十三世秘中学校(Juan23)建立,学校在成立之初规定中文是全校学生的必修课。除此之外还有瑞士学校(Colegio Suiza)、圣尔维斯特学校(San Silvestre)、卡苏里那斯学校(Casuarinas)开有汉语课(赵文然,2019)。

若望二十三世秘中学校在1962年于秘鲁首都利马,由意大利圣方济神父邱先觉主教(Orazio Ferrucio Ceol)创办,其最初建校目的是帮助华裔子弟解决上学问题,让贫困的华裔子弟更好地融入秘鲁的社会,学习和了解中国文化。这所学校囊括了从幼儿园四岁班到中学五年级毕业班的全日期制教学。张晨(2018)对秘鲁少有的几所教授汉语的幼儿园和小学做了统计,发现这些学校在教材和教学计划等方面并未统一,汉语课在总课表上的位置设计得不合理。此外,秘鲁学生较为懒惰散漫、易于自我满足,所以学习汉语的激情和热情不足。

2008年11月,胡锦涛到访秘鲁,与加西亚一同出席了三所孔子学院的揭牌仪式,分别为天主教大学孔子学院(与上海外国语大学合办)、阿雷基帕圣玛利亚大学孔子学院(与广东外语外贸大学合办)和皮乌拉大学孔子学院(与首都师范大学合办)。位于秘鲁第二大城市阿雷基帕的圣玛利亚天主教大学孔子学院和位于秘鲁北部最大城市皮乌拉的皮乌拉大学孔子学院分别在秘鲁的一南一北发挥着重要作用。2009年,又一所孔子学院在秘鲁首都利马设立——里卡多帕尔马大学孔子学院,该孔子学院与河北师范大学合办。

秘鲁天主教大学孔子学院位于首都利马圣米格尔区,交通便利,在天主教大学语言学院的一楼拥有三间教室,同时租用了语言学院四楼的三间教室。该孔子学院以常规汉语课程为主,非常规汉语课程为辅。常规汉语课程包含两个部分:成人汉语班和青少年汉语班。

里卡多孔子学院和位于秘鲁利马市的乔里约斯区(Chorrillos)的圣特雷莎公立学校合作开设了秘鲁第一个设立在公立中学的汉语教学点(此前秘鲁

所有的孔子学院、孔子课堂及下设的教学点均开设在私立学校)。到2017年年初为止,秘鲁所有的大学中只有利马的里卡多帕尔马大学设置有汉语专业,开设西汉翻译专业。

四、智利孔子学院及中文教育

智利的华人集中地同时也是汉语教学的重点地区——伊基克,其历史可以追溯到太平天国时期。1864年太平天国运动宣告失败,一部分太平军残部被贩卖到美洲地区,约有三万多名太平军和他们的亲属到达了智利的矿场地区伊基克做苦力。因为他们生活境遇凄惨,经常被非人地压迫和虐待,所以在几年后秘鲁和玻利维亚入侵智利时,这支太平军残部趁乱占领了自己的工作地并协助智利政府一起英勇抗敌,最终大举获胜。战争结束后,太平军与政府达成了协议,伊基克被赠予给太平军成为自治镇。

1970年12月15日,智利同中国建交,是第一个同中国建交的南美国家,建交以来两国关系一直稳定良好发展。2004年11月,胡锦涛出席了在智利举行的第12次亚太经合组织领导人非正式会议,并与智利总统举行会晤,就进一步深化两国关系达成重要共识。同年,中国与智利两国教育部在智利首都圣地亚哥签订关于教育领域合作的"谅解备忘录",将汉语首次纳入其外语课程,以进一步促进两国在教育领域内的合作与交流。智利因此成为拉美地区第一个将汉语引入国家教育体系的国家。

智利目前有两所孔子学院,分别是智利圣托马斯大学孔子学院和智利天主教大学孔子学院。2008年4月,智利圣托马斯大学和安徽大学合办的孔子学院在维尼德尔马市揭牌;2009年5月,智利天主教大学与南京大学合办的孔子学院在圣地亚哥成立。智利的私立大学学费昂贵、师资力量和学习环境都要比公立大学好,专业设置全面,尤其是智利天主教大学在学术研究方面取得了巨大的成绩,在拉美地区声望显赫。截至2019年,圣托马斯大学孔子学院在智利境内由北向南共有19个教学点,智利天主教大学孔子学院在圣地亚哥市共有主校区、东校区和圣华金校区三个校区。此外,截至2019年,智利还有16所孔子课堂以及其他一些汉语教学机构(包括大学、中学、小学以及一些私立办学机构等)。孔子学院和孔子课堂面临的主要教学问题是:师资力量不足,教师综合素质不高;教材种类少,缺乏针对性和实用性;学生缺乏学习意识,课堂效率较低;汉语课程设置不合理。

智利的华人汉语学校尚未形成规模,截至 2014 年,圣地亚哥只有一所中文学校——中华会馆中文学校,它是智利历史最悠久的华人社团,是华人子女学习中文和中华文化而集资创办的公益性学校,于 2003 年 7 月 5 日正式成立。伊基克的中文学校有三所——伊基克华商联谊会中文学校、伊基克中文学校和中国台湾会馆中文学校,而且三所学校都处在伊基克市的同一个区。值得注意的是,智利为华裔子弟专门设立的中文学校使用的教科书根据年龄决定特定的教材。刚起步的 5—6 岁华裔小朋友一般先学习《拼音》教材,6—12 岁的儿童主要使用暨南大学出版社专门为海外华侨子弟出版的《中文》教材,该教材共分 12 册。此外,对 8 岁以上没有中文基础的学生来说,他们会使用汉办设计的《中文》教材,等到 12 岁以后,绝大多数学生使用的是人教版九年制新课标语文教材《语文》。

参考文献

[1] 安梁.秘鲁早期华人移民研究综述(1849—1930)[J].世界近现代史研究,2016.

[2] 陈明.巴西学生汉字习得与教学研究——以米纳斯吉拉斯联邦大学孔子学院为例[D].硕士学位论文,华中科技大学,2019.

[3] 陈茹.智利圣地亚哥中学汉语教学现状研究——以迈普国立中学为例[D].硕士学位论文,广东外语外贸大学,2013.

[4] 陈秀慧.阿根廷汉语翻译及教师协会[C]//世界汉语教学学会.世界汉语教学学会通讯.世界汉语教学学会,2012(1).

[5] 陈秀慧.认识当地文化,带动汉语教学——阿根廷汉语教学体会[C]//世界汉语教学学会.世界汉语教学学会通讯.世界汉语教学学会,2011(1).

[6] 高伟浓.拉丁美洲华侨华人移民史、社团与文化活动远眺[M].广州:暨南大学出版社,2012.

[7] 黄方方,孙清忠.拉美西语国家汉语教育的现状、问题及策略[J].未来与发展,2011,34(11).

[8] 蒋艺晗.秘鲁天主教大学孔子学院中国文化传播现状研究[D].硕士学位论文,上海外国语大学,2020.

[9] 蓝博.秘鲁双语教育的历史与现状问题研究[J].江苏师范大学学报(哲学社会科学版),2020,46(1).

[10] 利奥(Leonardo Losoviz).布宜诺斯艾利斯汉语学习环境的描述以及布宜诺斯艾利斯中文学习现状的分析与思考[D].硕士学位论文,吉林大学,2011.

[11] 林瑶,伍凤明.孔子学院在中阿人文交流中的作用与担当——以拉普拉塔国立大学

孔子学院为例[J].西南科技大学学报(哲学社会科学版),2019,36(3).

[12] 刘嘉宁.阿根廷拉普拉塔国立大学孔子学院发展研究[D].硕士学位论文,西安外国语大学,2019.

[13] 刘念,石锓.汉语教学在巴西的发展状况及应对策略[J].文化发展论丛,2016(1).

[14] 路华清(Joaquin Calles).阿根廷布宜诺斯艾利斯大学孔子学院汉语教学调查研究[D].硕士学位论文,吉林大学,2018.

[15] 宁晓雯.智利圣尼古拉斯多功能中学汉语教学现状调查[D].硕士学位论文,广东外语外贸大学,2015.

[16] 潘巍巍.从民族整合看拉美双语教育——以阿根廷等拉美四国为例[J].社会科学家,2014(6).

[17] 裴马柯(Marcos Pérez Zucchini).阿根廷中文教材:语言针对性的问题[D].硕士学位论文,北京外国语大学,2014.

[18] 夏晓娟.中国在拉美地区推广汉语教育的不足与对策[J].许昌学院学报,2017,36(1).

[19] 薛瑛.汉西辅音系统对比及针对阿根廷学生的辅音教学探究[J].高教学刊,2019(10).

[20] 杨小彬.巴西汉语教学的"三教"问题研究[D].博士学位论文,武汉大学,2017.

[21] 杨晓黎.智利汉语教学现状与思考[J].世界汉语教学学会通讯,2011(1).

[22] 杨晓黎.智利中文教师协会简介[C]//世界汉语教学学会.世界汉语教学学会通讯.世界汉语教学学会,2011.

[23] 张晨.秘鲁若望二十三世秘中学校汉语教学现状调查研究[D].硕士学位论文,云南大学,2018.

[24] 张晰怡.秘鲁中华三民联校汉语教学调研报告[D].硕士学位论文,吉林大学,2018.

[25] 张晓燕.智利华裔子弟汉语学习现状调查分析[D].硕士学位论文,上海外国语大学,2014.

[26] 张学珍.智利本土汉语教师调查研究[D].硕士学位论文,安徽大学,2019.

[27] 赵文然.秘鲁里卡多帕尔玛大学孔子学院创新办学模式案例分析[D].硕士学位论文,天津师范大学,2019.

[28] 朱勇.智利、阿根廷汉语教学现状与发展策略[J].国际汉语教学动态与研究,2007(4).

[29] Ligia Wey Neves Lima. O Ensino de mandarim do Brasil [D]. Seo paulo: Universidade de sêo Paulo, 2012.

[30] López, L. E. Plurinationality and citizenship in Bolivia: an examination of a long process of change and the current situation[J]. *Interamerican Journal of Education*

for Democracy, 2009.

[31] López, L. E. Reaching the unreached: indigenous intercultural and bilingual education in Latin America [M]. Paper commissioned for the EFA Global Monitoring Report, 2010.

作者简介：薛月茗,华东师范大学国际汉语文化学院。

"一带一路"背景下的汉语国际教育
（第三辑）

语言教学与研究

对外汉字文化教材文化项与阐释汉字研究[*]

◎ 黄　友　何杰璇

> **摘　要**：通过对比两本对外汉字文化教材，我们发现二者在文化项和阐释汉字的选取上存在较大差异。结合已有研究成果和其他著作、教材的选取情况，从基本构字部件出发，根据其本义所对应的语义范畴，我们设计出一个包含4个一级文化项、16个二级文化项和若干个三级文化项的选取框架，并建议选取常用独体部件字或具有典型而丰富文化内涵的字作为阐释汉字。
>
> **关键词**：汉字文化；教材；文化项；阐释汉字；构字部件

一、导言

汉字是中国历史文化的"活化石"。"随着国际交往日益频繁以及跨文化交流需求的增长，'汉字文化'亦会成为外国学生和中国学生普遍需求的一门课程。"（韩鉴堂，2011：前言 II）笔者给中高级汉语水平的留学生开设了汉字文化课程，我们参考了一些对外汉字文化教材，发现这些教材存在着诸多差异；而目前尚未见到对外汉字文化教材的对比或评价研究。因此，我们选择《汉字文化》（韩鉴堂，2011，以下简称"韩本"）和《汉字与中国文化》（郑飞洲，2020，以下简称"郑本"）两本教材加以对比分析。二者都是专为中高级水平留

---

[*] 本文是"上海大学本科重点课程建设项目：汉字文化（2020）""上海大学本科重点教材建设项目：《汉字文化》（2021）"及"上海大学国际教育学院在线课程建设项目：汉字文化（2000）"的阶段性成果。

学生编写的汉字文化教材,且都在一些高校作为留学生汉字文化课教材使用,也都希望成为国内读者学习和了解汉字文化的读本。

王宁(1991)指出,"汉字与文化"所指的是汉字字形及其系统与文化的关系,即汉字作为一个文化项与其他文化项之间的关系。研究表明:一组汉字共同蕴涵了某一项文化信息,换言之,某一项文化信息可以从一组汉字得到揭示。例如"婚""娶""妻"等字反映了远古时期的抢婚习俗,抢婚习俗也从这三个典型的汉字得到鲜明的体现。那么两本教材选取了哪些文化项和汉字进行汉字文化阐释呢?

二、两本教材文化项对比研究

两本教材的"汉字与文化"阐释部分主要集中在韩本的第五章和郑本的第六章。教材的章节安排显示了编者文化项选取意图,每个文化项所阐释的汉字都是单独占一行,展示形体演变,非常突出地显示的。具体如表1。

表1 两本教材选取的文化项和阐释汉字

韩本第五章"汉字与中国文化"		郑本第六章"汉字与民族文化"	
文化项(二十九)	汉字(46个)	文化项(六十五)	汉字(37个)
汉字中的远古文化信息	先民的自然观	昔、天、地、土、人、神	人有贵贱之分吗?	人、大、天、民
			藏在人脸上的古汉字	目、眉、耳、齿
	图腾崇拜	龙、凤、华	—	—
	祖先崇拜	宗、祖	—	—
汉字中的中国文明景观	古代物质文明演进	渔、逐、牢、采、禾、农、年		
	古代婚姻家庭	女、姓、安、婚、娶、妻、家、好	古代婚姻是怎样的?	婚、娶、
			家与男女分工	家、男、妇
	古代战争	戈、伐、弓、盾、武		
	古代日常生活	衣、食、住、行	古代衣服是怎样的?	衣
			服饰的材料有哪些?	系、皮、裘
			奇特的尾饰习俗	尾

续 表

韩本第五章"汉字与中国文化"		郑本第六章"汉字与民族文化"		
文化项(二十九)	汉字(46个)	文化项(六十五)		汉字(37个)
汉字中的中国文明景观	古代日常生活 衣、食、住、行	饮食	古人怎样获取食物？	采、桑、矢、网
			食物的种类有哪些？	鱼、牛、羊
		居住	人类真正的居处	穴、厂、巢
			古人的居住习惯	居
			古人的物质生活习俗	鼎、豆、爵
		交通	道路交通与行为举止	行、得、德
			车与国家实力	车
			舟与人生行旅	舟
	古代文化生活	乐、舞、美、册、笔、画、学	—	—
	对幸福吉祥的追求	祥、福、喜、寿		

下面从两本教材的文化项层级、相同和不同的文化项加以对比。

（一）两本教材的文化项层级对比

由表1可以看出，两本教材的文化项都具有两个层级，韩本宏观上先分为两个一级文化项："汉字中的远古文化信息"和"汉字中的中国文明景观"，这两个一级文化项下面又分别有三个和六个二级文化项；郑本直接有六个文化项，大致与韩本的二级文化项对应，在六个文化项下面又再分解出十五个下位文化项，我们称为"三级文化项"。

（二）两本教材相同的文化项

从表1看，两本教材相同的文化项似乎只有"婚姻家庭"，但仔细分析，韩本的"古代日常生活"与郑本的"饮食、服饰、居住、交通"是有对应的。

两本教材共有的文化项无疑是重要的。郑本编者在后记中说明了理由：

"仅分析与人类生活密切相关的古汉字及其文化内涵,这些与人类生活息息相关的古汉字,最容易被理解和接受,也最能反映汉民族物质文化生活最基本的方方面面。在实际使用过程中也发现,这些是最能引起学习者共鸣的地方。"

(三)两本教材不同的文化项

两本教材不同的文化项主要有:韩本有而郑本无的"自然观""图腾崇拜""祖先崇拜""古代物质文明的演进""古代的战争""古代的文化生活""中国人对幸福吉祥的追求"。其实,也并不是所有的文化信息郑本都未涉及,只不过是放在不同的文化项阐释罢了,比如"采、鱼"等同样阐释了物质文明的演进,只不过郑本是放在"饮食"这一文化项下了。反过来,郑本特别安排了"汉字与人"一节,介绍了与人和人面部有关的汉字所蕴含的文化;韩本则是把"人、天"放在"自然观"中阐释,但没有涉及人面部汉字。

通过对比,我们发现:① 两本教材的文化项虽然都是两层,但层级是不一致的,分别呈现的是一级和二级,以及二级和三级;② "婚姻家庭"和"日常生活"是与人生活息息相关的非常重要的部分,也是汉字文化研究得比较充分的领域,两本教材都有选择;③ 文化项的选编并未达成一致,具有较高的编者主观性和自由度。那么汉字文化项应该划分几级?每一级的具体文化项该如何选择?是我们应该思考解决的问题。

三、两本教材阐释汉字对比研究

本节我们将对两本教材所选取的汉字的数量、异同、独体合体情况加以对比。两本教材所选取的汉字分别为韩本46个,郑本37个,二者的二级文化项数分别为9个和6个,平均每个文化项阐释汉字数分别为5.1和6.2。可见,韩本更注重文化项的广度,而郑本更注重每个文化项内部汉字文化阐释的深度。

(一)两本教材相同汉字属于不同文化项情况对比

从表1看,两本教材共同的汉字仅8个(带下划线),即"天、人、采、衣、行、婚、娶、家"。"衣、行、婚、娶、家"五个汉字所属的文化项是一致的,这几个字确实非常重要,或为部件字,或蕴含典型而丰富的文化内涵。

两本教材存在相同汉字属于不同文化项的情况。"天、人",韩本是放在

"自然观"中阐释,而郑本则是放在"汉字与人"中阐释,不过二者都说到了"天人合一"。我们认为,在文化项不够系统的情况下,二者的处理都是可以的。然而,如果能同时有"自然"与"人"两个文化项,那么这两个字可以从本义出发,在不同的文化项中得以互现。

"采"在韩本中从属于"古代物质文明的演进",而在郑本中从属于"饮食"文化。采集是人类获得食物的原始方式,也是最初的农业生产方式,因此"采"可以同时属于这两个文化项,二者的处理都是可以的。同样,如果同时有"生产"与"饮食"两个文化项,那么"采"应该可以找到其更合适的归宿。

(二) 两本教材相同文化项选取不同汉字情况对比

两本教材相同的文化项所选取的汉字有很大的不同。"婚姻与家庭"文化项,韩本的"女、姓、安、妻、好"与郑本的"男、妇"互补,前者选取的是"女"及其部件字,而后者还选择了"男"。从意义上,我们认为"男"是不可或缺的;两本教材所选的具体的"女"部字都蕴含着典型而丰富的文化内涵,因此都是可以在整体框架确定后,在数量相对均衡的前提下,依据典型与重要性原则加以选择的。

"日常生活"或"衣食住行"文化项,韩本仅仅选取了"衣、食、住、行"4个字来加以阐释,当然,编者把相关的字,尤其是相关部件系联的一组字融合在具体的介绍里,如阐释"住"时介绍了一些房屋类型字如"宫"和有关部件"宀、穴、土、木、广、户"及其系联的一组字。郑本则衣食住行下每项都选取了5—7个汉字,共计24个汉字,这样的展示更立体、全面、细致。

(三) 两本教材阐释汉字独体和合体情况对比

"独体字"是由笔画组成,不能或不宜再拆分,可以构成合体字的字。"合体字"是由两个或两个以上的部件构成的字。经统计,我们发现韩本独体字和合体字的数量差别较大,独体字15个,合体字31个,独体字不到1/3;郑本独体字18个,合体字19个,数量基本持平,表明后者更重视独体字。

通过比较,我们发现两本教材阐释汉字的选择存在较大差异,存在相同汉字属于不同文化项以及相同文化项选取不同汉字的情况,汉字中的独体字和合体字比例也不一致。这说明阐释汉字的选择也具有较高的编者主观性和自由度。那么,文化项确定后,一个文化项应选取哪些汉字? 应选取多少个汉字? 也是我们应该思考解决的问题。

四、对外汉字文化教材文化项和阐释汉字选取建议

对外汉字文化教材的文化项和阐释汉字到底该如何选取？下面我们尝试给出建议。

（一）文化项的分类与选取

李晓琪（2006）指出，"由于文化项目十分繁杂，只有对它进行量化和序化，传授才成为可能，才能较为科学。从文化这一课题的事实及语言教学的需要来看，应该对文化进行分类"。那么对外汉字文化教材中文化项应划分几级？每一级又应包含哪几类呢？现成的文化大纲能够提供参考吗？王宁等（2000）明确表示："汉字中所贮存的文化信息，只能从每个字的构形……以及字与字的关系中得到，所以是有限的。"可见，汉字文化项的确定不能依据一般的文化大纲，而应该从汉字出发。

《说文解字·叙》记载："仓颉之初作书，盖依类象形，故谓之文；其后形声相益，即谓之字。文者，物象之本；字者，言孳乳而浸多也。"从中可见，汉字最初主要是通过观物取象，依类象形的方式创造的，最先造出来的一批汉字，是独体象形字，也是现在的常用字，还常常作为构字部件或部首，是构成合体字的字根，一般具有丰富的引申义与文化内涵，是学习汉字和汉语的重要基础。作为第一部系统阐释汉字及其文化的著作，《说文解字》就是按部首分类的。《说文解字·叙》阐释道："其建首也，立一为端，方以类聚，物以群分，同牵条属，共理相贯，杂而不越，据形系联。"余志鸿（1994）认为汉字的部首和偏旁基本上反映了汉人划分世界的八个基本大类：人类、动物类、植物类、生活类、语言类、心理类、工具类、祭祀类。施正宇（2009）把日常生活中常见的600余个汉字分为人类篇、自然篇、生活篇三大类，又以基本的构字部件加以串联。这个三分框架对我们一级文化项的确立有很大的启发。

前人从部件，尤其是部首出发，构建汉字文化阐释的分类框架的做法值得我们借鉴。我们认为可以参考已有研究，从汉字的基本构字部件出发，结合其本义所对应的语义范畴，去构建一个文化项框架。我们对《现代汉语词典》（第七版）201个部首进行语义归类，得到4个一级文化项和20个二级文化项。接着，我们从其他已出版的汉字文化著作或教材寻找答案。我们选取施正宇的《新编汉字梁律》、何九盈等的《汉字文化大观》、王立军的《汉字的文化解读》

和王琪的《汉字文化教程》，加上前面研究的 2 本教材，合计 6 本著作或教材，统计各本中文化项的选择情况，见表 2。

表 2　各本文化项选择情况

一级文化项	二级文化项	施正宇	何九盈	王立军	王琪	韩鉴堂	郑飞洲	计数
汉字与自然	天文	√		√		√	√	4
	地理	√	√	√		√		4
	植物	√	√			√	√	4
	动物	√	√			√	√	4
汉字与人	人体	√	√				√	3
	姓名称谓		√	√		√	√	4
	婚姻家庭		√			√	√	4
	人文观念		√	√		√	√	4
汉字与生活	饮食	√	√	√	√	√	√	6
	服饰		√		√	√	√	4
	居住		√	√	√	√	√	5
	交通	√	√	√	√	√	√	6
	文娱		√	√		√		3
汉字与社会	生产买卖		√	√	√	√	√	5
	军事	√	√			√	√	4
	祭祀	√		√		√		3
	习俗			√				1
	法律制度		√	√				2
	医疗		√					1
	货币		√					1

我们把出现 3 次及以上的文化项作为必选文化项，得到 16 个文化项。最终，我们确定 4 个一级文化项、16 个二级文化项和若干三级文化项，见表 3。

（二）阐释汉字的选取

文化项确定后，一个文化项应选取多少个汉字？应选取哪些汉字？

余志鸿（1994）依据汉字部首和偏旁推演文化项，反过来，文化项内部的汉字当首选部件字，也就是独体字。此外，我们借鉴本体研究成果，选取文化内涵典型而丰富的字，如"鼎""爵""家""福"等。因此，依据本体研究成果，结合教学实践，选取独体部件字和文化内涵典型而丰富的字，同时考虑字数的相对均衡，一般不超过 7 个，个别有 8 个。我们建议各文化项的设置和汉字选取如表 3。

表 3 汉字文化教材文化项与汉字选取建议

一级文化项	二级文化项	三级文化项	汉　　字
汉字与自然	天文	天体	天、日、月、星
		天象	风、雨、气、申（电）
	地理	土地	土、地、山、阜（阝）
		水火	水、海、火、光
	植物	石金玉	石、金、玉
		花草树木	花、草、树、木、竹
		植物部件	本、末、节
	动物	虫鱼鸟	虫、鱼、鸟、隹、乌、燕
		六畜	马、牛、羊、鸡、犬、豕
		神兽/图腾	龙、凤、龟
汉字与人	人体	头部	首、页、元、目、耳、口、舌、自
		手足	手（爪、又、寸、攵、廾、殳）足（止、走、辶）
		身心	身、尸、骨、肉（月）、心

续 表

一级文化项	二级文化项	三级文化项	汉　　字
汉字与人	姓名称谓	姓氏名字	姓、氏、名、字
		男性称谓	男、子、夫、父、士、王
		女性称谓	女、妇、妻、母
	婚姻家庭	婚姻家庭	婚、娶、安、家、好
	人文观念	顶天立地	人、大、立
		言为心声	言、信、和、善
		为人之道	亲、孝、友、仁、公、正、义
汉字与生活	饮食	食	食、烹、熟、饭、菜
		饮	饮、茶、酒
		食具	皿、酉、鼎、爵、碗、筷
	服饰	古代服饰	巾、冠、带、衣、常、履
		材料发展	求(裘)、皮、革、丝
	居住	居住发展	穴、巢、厂、广、宀
		房屋结构	门、户、向、堂、室
		周围环境	囗、园、国、城、邑(阝)
	交通	道路德行	行、道、德、得
		桥梁	桥、梁
		交通工具	车、舟、船
	文娱	歌舞乐	歌、舞、乐
		乐器	琴、鼓、钟
		文教	简、册、纸、笔、教、学

续 表

一级文化项	二级文化项	三级文化项	汉字
汉字与社会	生产买卖	从渔猎到畜牧	渔、网、干、畜、牧、牢
		从采集到农耕	采、桑、农、田、力、禾、年
		工业	工、匠、陶、冶、织
		商业买卖	商、市、贝、买、卖
	军事	古代战争	军、阵、取、武
		兵器	兵、戈、殳、刀、弓、矢、矛、盾
	祭祀	祭祀对象	祖、宗、神
		祭祀行为	示(礻)、祭、礼、福

五、结语

通过对比两本对外汉字文化教材,我们发现二者在文化项和阐释汉字的选取上存在较大的差异。我们设计出一个包含 4 个一级文化项、16 个二级文化项和若干个三级文化项的选取框架,并建议选取常用独体部件字或具有典型而丰富文化内涵的字作为阐释汉字。希望我们的研究能为对外汉字文化教学和教材编写贡献一分力量。

我们认为教师、教材应注重告诉学生汉字文化分析的方法,让学生举一反三,学会自己阐释汉字文化。如何进行汉字文化阐释,包括阐释内容的选择、图片的辅助与补充及阐释语言难度的控制,等等,都是值得深入研究的。

参考文献

[1] 韩鉴堂.汉字文化[M].北京:北京语言大学出版社,2011.

[2] 何九盈,胡双宝,张猛.汉字文化大观[M].北京:人民教育出版社,2009.

[3] 李晓琪.对外汉语文化教学研究[M].北京:商务印书馆,2006.

[4] 施正宇.新编汉字梁律[M].北京:北京大学出版社,2015.

[5] 施正宇.原原本本说汉字:汉字溯源六百例[M].北京:北京大学出版社,2009.

［6］ 王立军.汉字的文化解读[M].北京：商务印书馆，2012.
［7］ 王宁,谢栋元,刘方.《说文解字》与中国古代文化[M].沈阳：辽宁人民出版社，2000.
［8］ 王琪.汉字文化教程[M].北京：商务印书馆，2018.
［9］ 许慎.说文解字[M].北京：中华书局，1963.
［10］ 余志鸿.汉字文化与对外汉语教学——兼评安子介《解开汉字之谜》[J].上海大学学报(社会科学版)，1994(6).
［11］ 郑飞洲.汉字与中国文化[M].上海：上海交通大学出版社，2020.
［12］ 中国社会科学院语言研究所.现代汉语词典(第7版)[M].北京：商务印书馆，2016.

作者简介：黄友，上海大学国际教育学院。

何杰璇，上海光启小学。

基于中国知网(CNKI)中文慕课研究的可视化分析及启示

◎ 王陈欣

> **提　要**：国际中文慕课满足了全球大规模中文爱好者的学习需求，然而目前学界对该领域的相关研究还不深入。为了促进慕课教学在中文教育领域的深度应用，本研究以中国知网(CNKI)期刊数据库的76篇高度相关文献作为研究样本，通过知识图谱软件对国内该领域研究进行可视化分析，探索该领域研究总体趋势、高下载及高被引文献、研究理论及研究热点等。在此基础上，本研究尝试提出该领域未来研究方向，以期为相关学者提供借鉴和思路。
> **关键词**：慕课；中文；知网；可视化分析

近年来，中国慕课建设得到了国家有关部门的高度重视。为了促进信息技术与教育教学的深度融合，中国教育部计划于2020年推出3 000门"国家精品在线开放课程"，进而带动10 000门慕课在线运行(李贞、李京泽，2018)。此外，随着中国国际地位的提升，国际学生与中文爱好者虽然地处海外，但是他们对中文学习的需求与日俱增(李依环、熊旭，2019)。而基于面授教学模式的中文课堂受制于物理空间，无法满足大规模新生学员的学习需求。在此背景下中文慕课应运而生。

得益于国家政策支持以及中文学习需求的增长，中文慕课发展迅速。截至2019年12月，edX、Coursera、FutureLearn以及"中国大学MOOC""华文慕课""学堂在线"等国内外慕课平台已上线中文慕课67门(王陈欣，2020)。为了解当前国际中文慕课的研究现状，促进慕课教学在中文教育领域的深度应用,本研究调查、梳理了截至2020年10月国内该领域的相关研究成果,并基于CNKI开展了可视化分析,旨在探索国际中文慕课研究的发展趋势与特点,为国内该领域学者提供一定的借鉴。

一、概念界定

慕课是英语缩写MOOC的音译。MOOC一词最早是由加拿大学者Dave Cormier和Bryan Alexander于2008年提出的,其全称是Massive Open Online Course(大规模、开放式网络在线课程)。目前学界存在将"汉语"与"中文"混合使用的现状,但与"汉语"相比,"中文"更适用于体现国别化的语言特征。2019年我国召开了首届国际中文教育大会,聚焦中文国际传播模式路径和动力机制(教育部,2020)。鉴于此,本研究决定使用"国际中文慕课"这一术语,专指以我国国家通用语言文字为教学内容,面向国际学习者的大规模、开放式网络在线课程。

二、研究设计

本文数据来源于中国知网(CNKI)期刊数据库,采用高级检索方式,检索时间不限,文献来源类别不限,检索日期为2020年10月31日。由于该领域研究相关的主题与关键词有多种表达方式,因此笔者以"汉语＋慕课""中文＋慕课""汉语＋MOOC""中文＋MOOC"为主题与关键词分别进行检索,检索字段之间的关系为"或者",共计生成文献368篇。笔者对初次检索结果进行人工筛选,仅保留其中与本文研究主题高度相关的学术类论文后,最终筛选出76篇文献作为研究样本。

CNKI计量可视化分析是中国知网自主研发的计量可视化分析工具。与其他可视化分析工具相比,该工具与中国知网期刊数据库中的文献匹配度更高,使用更便捷。本文通过该可视化工具,对国际中文慕课研究总体趋势、相关文献下载和引用频次、关键词词频统计等内容进行可视化分析,并得出相关结论和启示。

三、研究发现

（一）总体趋势分析

研究发现,中国国际中文慕课研究起源于2014年。中国知网上最早的两篇相关研究分别是雷莉的《孔子学院发展的新思路——慕课（MOOCs）教学模式的应用》与赵寰宇的《汉语教学"慕课"视频资源的开发与建设》。同年,北京大学在美国慕课平台Coursera上线了我国首门国际中文慕课——"初级中文"。这意味着我国国际中文慕课的建设与研究起步时间一致。同时,从图1可知,除2017年发文量与2016年持平外,该领域相关研究文献从2014年到2019年整体上呈现增长趋势。文献计量学的奠基人之一普莱斯提出了科技文献增长的四个阶段,按照图1呈现的发展趋势,目前国际中文慕课研究正处于第二阶段,即快速发展期。这说明目前该学科正进入"大发展时期,专业理论迅速发展,论文数量急剧增加,较严格地服从指数增长（邱均平等,2007）"。

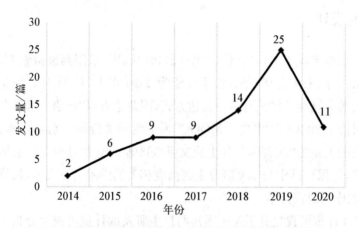

图1 2014—2020年国际中文慕课研究文献数量变化趋势

（二）高下载、高被引文献分析

研究发现,在该领域相关文献中,下载量最高的是李欣2016年在《中国电化教育》上发表的《远程教育技术在对外汉语教学中的应用研究》一文,下载量为2 255次;其次为雷莉2014年在《西南民族大学学报（人文社会科学版）》上发表的《孔子学院发展的新思路——慕课（MOOCs）教学模式的应用》一文,下载量为

1 967次;再次为赵寰宇2014年在《现代交际》上发表的《汉语教学"慕课"视频资源的开发与建设》一文,下载量为1 433次。这三篇文献分别从国际中文慕课建设、教学模式探索以及技术应用的角度展开论述,在该领域具有较大影响力。

此外,在该领域相关文献中,被引频次最高的是雷莉的《孔子学院发展的新思路——慕课(MOOCs)教学模式的应用》一文,被引57次;其次是李欣的《远程教育技术在对外汉语教学中的应用研究》一文,被引31次;再次是李春玲2015年在《云南师范大学学报(对外汉语教学与研究版)》上发表的《关于汉语国际教育师资培养的新构想》一文,被引30次。由此可见,国际中文教师发展也是该领域的重要研究内容之一。

(三)关键词共现频次分析

作为论文主旨内容的高度概括和精炼,关键词是判断文献核心内容和观点的重要标准之一,关键词的共现网络知识图谱可以清晰地表现出某领域相关文献各个研究主题之间的关系。对关键词进行共现分析,可以大致反映出该学科领域在某段时间内的研究热点及相关主题之间的聚类关系(曾广、梁晓波,2017)。

图2中的每个节点代表一个关键词,节点大小与关键词频次成正比,节点

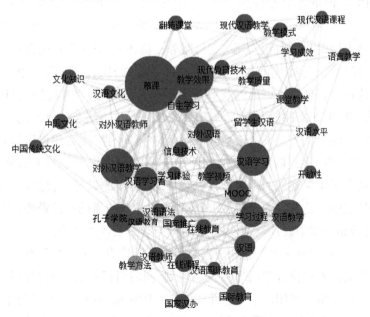

图2　国际中文慕课研究文献关键词共现网络

间连线则呈现了关键词之间的共现关系。最大的10个节点,即共现频次最多的10个关键词依次是:慕课(28次)、教学效果(19次)、对外汉语教学(16次)、汉语学习(15次)、汉语教学(14次)、孔子学院(12次)、学习过程(10次)、汉语学习者(9次)、教学视频(8次)以及汉语(8次)。从关键词频次排序可知,除了慕课、汉语、对外汉语教学、对外汉语学习等该领域常见关键词外,教学效果、学习过程、学习者、教学视频等也是当前国际中文慕课的研究热点。本文基于关键词共现频次发现对相关文献进行了阅读整理,对其中涉及的研究内容进行了归纳汇总。

(四)研究热点内容分析

通过文献分析,本文发现当前国际中文慕课研究内容主要涉及四个方面,分别为:国际中文慕课规划、国际中文慕课学习者体验、国际中文慕课教师发展及国际中文慕课教学设计。

1. 国际中文慕课规划

近年来,该领域研究成果丰富,学者基于不同的视角对国际中文慕课建设与发展建言献策。雷歌(2020)结合慕课开放性在线教学的特点,认为其打破了面授课堂中时间与空间的限制,有利于当前中文的国际化传播,同时指出完善教学体系、改革教学大纲等应为国际中文慕课下一步规划重点。王帅、康可意(2019)指出当前国际中文慕课的规模正持续扩大,今后的规划方向应以学习者需求为导向,规范制度建设、完善服务支持体系,以逐步提高课程完成率。甄刚(2019)基于规划视角分别从国家支持、高校推动、教师参与三个方面提出了具体建议。张日培等(2019)支持充分发挥"互联网+"时代的信息技术优势,推进国际中文慕课教学模式创新,并提出了具体方法与建议。冯原(2018)发现当前国际中文需求呈增长趋势,特别是"一带一路"重点建设区域,并在此基础上对"一带一路"沿线地区的国际中文慕课规划提出了相关意见。高艺(2018)从孔子学院规划的角度展开论述,认为当前的教师与教材配置已无法满足大规模中文爱好者的学习需求,海外孔子学院应借助慕课资源,开发配套教材,进行相关教学设计革新,以应对教师与教材资源的压力。

研究发现,当前学界已就加强国际中文慕课建设规划达成了共识,并认为慕课教学模式不仅符合我国当前发展规划,同时对促进教学创新以及中文国际传播起到了重要作用。中文慕课能够满足国际范围内持续增长的中文学习需求。同时,国际中文慕课规划主体不仅包括国家部委等上层决策者,还涉及孔子学院、高校、企业、教师等中微观主体,多主体参与国际中文慕课建设模式特征已然显现。此外,相关规划研究已从宏观顶层设计,逐步向微观教学应用衍生,规划内容不仅涉及建设模式、教学体系、教学大纲的完善,还包括教材、师资等方面的发展。鉴于此,笔者预测多层次(宏观、中观、微观)结合的国别化、本地化的国际中文慕课规划将成为未来该领域研究热点之一。

2. 国际中文慕课学习者体验

近年来,关注国际中文慕课学习者体验的研究成果逐渐增多。慕课的大规模开放性特征扩大了学习者的选择范围,学习者的主体意识变得更为突出(周汶霏、宁继,2020)。赵岩、何思雨(2019)也指出了学生在国际中文慕课学习过程中的主体地位,具体表现为学习者通过观看教学视频并在留言区进行思想观点、认识看法、探索学习的互动与分享。张玉娇、陈彧(2019)基于学习者的视角分析了当前国际中文慕课存在的问题,例如学生使用社交软件频率较低,教学过程中交互不足,反馈不及时等,并提出了解决办法。储诚志(2018)认为国际中文慕课与面授课堂的教学模式不同,应以学生为中心,促进学生自主学习。马成(2017)同意慕课教学模式为学生自主学习创造了有利条件,学生不受时间、地域限制,从开放的教学资源中基于自身需求进行选择,学习进度、学习方法、学习内容均由学生自主安排,与面授课堂相比,中文慕课教学对学生提出了新的要求。

研究发现,当前该领域研究主要是理论阐释与思辨分析,相关实证研究成果不多。虽然学界已就中文慕课学习者与面授课堂学习者之间学习方式的不同达成共识,但是在学习需求、体验、效果等方面的研究还未深入。此外,目前研究成果还未突出中文学习者与其他学科、技能学习者之间的差异性。此类问题应得到学界的重视,并通过实证研究予以解答。有学者已经发现了国际中文慕课学习者在学习过程中遇到的一些问题,并基于理论提出了解决办法,但未通过实验进行检验。鉴于此,笔者预测基于中文慕课学习者的特征,围绕学习体验、学习需求、学习效果等研究问题开展的实证研究将会成为未来该领域的研究热点之一。

3. 国际中文慕课教师发展

目前,国际中文慕课教师发展相关研究还停留在理论层面。翟宜疆(2019)指出了面对中文爱好者的持续增长,许多中文教学机构出现了师资结构性短缺的问题,中文慕课教师的培养能够应对这一问题,并建议通过孔子学院教师在岗培训系统化、科学化和常态化建设,逐步提升教师在信息时代的中文教学素养。刘霞(2018)认为慕课时代的国际中文教师角色应进行重塑,其中包括内在认知的重塑,即更新教育观念和实践提升等;还应包括工作方式的转变,即建立教研共同体等。王添淼、张越(2017)基于慕课教学的特征,从培养体系、在职培训、学习理念、反思视角等角度对国际中文慕课教师的成长提出了建议。此外,学界还发现了助教在中文慕课教学中的重要作用。吴琼(2018)指出慕课助教的作用贯穿课程始终。

研究发现,当前学界就中文慕课教师与面授课堂教师的不同角色定位达成了共识,并提出了包括重塑教师教育观念,提高教师慕课教学素养等理论与实践培养建议。除此以外,助教在慕课教学中的作用也得到了学者的关注。虽然慕课从技术层面上满足了大规模学习者在同一教学周期内的学习需求,但是当前存在着慕课教育质量无法保障,辍学率居高不下等问题(金慧,2018)。现有研究也未回答如何从教师角度提升慕课教学质量。鉴于此,笔者预测,如何完善教师角色,如何发挥助教作用以提升教学效果将成为该领域研究热点之一。

4. 国际中文慕课教学设计

近年来,围绕国际中文慕课教学设计的研究成果丰富。学者主要围绕中文课程设计以及中文知识或技能教学设计展开相关研究。中文课程设计方面,商秀春(2019)创建了基于SPOC混合教学的新型国际中文教学模式,并从教学分析、材料准备、教学实施与活动、教学评价四个环节进行了反思与设计。李剑冲(2019)立足于内蒙古师范大学汉语国际教育专业,呈现了慕课在该专业课程体系改革中的重要地位。刘霞(2018)通过微信与慕课教学模式的结合,尝试探索多种教育技术附能中文教学的新模式。然而,目前慕课平台上汉语教学相关课程仍形式不一,数量较少,其难度和内容跨度也相对较大,尚未形成完整的课程体系(雷歌,2020)。

中文知识或技能教学设计方面,计莹、沈峥(2019)以国际学生为教学对象,以中文古诗词为教学内容,基于慕课教学模式进行了相关教学设计。徐晶凝(2019)则从语法教学的角度,分析了慕课中文语法教学实践中存在的问题,并在此基础上对中文慕课语法教学原则与方法进行了反思与总结。杨紫娟、王强(2019)尝试围绕HSK备考进行基于慕课的混合式教学设计。杨依然(2017)将慕课与汉字书写结合,开发了汉字书写的慕课教学模式,并为促进汉字书写教学与推广提出了意见和建议。

研究发现,当前该领域学者多从事理论构建,基于慕课的教学设计研究较多,具体涉及汉字、中文语法、古诗词、中国文化等方面。这证明了慕课与国际中文教学有机结合的可能性,但是由于缺乏相关实证研究,因此基于慕课的中文教学设计的必要性、有效性与科学性难以证实。鉴于此,笔者预测未来该领域学者将尝试通过准实验研究、实验研究或基于设计的研究等多种实证研究设计来论证慕课教学设计中的相关假设。

四、研究启示

(一) 基于中文慕课的教学设计与开发

慕课体现了在线教学的个性化特征。近年来,随着学习者主体性的加强,慕课开发也越来越重视对学习者个性化学习的促进,并将其作为自己的价值取向(冯永华,2019)。然而,当前的国际中文慕课还没有形成系统性课程,各课程之间内容分散、跨度较大,学习者难以根据自己的需求找到有针对性的课程。根据泰勒(1994)提出的课程组织原则,课程需具备连续性、顺序性和整合性,课程内容在纵向和横向上均需有逻辑、有联系。由此,基于中文慕课的教学设计与开发还有待加强,中文慕课课程体系还有待完善。

(二) 基于中文慕课的学习效果研究

对慕课进行教学设计的根本目是促进学习者的学习,即提高学习效率、增强学习效果。很多学者对国际中文慕课不同教学环节进行了设计,但鲜有研究从实证研究的视角探讨这些教学设计的有效性,即学习者的学习效果,具体可包括对学习者课程与讨论参与度、词汇量、语法准确度、语言流利度,甚至学习成绩等的影响。首要教学原理在教学设计和课程评估领域已得到大部分学者的认可,其丰富的评价工具能够在一定程度上为慕课提供质量评估的理论依据和评估工具的设计基础(郭淑青、仇晓春,2017)。合理利用相关理论基础,设计、开发合适的评价工具和指标体系,进而对学生的学习效果开展实证研究,是未来中文慕课研究的一个重要角度。

(三) 基于中文慕课的终身学习研究

当今时代,学习者主体意识和自我实现的需求越来越强,在这种发展观的驱动下,其自主学习能力也得到了进一步的体现。自主学习是个体终身学习、发展的保障(任欢欢,2017)。慕课的灵活性使其能够在学校教育之外为人们提供终身学习支持(王志军、苏珊,2017)。然而,由于缺乏完整的课程体系,现有中文慕课不仅不能很好地满足学习者的个性化学习需求,也在一定程度上无法实现终身学习效果。此外,中文慕课教师发展也是终身学习的一个重要维度。如何与时俱进,不断地迭代、丰富中文慕课内容,从而满足各个阶段学习者的需求,是设计、开发国际中文慕课需要考虑的问题,也是未来值得探索的研究方向。

五、结语

自2014年以来,国内学者基于不同视角对国际中文慕课进行了持续的探索,然而目前该领域的研究成果仍以理论构建为主,缺乏有力的实证论据。近年来,慕课建设得到了国家的有力支持,国际环境也有利于国际中文慕课的迅速发展,国际中文慕课相关研究能够为我国国家语言能力的建设与传播提供学术支撑。因此,笔者认为学界有必要基于实证深入展开对国际中文慕课规划、教师发展、学习者体验、教学设计等内容的研究与探讨,为中文慕课建设贡献学术力量。

参考文献

［1］ 陈丽.远程教学中交互规律的研究现状述评[J].中国远程教育,2004(1).
［2］ 储诚志.专家主题论坛:基于互联网的国际汉语教学[J].国际汉语教育(中英文),2018,3(2).
［3］ 德里斯科尔.学习心理学:面向教学的取向[M].华东师范大学出版社,2008.
［4］ 冯永华.促进个性化学习的慕课开发价值取向及实现[J].现代远程教育研究,2019,31(5).
［5］ 冯原.中亚对外汉语慕课建设必要性研究[J].文学教育(下),2018(8).
［6］ 高文,徐斌艳,吴刚.建构主义教育研究[M].教育科学出版社,2008.
［7］ 高艺.MOOC对泰国川登喜大学汉语国际推广的影响研究[D].硕士学位论文,广西大学,2017.
［8］ 郭淑青.仇晓春基于首要教学原理的英语慕课教学设计质量分析[J].西安外国语大学学报,2017,25(3).
［9］ 计莹,沈峥.慕课与对外汉语古诗词教学研究[J].科技视界,2019(5).
［10］ 教育部.2019年中国语言文字事业和语言生活总体状况[EB/OL].http://www.

moe.gov.cn/fbh/live/2020/52038/sfcl/202006/t20200602_461646.html,2020-06-02.

[11] 金慧.在线学习的理论与实践——课程设计的视角[M].北京:清华大学出版社,2017.

[12] 雷歌.MOOC背景下的国际汉语教学和推广[J].文化创新比较研究,2020,4(9).

[13] 李剑冲.汉语国际教育全程实践课程体系改革研究——基于内蒙古师范大学的实践探索[J].内蒙古电大学刊,2019(1).

[14] 李依环,熊旭.专家共话国际教育中的"汉语热"[EB/OL]. http://edu.people.com.cn/GB/n1/2019/0829/c1053-31326065.html,2020.

[15] 李贞,李京.在线教育首推"国家精品"[EB/OL]. http://paper.people.com.cn/rmrbhwb/html/2018-01/24/content_1832322.htm,2018.

[16] 刘霞.从"语言教师"到对外汉语"统筹师"——慕课时代对外汉语教师的角色定位与重塑[J].佳木斯大学社会科学学报,2018,36(5).

[17] 刘霞.慕课时代对外汉语教师生态位研究[J].大庆师范学院学报,2018,38(6).

[18] 马成.慕课背景下高职现代汉语翻转课堂构建研究[J].中外企业家,2018(7).

[19] 邱均平,马瑞敏,程妮.利用SCI进行科研工作者成果评价的新探索[J].中国图书馆学报,2007,33(4).

[20] 任欢欢.教育生态学视角下自主学习的价值体系[J].教育理论与实践,2017,37(2).

[21] 商秀春."后MOOC"时代对外汉语SPOC混合教学模式探析[J].教书育人(高教论坛),2019,688(30).

[22] 泰勒.课程与教学的基本原理[M].施良方译.北京:人民教育出版社,1994.

[23] 王陈欣.国际汉语慕课的历史、现状分析及展望[J].世界华文教学,2020(2).

[24] 王帅,康可意.汉语教学慕课发展现状研究[J].海外华文教育,2019(6).

[25] 王添淼,裴伯杰.汉语慕课课程个案研究[J].民族教育研究,2016,27(2).

[26] 王志军,苏珊.MOOCs何以支持高等教育和终身学习——访国际在线学习专家特里·安德森教授[J].开放教育研究,2017,23(6).

[27] 吴琼."演讲与口才"慕课应用的问题及解决方案探索[J].牡丹江大学学报,2018,27(10).

[28] 徐晶凝.集中式语法教学中的几个问题[J].海外华文教育,2019(6).

[29] 杨依然.慕课模式下对外汉语汉字书写教学探索[D].硕士学位论文,广西大学,2017.

[30] 杨紫娟,王强.基于混合学习的对外汉语教学模式探索——以HSK课程为例[J].广西广播电视大学学报,2019,30(2).

[31] 曾广,梁晓波.国际期刊认知语言学论文可视化分析研究[J].外语教学,2017,38(6).

[32] 翟宜疆.德国海德堡大学孔子学院汉语教学现状[J].国际汉语教学研究,2019(3).

[33] 张日培,马春华,吴剑锋等.语言产业发展的方略与措施(笔谈)[J].河南师范大学学报(哲学社会科学版),2019,46(3).

[34] 张玉娇,陈彧.汉语教学及推广[J].汉字文化,2019,236(16).

[35] 赵岩,何思雨.留学生汉语"慕课+课堂教学"模式的探索与思考[J].北京工业职业技术学院学报,2019,18(2).

[36] 甄刚.汉语国际教育慕课平台建设现状及策略探究[J].教育教学论坛,2019(46).

[37] 周汶霏,宁继鸣.学习者视角下的国际中文慕课建设:一种比较的路径[J].国际汉语教学研究,2020(3).

[38] Anderson, T. & Garrison, D. R. Learning in a Networked World: New Roles and Responsibilities [M]. Distance Learners in Higher Education: Institutional Responses for Quality Outcomes. 1998.

[39] Garrison, D. R., Anderson, T. & Archer, W. Critical Inquiry in a Text-Based Environment: Computer Conferencing in Higher Education [J]. *Internet and Higher Education* 1999, 2(2-3).

[40] Gilbert, L. & Moore, D. R. Building Interactivity into Web Courses: Tools for Social and Instructional Interaction[J]. *Educational Technology* 1998, 38(3).

[41] Seaton, D. T., Bergner, Y., Chuang, I., Mitros, P. & Pritchard, D. E. Who does what in a massive open online course? [J]. *Communications of the ACM*, 2014, 57(4).

作者简介:王陈欣,华东理工大学外国语学院。

创新型 AI 汉语网络双师课堂教学模式的思考

◎ 王睿贤

> **摘 要**：随着教育信息化的普及，以及新冠肺炎疫情对常规线下教学的冲击，汉语网络课堂教学逐渐引起了学术界与教学界的日益关注。近年来有关汉语网络课堂教学的研究成果层出不穷，其中汉语网络课堂教学模式与教学方法是目前汉语网络教学着力探索的研究方向。本文提出了与传统的单语师资线上教学模式不同、具有创新性意义的 AI 汉语网络双师课堂的教学模式，该模式主张双语师资与线上线下师资合作为汉语学习者授课，以着力提升汉语学习者的学习体验，促进汉语国际教育的推广与中华文化的传播，具有非常高的探索与应用价值。本文就 AI 双师课堂的含义、教学模式及其优势、与传统网络教学模式的比较等方面进行了深入探讨，以期为汉语网络教学模式的创新提供借鉴。
>
> **关键词**：AI 网络课堂；双师课堂；教学模式；思考；探讨

一、问题的提出

面向语言类学生的网络授课模式目前是语言教学发展的一大方向。由于受到新冠肺炎疫情的冲击，该模式日益受到重视，学术界与教育界关于网络教学模式的研究论文也层出不穷。疫情影响下中国各大中小学、教育教学机构纷纷开展了线上网络教学：雨课堂、新东方在线、学而思网校、沪江网校等纷纷推出了在线课程供学生学习；跨越国界、面向国际的对外汉语教学界也开发了一系列网络教学平台,唐风汉语、沃动平台、中国大学MOOC平台等纷纷推出了留学生汉语课程。经过多年的探索与积累,我国大中小学的网络课堂教学模式体系已趋于成熟,除了传统的单师型线上直播/录播模式外,人工智能的AI双师课教学模式也开始在培训教育机构尝试使用,取得了良好的效果。目前有关汉语线上教学的研究仅局限在传统的网络单师课堂等方面,新型AI网络双师课堂的教学模式的相关研究目前较少。本文将通过研究汉语AI网络双师课堂并揭示其优势与发展的必然性,为信息化背景下汉语教学研究提供新思路、新模式、新借鉴。

二、文献综述

"双师课堂"是网络课堂教学的一种新兴模式,本文研究对象为"网络双师课堂教学模式探讨",根据文献收集,关于"网络双师课堂"的研究综述如下:

(一)有关网络双师课堂的文献综述

田晓燕、野中阳一(2021)论文中运用文献调查与比较分析的方法,提出了"互联网+国际双师教学"的理念,总结了我国双师课堂的发展历史,总结了"互联网+国际双师教学"的特征,构建了"互联网+国际双师教学"的含义及其授课流程,指出了其优点以及其与传统外教课堂的比较,从国家、学校、教师、学生等层面分析了其运用在教学中的重要性,并指出了其面临的主要课题并提出了一些针对性的对策建议。

乜勇、高红英、王鑫(2020)论文中探讨"双师教学"共同体模式的构建。论文分析了其中要素结构及其相互的关系,论文中总结了现有"双师教学"的实践形态,分析了"双师教学"模式在我国的研究现状并以共同体的视角探究"双师教学"在教育薄弱地区中的教育教学实践模式,构建了"3T-2S-1E双师教学"共同体模式,并更细致地探究其内部结构及作用关系。

张思佳(2020)论文中介绍了双师课堂的定义及起源、双师课堂推广的重要性及其优势、介绍了双师课堂的现状及其发展趋势,包括促进边远地区教育发展与人工智能技术的应用。

龙西仔、刘小莲、胡小勇(2020)论文中介绍了双师课堂这一疫情防控期间在线教学的新模式,提出了在线教学的三类"双师课堂"模式:主辅双师课堂、融合双师课堂、智能双师课堂。同时介绍了疫情防控期间双师课堂面临的机遇与挑战。

周方苗、何向阳(2020)论文中探究了双师课堂实现优质教师资源共享的实践。

黄钧露(2018)论文中运用量化分析的方法,探究了双师课堂教育模式下的师生互动行为。

(二)有关线上汉语教学的文献综述

孔依丹(2020)论文中通过对大量外网中点击率和关注度都排名靠前的汉语教学视频中的教师、教法的分析,并将网络孔子学院推出的MOOC课程和网络孔子学院课程与外网中的具有高热度的教学视频进行对比,探究了互联网背景下国际汉语课堂的教学特点,并根据语言教学中的5C目标对互联网汉语课堂进行评价,并为其提出了改进建议。

孙瑞(2019)论文中探究了汉语作为第二语言网络课堂的教学设计,论文中还分析了网络课堂教学所面临的困难,包括教学定位要求、教学设计质量、网络设备故障等方面;同时也分析了网络课程教学设计思路以及解决问题的方案,包括建立师生间的交互系统与反馈系统、筛选出有用的自主学习资源、增加网络课堂的乐趣等方面。

杨军红(2018)论文中运用定性(半结构化访谈)与定量(外语焦虑量表FLCAS)研究相结合的研究方法,调查了在沪高校留学生的汉语学习焦虑情况,研究结论包括不同性别留学生焦虑值比较、不同文化群体的留学生的汉语课堂学习焦虑表现呈现明显的文化差异、留学生的汉语水平与课堂焦虑表现没有显著相关等。

郑艳群(2001)论文中对新形势下对外汉语教学改革的方向进行探讨,并根据对外汉语教学自身的特点,提出了一些新观点。包括有不能削弱课堂教学环节的地位、在网络上创造虚拟的课堂教学环境、主动寻求现代教育技术在理论和方法上的指导、专业技术人员的参与等。

陈音陶、姚春林(2020),王衍萍(2020),侯睿(2020),甄刚(2019),李晓飞(2019),吕静怡、姜艳艳(2019)论文中都对近年来兴起的对外汉语教学慕课(MOOC)进行了相关研究,包括慕课的发展趋势、慕课在汉语国际教育中的应用、慕课建设现状及思考、慕课与线下教学相结合的教学方式研究等。

(三)有关双语师资组合教学模式的文献综述

吴英成、邵洪亮(2012)在其研究成果中从以学习者的双语能力特征和一语与二语的社会语言功能角度入手,提出了二语教学的"双语师资协力组合模式",阐释了以基底语为本族语的教师与以目标语为本族语的教师在二语教学中的不同优势。以基底语为本族语的教师是语言知识讲解的模范、以目标语为本族语的教师是语言技能训练的模范,两者非常好地形成了优势互补。

三、AI网络双师课堂在汉语教学中的应用

本文前半部分抛出了将要研究的问题,并对有关的研究成果进行了文献综述。本部分将细致地探讨AI网络双师课堂在汉语教学中的应用。

(一)AI网络双师课堂的含义

AI网络双师课堂与传统的网络课堂有着很大程度的不同。传统的网络课堂主要指单师授课制课堂,课程基本由一位老师或多位老师单线制授课,学生在观看教学视频时只能看到老师的讲授,师生之间的互动交流较少;而AI网络双师课堂是在传统的网络课堂的基础上开创的一种新型课堂教学模式,对于AI网络双师课堂,根据应用领域、使用用途的不同,有不一样的含义:传统意义的普通"双师课堂",是基于网络直播技术,由两名老师异地远程配合完成教学,主讲老师通过线上远程直播授课,辅导老师在主讲老师线上直播的同时在线下课堂内负责课堂管理、互动答疑等,也可以主讲老师提前制作好授课录播视频,学生远程异地观看视频录播,主讲老师在制作录播视频的时候尽可能地去模拟真实的课堂教学情境,辅导老师在线下课堂内同时负责学生的课堂管理、学生学习重难点的互动答疑等。

目前,中国正处于教育国际化发展时期,教育部《教育信息化2.0行动计划》提出了"人工智能+教师队伍建设行动",同时中国也经历着从"来华留学"到"海外合作办学"理念与政策上的转变,促进教育的国际化必然要努力促进教学模式的国际化,AI网络双师课堂教学模式可以充分利用信息化时代互联网技术跨越空间,乃至国界的优势,促进教育国际化的发展。使用AI双师课堂教学模式为留学生教授汉语充分顺应了当代互联网教育发展趋势,可以充

分起到提升学生学习效果,促进优质教学资源共享,促进青年教师成长等多方面的作用。

表1 传统网络课堂和AI双师课堂上课方式的对比

网络课程类型	上课方式	备注
传统网络课堂	主讲教师线上录播/直播(以录播为主),学生在家自行观看	学生与教师的互动性差
AI双师课堂	主讲教师线上录播/直播(以录播为主),学生在教室观看,青年教师(助教老师)做辅助答疑、维护课堂纪律等工作	学生与教师的互动性较好

(二)传统国际汉语教学网络课堂的授课模式

目前,我国国际汉语网络教学事业处于上升阶段。经过学术界与教学界的反复探索,加之新冠肺炎疫情对汉语教学带来的挑战,汉语网络在线教育迅速发展壮大,由此产生了多种国际汉语教学网络课堂授课模式。下面将对此进行简要的介绍。

1."出镜录播＋学生观看"的模式

该模式是大多数汉语教育教学机构采用的模式:教师提前准备好系列课程的配套教案与教学课件、对将要录制课程的教学内容与教学方法做到心中有数后,进入录课室出镜录制课程,录制好后对视频进行剪辑、转码、美化,使其尽可能顺应学生的汉语水平与接受能力,视频制作完成后发布到网络课程平台上,学生在线下自行观看学习。

本模式是为教学界所普遍采用的模式,由于视频录制好发布到平台后学生可以选择任意时间观看,不受时区差的限制,因此该模式可以充分考虑到不同国家、不同地区的学生情况,不会出现因为时差的缘故导致部分学生赶不上课程进度的情况,也保证了学生所受教育的公平性。但本模式也存在着一些缺点,即教师与学生之间的互动少,即使设置了课后问题答疑问询平台,学生的学习效果也不如教师与多位学生之间的直接互动那样理想。

2."出镜直播＋学生观看(回看)"的模式

该模式在高校汉语教学中采用的较多,该模式也是新冠肺炎疫情影响下催生的一种全新的教学模式。我国新冠肺炎疫情暴发初期,部分留学生已经回到自己的国家,由于疫情管控的限制,留学生暂时不能回到中国学习,而高校对留学生的管理是按照严格班级制的形式管理,为了照顾到班级大部分同学的情况,有的高校汉语教学学院也采用了"出镜直播+学生观看(回看)"的教学模式,即授课教师网上直播授课,来自世界各地的留学生即时上课,部分由于时差原因无法适应直播的同学可以录屏观看直播回放来学习汉语知识。

本模式优点与缺点并存。优点在于直播课程学生遇到问题可以及时与老师同学进行线上沟通交流,提升学习效果;缺点是由于时差的缘故,部分同学不能观看直播,也不能亲自参与课堂互动与讨论,对部分同学存在不利的一面。

3. 利用人工智能技术,以短片讲解语言文化知识点的模式

该模式真正运用起来的情况较少,该教学模式类似于网络旅游宣传片、中国文化介绍纪录片。备课教师准备好教学内容与教学方法后,利用人工智能、动画技术等制作类似宣传片的汉语教学视频,该类教学视频教授汉语语言内容较少,教授中国文化内容较多,该类课程充分体现了汉语微课"短、小、精、悍"的特点,让学生在短时间内学到有用的知识,也一定程度上节省了劳力及物资成本。

但本模式运用范围不广,且不能考虑到学生的实际接受情况,教师与学生之间没有任何互动,录制该类课程时也无法考虑到学生的现实需求,学生可能要在观看时反复暂停回播,学生的学习体验无法保证。

4. "线上自学+线下课堂"混合式教学模式

这种模式仍以教师线上授课为主,学生线上网课自学为辅。教师在课前给学生布置网课学习任务,学生对即将学习的基础性语言点进行学习,做好预习工作,学生回到线下课堂后教师结合学生的语言知识学习情况进行深入式授课,提升课堂教学效果。该模式前期已为多数汉语教育机构所采用,实际上该模式是将学生的课程预习工作以生动形象的网课形式进行,有助于提升教师教学效果与学生的学习体验。

(三) AI 汉语网络双师教学课堂的授课模式

前面提到了传统网络汉语课堂教学的几种模式,笔者结合目前英语双师课堂的模式,并加上笔者参考的网络资源,总结了下面两种网络双师汉语课堂

可供借鉴参考的教学模式。这里所指的"双师"有两方面的含义：一是"线上教师＋线下教师"的"双师"；二是线上课程"以学生基底语为本族语的教师＋以学生目标语为本族语的教师"合作录制的"双师"：

1. 双师（以学生基底语为本族语的教师＋以学生目标语为本族语的教师）合作录播线上授课＋学生线下观看的同时，指导教师线下指导的模式

这种模式是 AI 网络双师课堂采用得较为广泛的模式，目前在中国的外语教学中已为很多教育培训机构甚至各大公立私立中小学所采用，中国国内也有专门制作该类外语网络授课视频的专业机构。在该模式中，先由课程设计师制作好课件、脚本，然后根据以学生基底语/目标语为本族语的教师各自实际情况，由两位语言水平教学能力较强的对应教师合作探讨教学内容、教学方法，并制作教学方案，两位教师各自分好工后合作录播，完成一门网络课程的录制。制作出来的课程应该是一整套课程，而且教师在录播教学的过程中应当充分模拟真实的课堂上课情景，如在语言点教授的过程中要有意识地留一点点让学生思考的时间、展示题目的时候预留学生思考的时间等等，让学生有一种身临其境、仿佛在线下课堂中的感觉，教学视频录制好后，将其与动画特效、AI 技术相结合，形成 AI 双师互动课。整个课程制作好后，各大汉语教学培训机构使用此教学视频开展教学工作，整堂课需要由 AI 线上老师与线下老师联合授课。汉语由 AI 线上老师来主教，线下以学生基底语为本族语的教师则负责控场和组织课堂并解答学生的疑问、活跃课堂气氛、让学生参与进课堂活动中去。整个教学模式主要以学生基底语和目标语为本族语的优秀教师合作制作线上课程，线下各大汉语教学培训机构中以学生基底语为本族语的教师教学管理线下课程为主。

2. 双师（基底语为本族语的教师＋以目标语为本族语的教师）合作录播线上授课＋学生观看自学的模式

对于一些于学生而言较为简单易懂、基础性语言点的教学，可以采用前面所提到的双师合作录播制作课程、学生课后直接观看的教学模式。运用该模式可以让学生足不出户充分体验到双语师资教学带来的学习体验，也能在一定程度上促进学生学习水平的提升与学习积极性的提升。但此类课程在录制的过程中也要充分考虑到学生线下自学的实际，录制时要尽可能地考虑学生的实际情况，多设置有课堂情境性的交际活动，教师在讲授的过程中也要尽可能详细、注重更多细节性的内容，以保证学生的学习效果。

(四)传统国际汉语教学网络课堂的授课模式与 AI 汉语网络双师教学课堂的授课模式的比较

下面将从九大方面对两种汉语网络教学授课模式进行比较,见表2。

表2 传统国际汉语教学网上授课模式与 AI 网络双师汉语课堂教学授课模式对比

	传统国际汉语教学网上授课模式	AI 网络双师汉语课堂教学授课模式
授课方式	①"出镜录播+学生观看" ②"出镜直播+学生观看(回看)" ③以短片讲解语言文化知识点 ④"线上自学+线下课堂"混合式教学	①"线上教师+线下教师" ②"基底语为本族语教师+目标语为本族语教师"合作录制
教师水平	教师师资力量单一,多为某一汉语教学培训机构学校的教师,会受到本机构学校教学模式的影响,教学手段、教学方法、内容设置缺乏新意,不能通过群策群力发挥出教师的最佳水平	由于 AI 双师课需要迎合各大使用机构的现实需求,故 AI 双师课程需要集中各大汉语教学培训机构的优秀、有经验的以学生基底语为本族语的教师和口语水平较高的优秀的以学生目标语为本族语的教师。教师大部分来自各不同的学校,可以群策群力,互相商讨课程设置、教学内容及方法等,尽可能使课程具有普适性、融合集体的智慧,满足各大使用方的现实需求,可以发挥出教师的最佳水平。整体上师资水平较高
课程受众及其是否有针对性	课程受众较为狭窄,多为制作机构设定的水平的受众,针对性不强	课程受众广泛,群策群力可以充分考虑到不同学生的实际情况,针对性较强
学生学习体验	学生上课过程中与教师互动频率较低。且由于该类课程教学模式较为单一,时间长久起来,学生提不起学习的兴趣,学习体验自然大打折扣	学生可以接触到来自各大汉语教育教学机构的优秀教师,能做到足不出户享受优秀的以目标语为本族语教师的优秀口语教学资源,且可以体验到各式各样的学习活动,学生学习体验效果较好

续　表

	传统国际汉语教学网上授课模式	AI网络双师汉语课堂教学授课模式
学生学习效果	较差	较好
课程成本	课程通常为一个汉语教育教学机构设计录制，整体上成本较高	课程通常由专业的机构，结合优秀的师资教学力量制作完成。各大汉语教学培训机构市场广泛，可以带来一定的利润，一定程度上降低了课程成本
师生之间的互动	互动性较差	互动性较强
是否有利于教师教学发展	课程制作方单一，难以借鉴优秀的教学理念，总体上不利于教师教学发展与青年汉语教师的成长	课程制作团队来自各大教育教学机构的优秀教师，可以群策群力，互相借鉴优秀的教育教学经验，且以基底语为本族语教师的线下授课可以让青年优秀教师参与，可以在一定程度上促进优秀青年教师的发展
课堂管理、教师管理难度	课堂管理效果较低 外籍教师也较难管理	线下答疑教师可以维护课堂纪律，外籍教师管理也有针对性

（五）AI汉语网络双师课堂教学模式的各种优势

AI汉语网络双师课堂将传统网络教学模式与双语师资组合教学教学模式相结合，在汉语语言教学过程中发挥了重要的作用。下面将分析AI汉语网络双师课堂教学模式的各种优势。

1. 提升学生学习效果，优化学生学习体验

与传统的网络课堂教学模式相比，AI网络双师课堂因其独特的教学模式，可以增加教师与学生之间的互动、让学生享受到优质的教学资源。学生在传统网络课堂中只能单方向地听以学生基底语为本族语的教师的课程录播，如果存在跟不上课程进度的情况也只能反复暂停回放，自身对课程教授的内容存有疑问也只能听完课后寻求帮助，学习过程中存在的问题也不能得到及时的解决。而AI网络双师课堂融合了双语师资合作教学以及线上线下混合教学的优势，学生在听录播课时可以享受到双语师资的资源，在听课的过程中

存有疑问也可以寻求线下辅助教师的帮助,很大程度上可以提升学生的学习效果、提升学生的学习兴趣、优化学生的学习体验。

2. 整合优秀师资,共享教育教学资源,缓解国家地区间教育不平衡问题

由于AI网络双师课堂具有普适性广的特点,因此在课程制作教师的选择上必须严加要求。AI网络双师课授课的教师大多为汉语教育教学行业优秀的、有多年教育教学经验的以学生基底语/目标语为本族语的教师,而优秀师资数量是有限的,且大多数都聚集在发达的国家或地区,因此不可能保证所有国家或地区的汉语学习者都能享受到优质的教育教学资源,而AI双师网络课程却恰好应对了这个难题,学生可以享受到本国以基底语为本族语的优秀教师的课堂教学还能享受到中国优秀汉语教师的课堂教学,尤其是中国优秀汉语教师的课堂教学:中国有很多有多年海外留学生教育教学经验的优秀教师,孔子学院办公室每年也会选拔一些教师赴海外各国进行汉语教学,但这些教师由于国内科研任务以及家庭等多方面的影响,不能保证长期在海外教学,也不能保证在大部分国家地区进行海外教学。AI网络双师课堂恰好应对了这一难题,当下互联网络世界各地四通八达,汉语学习者与授课教师足不出户就能实现高效优质的教学互动活动,可以很大程度上促进各大国家优质汉语教学资源的共享,缓解国家或地区间教育不平衡问题。

3. 促进优秀青年教师的成长,促进本土教师的培养

在AI双师课堂中,青年教师主要充当助教的角色。青年教师在担任助教期间通过AI双师课堂视频的观摩可以借鉴优秀教师的教学方法,同时在给学生答疑辅导的过程中可以巩固自身的汉语基础知识,以及逐步"试水"摸索适合自身的教学方法,这都有利于促进优秀汉语青年教师的成长发展;同时,青年教师足不出户就可以观摩到优秀教师的教学,以往培养优秀的本土汉语教师,一般都需要派本土汉语教师到国外教育发达的国家地区进行培训听课,观摩优秀的教育教学资源或到中国进行集中式培训,在AI双师课堂,本土教师通过反复观摩优秀的以学生基底语/目标语为本族语的教师的口语、语法、阅读等课程,教师可以在教育教学技能上得到提升,这对培养稳定的本土汉语教师来说是有优势的。

4. 促进汉语国际教育的推广,降低学生的学习成本,促进中华文化的传播

AI双师课堂教学模式是双语师资与线上线下师资相融合的新型教学模式。这种模式突破了传统的网络课堂单语师资教学模式及传统有限师资线下教学模式的局限,让世界更多国家或地区的汉语爱好者、汉语学习者尽可能降

低因教育水平差异、经济水平差异而对汉语学习产生的阻碍影响,让世界上更多国家或地区的学生享受到更优质的汉语学习资源;同时,与线下课程高昂的学习费用相比,AI 双师汉语课堂对每一个学习者的学习成本要低很多,普适性也更广,有利于汉语国际教育的推广与中国语言文化的传播。

5. 促进汉语作为第二语言教育教学研究的发展

目前与汉语作为第二语言教学有关的研究成果非常多,其中不乏与汉语网络课堂教学有关的研究成果。且随着"后疫情"时代的到来,汉语网络教学类的研究成果层出不穷,众多学者开始就汉语网络教学开展有关课堂教学、教学方法、教学效果、课堂话语、平台设计等方面的研究,而 AI 汉语网络双师课堂教学作为一种新教学形式,其研究必然促进汉语教育教学研究的发展,促进汉语教学体系逐步走向成熟。

(六)汉语网络课堂汉外双语师资教学组合模式的探讨

前文已提到,AI 双师网络课堂线上授课部分主要由以学生基底语为本族语的教师和以学生目标语为本族语的教师合作实施。下面将对两类师资在 AI 双师课中的合作模式进行探讨。

1. 所教授课程类型的分配与合作组合模式

对于语言教学的双语师资组合模式,克罗与斯图尔特提出了"双语记忆表征的非对称性模式"。在这个模式中,双语能力存在以下五个内部层次:① 运用一语的能力;② 运用二语的能力;③ 接收二语并将之转译为一语的能力(接收转译技能);④ 生成一语并将之转译为二语的能力(生成转译技能);⑤ 双向转译的能力。

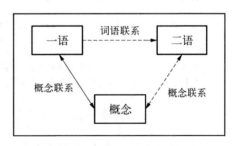

图 1 双语记忆表征的非对称性模式

语言教师实际上也是二语学习者,二语学习者双语能力的发展程度也是不均衡的,一般来说二语学习者的"接收转译技能"强于"生成转译技能",与此对应的,是以学生基底语为本族语的教师与以学生目标语为本族语的教师在语言教学中的不同优势:"一个值得推荐的方法是,利用一个受过专业培训的教师团队,这个团队包含以目标语为本族语教师(target-natives)和以基底语为本族语教师(base-natives)。前者作为目标语的模范,积极地以语言学知识为基础与学生用目标语进行互动,这属于语言行为要素;后者则着重对目标语进行分析,这属于语言事实要素。"(Jorden and Walton,1987)我们可以看出:在对外汉语教学中,基底语为本族语的教师主要承担语言知识讲解的任务,而目标语为本族语的教师主要承担语言技能训练的任务,见表3。

表3 汉语课程类型的师资类型分配

汉语课程类型	师 资 类 型 分 配
汉语语音课	目标语主讲,基底语补充操练
汉语词汇课	目标语与基底语教师合作授课,目标语负责讲解词汇意义、基底语做补充复习
汉语语法课	基底语主讲,目标语不参与
汉字课	基底语主讲,目标语不参与
汉语听力课	目标语主讲,基底语作补充
汉语口语课	目标语主讲,基底语作补充
汉语阅读课	基底语主讲,目标语作简要补充
汉语写作课	基底语主讲,目标语作简要补充

注:
"基底语"="以学生基底语为本族语的教师";
"目标语"="以学生目标语为本族语的教师"。

2. 所教授课程流程、时间方面的分配模式示例(以20分钟微课程为例)

表4 所教授课程流程、时间方面的分配模式

汉语课程类型	导入环节	讲 解 环 节	巩固复习环节
汉语语音课	基底语主要负责导入 导入时间 1—2分钟	① 先由目标语对所讲解语音进行示范,并进行简要操练 ② 后由基底语对已讲解语音进行补充 ③ 该环节主要时间分配给目标语老师,环节大约13—15分钟	主要由基底语负责,时间2—3分钟

续 表

汉语课程类型	导入环节	讲 解 环 节	巩固复习环节
汉语词汇课	基底语主要负责导入 导入时间 1—2分钟	① 先由目标语对所讲解知识进行示范,并进行操练,操练主要侧重于发音、含义的理解上 ② 后由基底语对所讲解知识进行补充,补充内容主要在词语的实际运用、易混词辨析等方面 ③ 该环节基底语与目标语授课时间应做到均衡,环节大约13—15分钟	主要由基底语负责,时间2—3分钟
汉语语法课		由基底语负责讲授,目标语不参与。环节大约13—15分钟	
汉字课			
汉语听力课		① 主要由目标语作主讲,带领学生反复操练,该环节目标语占用时间约在10分钟 ② 基底语主要做简要总结,时间在2—3分钟	
汉语口语课			
汉语阅读课		环节主要由基底语主讲,目标语可不参与或仅作简要补充。环节时间13—15分钟	
汉语写作课			

四、AI汉语双师网络课堂值得学术界深入探讨的方向

AI汉语双师网络课堂是在传统汉语网络课堂授课模式基础上的一种创新型模式,已为国内英语教学所采用,但目前还未为汉语教学界广泛吸纳与采用,还值得学术界深入探讨与研究。针对AI汉语网络双师课堂值得深入探讨的研究方向还有很多,包括但不限于下列内容:

(1) 关于AI双师课堂的学生与教师接受度的调查研究。
(2) 成人AI双师课堂与儿童AI双师课堂设计方面应考虑的不同。
(3) AI双师课堂线上线下教师互动的研究。
(4) AI双师课堂时间分配。
(5) AI双师课堂教学活动、教材、教学内容的设计等。

五、结语

本文就AI双师汉语网络课堂展开了相关的研究,对于AI网络双师课堂的含义、教学模式、AI双师课堂与传统授课模式的比较、AI双师课堂的优势、AI双师课堂汉外双语师资组合教学模式等方面进行了深入探讨。随着教育信息化的发展,网络课堂教学模式逐步兴起,学术界与教学界也探索了很多网络课堂的教学模式。AI双师网络课堂融合了线上线下教学模式与双语师资合作教学模式,充分满足了语言学习者的学习需求,促进汉语教学大众化、普及化,使更多的人有机会享受更加优秀的汉语教学资源,具有非常高的探索、应用价值。希望本文能为新时代背景下的网络课堂教学提供一种新型的教学方法借鉴,促进汉语国际事业的推广与中国语言文化的传播。

参考文献

［1］ 陈音陶,姚春林.基于中国大学慕课平台的对外汉语课程现状分析[J].华北理工大学学报(社会科学版),2020,20(6).

［2］ 侯睿.对外汉语中慕课与课堂教学结合模式探究——以北丹麦约灵Halvorsminde中学为例[D].硕士学位论文,湖南师范大学,2020.

［3］ 黄钧露.中小学双师模式下师生互动行为研究[D].硕士学位论文,天津师范大学,2018.

［4］ 孔依丹.互联网背景下国际汉语课堂的教学特点及改进建议[J].云南师范大学学报(对外汉语教学与研究版),2020,18(6).

［5］ 李晓飞.汉语作为第二语言教学慕课课程现状研究及思考——以"全球孔子学院慕课平台"和"中国大学MOOC"为例[D].硕士学位论文,北京外国语大学,2019.

［6］ 龙西仔,刘小莲,胡小勇.双师课堂:疫情防控期在线教学新模式[J].中小学信息技术教育,2020(5).

［7］ 吕静怡,姜艳艳.关于慕课(MOOC)模式在汉语国际教育中应用的思考[J].现代职业教育,2019(10).

［8］ 乜勇,高红英,王鑫."双师教学"共同体模式构建:要素与结构关系分析研究[J].电化教育研究,2020,41(12).

［9］ 孙瑞.汉语作为第二语言网络课堂教学设计[J].传播力研究,2019,3(5).

［10］ 田晓燕,野中阳一.互联网+"国际双师教学":促进高等教育国际化发展的新途径[J].河北大学学报(哲学社会科学版),2021,46(1).

[11] 王衍萍.汉语国际教育线上线下相结合教学模式的研究——以文化类课程为例[D].硕士学位论文,哈尔滨师范大学,2020.

[12] 吴英成,邵洪亮.国际汉语教师培养:双语师资协力组合模式[C]//世界汉语教学学会、国家汉办/孔子学院总部.第十一届国际汉语教学研讨会论文集.世界汉语教学学会、国家汉办/孔子学院总部.世界汉语教学学会,2012.

[13] 杨军红.在沪高校留学生汉语学习焦虑状况调查[J].文教资料,2018(34).

[14] 张思佳.中小学双师课堂的现状及发展趋势研究[J].教书育人,2020(32).

[15] 甄刚.汉语国际教育慕课平台建设现状及策略探究[J].教育教学论坛,2019(46).

[16] 郑艳群.课堂上的网络和网络上的课堂——从现代教育技术看对外汉语教学的发展[J].世界汉语教学,2001(4).

[17] 周方苗,何向阳.以双师课堂实现优质教师资源共享的实践研究[J].中国教育信息化,2020(5).

作者简介:王睿贤,上海外国语大学国际文化交流学院。

初级汉语综合课教师课堂语言分析
——以北京语言大学参考课堂为例

◎ 武卓锦

> **摘　要**：教师的课堂语言是教师语言的重要组成部分，与课堂教学的质量紧密相关。汉语教师需要不断塑造完善自己的课堂语言，以提高教学水平和能力。本研究通过 ELAN6.0 视频标注软件对北京语言大学的《国际汉语课堂教学参考案例》收录的初级汉语综合课实录进行量化研究，从而分析该课堂中教师语言的优劣之处，以期对汉语二语教学初级汉语综合课的教师课堂语言研究提供参考和借鉴。
>
> **关键词**：初级汉语综合课；教师语言；教师课堂语言

汉语二语教学进入后方法时代，如今已不再拘泥于某种特定的教学法流派，不再遵循固定的教学程序，而是在充分考虑学习者的需求和特点的基础上，教师因材施教，引导学习者自主探究，在有意义的交际活动中学会目的语。

课堂是汉语二语教学的主要场所，同样是学习者使用并习得目的语的语言环境，课堂教学也是汉语二语教学活动的中心环节和基本组织形式。教师在课堂教学中通过教师语言向学习者展示和传递知识与信息，对学习者施加影响，进而影响学习者的学习效果。这种教师语言一方面作为目的语，要与学习者的语言水平相匹配，另一方面作为对学习者重要的目的语输入材料，又要保证规范，有所交际意义。

汉语二语课堂教学的教师语言由于自身的特殊性，对汉语二语教学的课堂研究有着重要意义。汉语二语教师必须通过对自身教师语言的分析和塑造来改善与学习者的互动，提高教学能力。同时，课堂上的教师语言根据其使用的场合，需要在一定程度上体现特定阶段、课型的特点，满足课程目标，实现可理解输入,能反映出课堂教学的有效程度。

一、教师课堂语言的定义

刘珣(2000)认为"教师的语言"指的是"第二语言教师为了达到交际的目的,对该语言的非母语学习者在课堂教学和课外交往中有意识使用的目的语系统的变体",教师在课堂使用的语言则属于其中一种。广义上认为教师的课堂语言除了教师在课堂上的言语之外,还应该包括体态语和书写语言。

本次课堂语言分析仅研究教师在课堂上的口语,即狭义的教师课堂语言,参考高立群与孙慧莉(2007)设计的"对外汉语课堂教学观察量表"和唐小茜(2017)"教师课堂语言观察量表",尝试对有声的课堂教师语言进行分类和量化分析。

对外汉语教师在课堂上可能使用学习者的母语、第二语言如英语、目的语进行教学,也可能三种语言混合使用。

二、教师课堂语言的分类

(一)课堂用语

姜丽萍(2008)认为,"课堂用语是指教师为达到教学目标,完成教学任务,将每个课堂教学环节连接起来并推动教学进程的指示性用语"。结合她的分类,可以将课堂用语分为问候语、称呼语、启动语、结束语和管理语。

问候语指课堂开始和结束时教师对学习者的问候语言,为课堂营造出良好的氛围及师生关系。

课堂进行中,教师对学习者个体的点名是称呼语,往往出于提问、提醒或请求的意图使用,在实际的师生交际语境中省略后续表明真实意图的句子。

启动语和结束语用来宣告教学活动的开始和结束,都是教师在课堂的各环节衔接过渡的过程中使用的维持秩序、推进课堂活动进程的语言。

管理语是教师在向学习者规定活动时间时或者维持纪律、处理学习者课堂问题行为时使用的语言。

这些课堂用语在实际的教师课堂语言中占比不高,但承上启下,贯穿始终,构成了教师在一堂汉语课中的语言框架。对汉语教师而言,规范使用课堂用语,与学习者之间形成这种固定的信息传达互动,能够提高师生互动效率,更好地掌控课堂。

(二) 教学用语

教学用语指课堂中涉及实际教学活动、传授和培养知识与技能时教师使用的语言,可以分为讲解语、示范语、指令语、激发语、提问语、诱导语、重复语、评论语、反馈语、交流语。

讲解语是教师在介绍和说明生词、语言点、活动规则和作业要求等时候使用的语言。

示范语是教师向学习者提供规范的可模仿的目的语输入时使用的语言,学习者常常在教师使用示范语之后自发模仿输出。

指令语是教师在教学活动中对学习者行为做出要求的语言,通常为祈使句或单个动词。

激发语是在教学活动中教师为了引发学习者对旧知识的记忆而使用的语言。

提问语是教师对学习者进行的发问,根据问题的性质可分为对认识性问题的展示性提问和参考性提问、对回应性问题的请求性提问和核实性提问。展示性问题是答案局限或教师能够预先设计答案范围和问答互动的问题,常常用来考察学习者的掌握情况。参考性问题没有固定答案,需要学习者结合自己的实际进行回答,用于发散学习者思维、锻炼表达能力。请求性提问也可看作一种指令,学习者通过实际行为即可做出回应。核实性问题是教师用来确认学习者回答、确认学习者理解教师说的话或者对教师所言没有异议而使用的问题。

诱导语是教师只说一半,由学习者补充后半部分的语言,常常用来进行答案的提示,与直接提问相比降低了学习者思考和回答时的焦虑。

重复语常常出现在学习者回答后,是教师为了鼓励和肯定学习者或者让全班学习者接收到个别回答内容而对学习者语言进行的重复,不涉及该回答正确与否的评价。

评论语是在学习者的语言或行为之后,教师对学习者做出的肯定、否定、表扬、批评等评价,实际多用肯定和表扬的评论进行鼓励。

反馈语是教师在面对学习者的错误或不恰当表达时使用的语言,分为明确纠正式、重述式、请求澄清、启发式、重复式、元语言知识提示等类型。

交流语是在课堂活动中教师暂时脱离传授知识的任务,进行与学习者的交际时使用的语言。

在实际的课堂教学中,这些教学用语对学习者而言既是要学习的内容,又是接受知识、锻炼技能的媒介,在教师课堂语言中占据最大比重。与较为固定的课堂用语相比,教学用语需要根据每堂课的实际教学内容不断进行动态变化,满足学习者的实际需要。

三、教师课堂语言案例分析

本次选取的课堂实录是北京语言大学2016年出版的《国际汉语课堂教学参考案例》中的一堂初级汉语综合课,课文为《新概念汉语》第一册第15课"这条红色的裙子好看吗?",教学对象为汉语初级水平的成人学习者。

课堂语言的选择是目的语。

使用ELAN6.0软件对教师课堂语言按前面提到的分类进行标注和统计,结果见表1。

表1 教师课堂语言统计表　　　　　　　单位:小时

教师课堂语言		次数	最小时长	最大时长	平均时长	总时长
课堂用语	问候语	2	0.59	2.14	1.365	2.73
	称呼语	45	0.38	2.1	0.756	34.025
	启动语	10	0.56	3.43	1.525	15.25
	结束语	80	0.16	2.15	0.654	52.325
	管理语	3	1.53	2.3	1.823	5.47
教学用语	讲解语	26	0.69	7.69	3.821	99.345
	示范语	113	0.41	4.015	1.262	142.645
	指令语	114	0.16	9.42	1.368	155.94
	激发语	2	0.93	1.71	1.32	2.64
	提问语	100	0.49	5.99	1.619	161.935

续　表

教师课堂语言		次数	最小时长	最大时长	平均时长	总时长
教学用语	诱导语	42	0.34	3.6	1.316	55.28
	重复语	84	0.45	3.55	1.433	120.33
	评论语	81	0.24	2.87	0.814	65.97
	反馈语	9	0.58	4.29	1.582	14.24
	交流语	12	0.87	2.93	1.513	18.16

根据统计结果，在该教师的课堂上，使用最多的语言是示范语、指令语和提问语。

（一）示范语

示范语的出现在生词、语法点、课文的感知和操练环节，是教师向学习者提供目的语输入最主要的来源。然而，从该教学实录中看，教师的示范语也存在问题，鼻音发得不到位，很多含有鼻音尾韵母的语素如"黄""蓝"等听感上都有些靠前。这种不够规范的示范语是否会对学习者造成负面影响，需要对学习者的习得过程进行长期的调查研究才能得出结论。

此外，该教师的示范语主要是对照PPT展示的内容对生词、语法点例句和课文句子的机械重复，每次重复3—4遍，尽管对于成人学习者来说，这种机械操练是必要且易于接受的，但仍要考虑到二语教学的目标在于培养学习者对目的语创造性的使用。同时本实录中的这种示范模仿过程也多是在全班范围内进行，教师不能保证了解到每一个学习者的开口情况。

因此在实际教学中可以考虑在示范时多用生词进行词组与句子的组合、结合实物进行练习，并让学习者按照座位顺序依次开口，增强趣味性，保持适度的焦虑，避免学习者感到枯燥乏味。

（二）指令语

从指令语的使用上可以看到，本实录中的教师已经形成了自己课堂中的一套规范的指令语体系，大部分指令利用单个词"看""听""一起""请"等完成，并且辅助手势和动作的配合，提高了学习者理解并做出反应的效率，使教学在学习者初级水平的语言能力限制下得以顺利高效地进行。

除了单个词,教师还会使用语气舒缓的祈使句,注重礼貌语"请"的使用,也会通过提问的形式向学习者发出行为请求,这些都丰富了课堂指令的形式,鼓励学习者参与课堂互动,使学习者获得被尊重感,营造出和谐平等的课堂气氛,有助于良好师生关系的塑造以及课堂、课程的顺利进行。

(三) 提问语

如表2,除了作为一种特殊指令的请求性问题之外,教师最常提的问题是答案较为局限的展示性问题,主要通过提供PPT和实物的展示来控制学习者答案的范围。参考性问题数量很少,涉及的基本是学习者对于"……怎么样?"主观好恶的评判。

表 2 提问语统计表

提问语		次数
认识性问题	展示性问题	72
	参考性问题	10
回应性问题	请求性问题	14
	核实性问题	4

从不同性质问题设置的比例来看,教师显然做了充分的课前教学设计,考虑到学习者在初级阶段词汇量不足、难以进行生成性表达的现实,承担起教师的引导作用,在促使学习者使用有限词汇完成规范、意义完整的表达的同时,通过大量图片、实物的使用最大限度保证了答案的多元化、可选择性。并且作为综合课,该课堂更注重语言形式和词汇的积累,没有太多参考性问题也是可以接受的。

同时,教师在50分钟左右的课堂中共进行了100次提问,平均每分钟2个问题,达到了王秋雨(2007)认为的熟练教师应有的提问频率,实现了师生之间的紧密良好的互动,这种适度的焦虑也集中了学习者的注意力,保证了教学效果。

然而,教师的提问语中也有不合适的部分。在提出"你喜欢巴西?"这个问题时,教师的语调过于平缓,如果不注意的话,无法让学习者意识到教师提出了一个问题、需要做出回答。此外,在提醒学习者在课文阅读中带上感情时,教师问"不高兴怎么说?",从问题表面很容易觉得教师的问题是在问"不高兴"的另外一种说法,违反了会话原则中的关系原则,问了一个不相关的问题,学习者难以理解,改成"如果不高兴要怎么说?"或者"怎么说显得不高兴?"更为恰当。

(四) 诱导语

值得一提的是,教师也使用了很多诱导语来达到提问的效果。具体表现为教师说出句子的前半部分,通过上扬拉长的语调、拖慢的语速和夸张的表情动作诱导学习者自发说出后半部分。

这种教师和学习者共同完成句子的做法避免了教师在课堂上进行完整的提问后学习者仅用少量词汇进行回答,导致教师说得太多而学习者说得太少的情况,又避免了过多提问导致学习者过度焦虑、无人回答,进而使课堂节奏停滞不前的尴尬局面,维护了课堂的良好氛围和师生的平等关系。

(五) 评论语

表3中,该教师对学习者回答和行为的评论都是正向的,仅有一次是表明两个学习者的回答不一致的中性评论,不涉及教师的主观评判。在初级阶段,多鼓励少否定能够帮助学习者建立学习汉语的信心,减少为难情绪,从这点上说,该教师的做法是正确的。并且,在本实录中,教师评论语出现得很多,尤其在学习者回答到一半有所停顿时,说明教师及时对学习者做出反应,没有忽略,鼓励了学习者输出更多目的语的表达欲望。

表3 评论语统计表

评 论 语	次 数	评 论 语	次 数
肯定	33	批评	0
否定	0	中性	1
表扬	47		

但是在部分时候,学习者的回答还没有完全结束或是刚刚结束,教师就进行了评论,同时开展下一环节,虽然是出于控制课堂节奏的需要,但也在一定程度上挫伤了学习者参与互动的积极性。并且,如表4中,在具体的评论话语中,教师最常使用"很好""非常好"以及"啊""嗯"这样简单的叹词,较为单一,其他复杂形式很少,虽然符合初级水平学习者的接受程度,便于学习者感知,但容易变成一种惯性的肯定,脱离实际,无法让学习者感到应有的成就感。

表4 评论话语统计表

评 论 话 语	次　数	评 论 话 语	次　数
对	7	叹词("啊""嗯"等)	23
很好	21	其他	11
非常好	19		

成熟的教师应当丰富自己的评论语体系,在设置更大评价梯度和维度的同时,结合学习者回答的实际,从各个不同的方面给予评价,这样也能增强互动的有意义程度。

(六)反馈语

在面对学习者错误的时候,教师使用了多种反馈形式,如表5。主要通过元语言知识提示来帮助学习者改正语音上的错误,比如通过带音法发 i 到 ü 引导学习者改正把"裙子"发成"琴子"、"绿"发成"路"的错误。同时,教师利用启发式反馈帮助学习者在答案出现错误倾向时重新思考、产生正确的表达,通过重述这种更正性反馈避免挫伤学习者积极性、影响学习者的语义表达过程。

表5 反馈语统计表

反 馈 语	次　数	反 馈 语	次　数
明确纠正式	0	重复式	1
重述式	2	启发式	3
请求澄清	0	元语言知识提示	3

在学习者对课文记忆不够而答错关于课文细节的问题时,教师通过重复式的反馈,引发学习者自我思考和回忆,并且带着这种疑问进行接下来第二轮的课文感知,帮助学习者加深印象。并且,在第1、2次反馈后学习者仍未达到完全准确的表达时,面对这种可接受的错误,教师避免伤害成人学习者的面子和自尊,不再苛求,选择放过。

总之,学习者在本课堂中出现的错误不多,都得到了教师的良好反馈。

四、存在的问题

教师在本次课堂实录中有一些不合适的语言使用。

首先,是结束语的滥用。作为课堂用语中的一部分,启动语和结束语在教学环节中起到承上启下的作用,尽管不必对应出现,但根据统计,本课堂中启动语只出现了10次,结束语却足有80次之多,出现频率严重不匹配。"好""好的"常被教师作为一次问答和行为结束后的习惯语,形成教师的口癖,甚至影响了学习者的语言使用,课堂中一名学习者在回答完问题后的停顿里说了一句"好的"。这种滥用对初级阶段的学习者造成了负面影响,如果继续泛化会影响到正常的语言交际活动。

其次,在课堂节奏的控制上,教师的提问、评论和活动环节都显得过快,没有留给学习者充足的思考、理解、运用的时间。除了前文提到的评论外,提问后教师停顿的时间也较短,虽然也与初级阶段问题多为封闭性问题、不需要过多思考有关,但容易造成学习者的紧张情绪以及个别学习者跟不上节奏、自暴自弃等不良后果。活动环节中,教师往往要求学习者在一遍角色扮演后交换角色进行第二遍练习,但在教师走近学习者了解进度的前提下,仍然可以发现第二遍练习常常不能顺利完成就被教师中断,尤其在两个角色进行的言语行为严重不平衡的情况下(比如本课妻子与丈夫的对话中丈夫几乎一直在说"好看"),会大大影响学习者的开口量和积极性。

五、小结

从本次语言分析中,可以看到教师用诱导代替提问,缓解学习者焦虑,利于营造良好氛围;重复语和评论语多,达到鼓励学习者、增加互动的目的等优点,这些都符合初级阶段的要求,帮助学习者在水平较低的阶段建立信心,满足了学习者的实际需求,是值得借鉴的地方。

同时,有经验的教师要学会建立自己的指令语、课堂用语体系,才能在实际的课堂教学中达到事半功倍的效果,提高教学的效率。

此外,从本次课堂实录中还可以看到,教师语言中语调和叹词的作用也很重要,一方面能够鼓励学习者,另一方面能在满足学习者初级水平的同时最大限度减少教师过多的语言使用,帮助学习者意识到教师在进行怎样的教学行为,从而增强与学习者的互动,扩大学习者开口说话的频率。

总之,教师课堂语言必须不断进行自我完善和动态变化,以满足不同课型、学习者、每一堂课的实际需要。对教师课堂语言的研究能在最现实的实践中促进教学反思、帮助提高教学质量。

参考文献

[1] 董雅玮.初级阶段汉语教师课堂语言探析[D].硕士学位论文,河北大学,2015.
[2] 高立群,孙慧莉.对外汉语课堂教学量化工具的设计构想[J].世界汉语教学,2007,82(4).
[3] 国际汉语课堂教学研究课题组.国际汉语课堂教学参考案例[M].北京:北京语言大学出版社,2016.
[4] 黄爽.对外汉语初级综合课教师课堂提问研究[J].赢未来,2018(18).
[5] 姜丽萍.对外汉语教学论[M].北京:北京语言大学出版社,2008.
[6] 刘珣.对外汉语教育学引论[M].北京:北京语言文化大学出版社,2000.
[7] 唐小茜.对外汉语初级教学教师课堂语言分析——以意大利帕多瓦大学孔院为例[D].硕士学位论文,广州大学,2017.
[8] 王秋雨.哈佛大学汉语讲练课课堂活动研究[D].硕士学位论文,北京语言大学,2007.

作者简介:武卓锦,北京语言大学国际中文学院。

两种教学模式下学生线上学习行为与学习绩效的比较分析
——以超星平台上海大学"中级汉语阅读3"课程数据为例

◎ 鄢胜涵

摘　要：本文以超星学习通平台上海大学"中级汉语阅读3"课程数据为例，分析录播与直播两种不同汉语教学模式下学生在线上平台的学习行为对学习绩效的影响。研究表明，在录播模式下，阅读课的学生在平台观看教学视频的时长与练习成绩显著正相关；在直播模式下，阅读课的学生观看教学平台回放视频的学习行为与练习成绩相关性较弱；在两种教学模式下，学生完成线上任务点的学习行为与练习成绩、考试成绩都显著正相关；阅读课的学生在录播教学模式与直播教学模式下的学习绩效没有显著差异。研究结果对汉语阅读课教学模式的探索、学习行为与学习绩效研究具有一定参考意义。

关键词：教学模式；学习行为；学习绩效；汉语阅读课

一、研究背景

新冠肺炎疫情发生以来，信息技术与教育教学深度融合，为适应世界各地汉语学习者的需求，国际中文教育线上教学迅速发展，在疫情期间逐渐成为常态化的教学模式，即使在逐步恢复线下教学模式之后，线上练习等工具也作为辅助教学手段继续服务于日常教学。因此，哪种教学模式更为有效？哪些线上学习行为能够有效促进汉语学习？线上学习行为与学习绩效的相关性如何?这些都成为师生共同关注的问题。

国际学生的线上汉语学习行为和学习效果,根据不同教学模式的要求而有所差别。线上汉语教学的模式主要有录播、直播、录播直播并用三种类型(王瑞烽,2020)。也有学者认为当前高校线上教学主要有四种教学模式,除直播、录播教学以外,还有语音教学模式(教师通过在线平台发送语音信息与学生协作)和文字教学模式(教师以文字的形式实时发送内容讲解并组织在线讨论),其中,学生在录播教学模式中的学习行为表现显著低于其他三种教学模式(高巍等,2022)。对录播教学模式的调查表明,由于这种教学模式更依赖于学生的自主学习能力,83%的教师认为师生互动性差,65%的学生认为学习效果一般或较差(王瑞烽,2020)。对直播教学模式的调查表明,64.29%的教师认为直播教学效果还可以,但与课堂教学相比,超过90%的教师认为课堂教学的效果要更好(包涵予,2021)。关于录播直播并用的教学模式,目前有的教学采取部分课时录播、部分课时直播的方式,有的采取线上翻转课堂的方式(课前录播、课中直播指导),有的认为应该直播录播融合进行,在直播中加入课程团队打造的优质视频录播,充分发挥直播与录播各自的优势(王瑞烽,2020)。录播直播并用的模式,在具体教学实践中如何操作、效果如何,都还有待进一步探索与研究。另一方面,关于在线下汉语教学模式中利用线上练习等辅助形式的学习行为与学习效果之间的关系,由于疫情后国内汉语线下课程还在逐步恢复的阶段,这方面的平台数据仍在建设与积累中,相关研究也有待完善。

目前国内关于网络学习绩效的研究,主要集中在对学习绩效的影响因素、绩效测量和绩效提升策略三个方面,缺少对在线学习者学习过程中的绩效研究(陈彦彤、赵国宏,2018)。关于学生在线学习行为的研究,主要有两大类型:一类侧重挖掘网络教学平台中的学习行为数据、行为分析模型构建;另一类侧重结合教学实践,分析在线学习数据的绩效导向作用、反馈绩效的有效性等。研究表明,学生的在线学习行为对提升其网络学习自主效能感、自主学习能力和提高学习绩效都具有正向的影响(李小娟等,2017)。网络教学平台数据可以有效反馈学习绩效,测试与提问类的学习任务对学习绩效的反馈作用显著(宋丽娜、尉依,2019)。

总的来说,目前关于线上汉语教学模式的研究,主要是对教学模式设计与构建、操作方式的讨论(王磊,2018;宗茜,2020;王红羽,2021)。对于线上汉语教学模式成效的研究,也主要以对教师和学生的问卷调查结果作为依据,来调查国际汉语线上教学的现状(王导等,2020)。从文献资料来看,目前国际中文教育学界还缺乏对线上汉语学习者学习行为与学习绩效的深入研究。如果我们利用网络教学平台数据,对学生的汉语学习行为、学习绩效进行分析,可以为优化在线教学与练习的模式、提高汉语教学效果,提供有益参考与数据支持。

二、研究内容

本文以超星学习通平台上海大学"中级汉语阅读3"课程的线上数据为研究对象,比较录播与直播两种线上汉语教学模式下,学生在网络教学平台的学习行为与学习绩效的关系,以及不同教学模式对学习绩效的影响。通过统计分析,对以下研究假设进行验证:

H1:录播教学模式下,阅读课学生在教学平台的学习行为与学习绩效存在正相关性;

H2:直播教学模式下,阅读课学生在教学平台的学习行为与学习绩效存在正相关性;

H3:录播教学模式下的学习绩效与直播教学模式下的学习绩效存在显著差异。

三、研究方法

(一)课程背景

本文采用的数据来自近三年的上海大学国际学生学科基础课程"中级汉语阅读3"。通过前期"初级汉语阅读(1—3)"以及"中级汉语阅读(1—2)"课程的学习,学生已经具备了一定的汉语阅读和语篇理解能力,处于向多语体风格的长篇阅读理解、跨文化理解及其他高级阅读能力过渡的阶段。"中级汉语阅读3"课程使用教材《发展汉语(第二版)中级阅读II》,通过题材广泛、内容实用的汉语书面材料的阅读训练,着重提高学生的汉语综合阅读理解能力与阅读技能。学生不仅能够积累汉语知识,训练多种阅读策略,还能增进对中国社会生活与文化的了解,拓宽视野,培养跨文化理解及适应能力。

（二）样本选取

本文选取了两组样本作为研究数据。

一组样本为2020年春季学期全程采用线上录播教学模式的"中级汉语阅读3"课程的某国际学生班级，作为"录播组"，选课学生19人，除去1名缺考学生，共有18份有效样本。大部分学生来自亚洲，国别包括韩国9名、泰国4名、土耳其2名、乌兹别克斯坦1名、越南1名，以及来自非洲科特迪瓦1名。除土耳其学生与中国存在六小时时差、乌兹别克斯坦学生存在三小时时差以外，其他学生上课期间所在地区与中国的时差不大（科特迪瓦学生在课程学习期间是身处中国境内的）。

另一组样本为2021年春季学期全程采用线上直播教学模式的"中级汉语阅读3"课程某班级，作为"直播组"，选课学生34人，除去2名缺课学生，有效样本共32份，学生均来自亚洲，其中韩国8名、印度尼西亚6名、泰国6名、马来西亚4名、乌兹别克斯坦4名、菲律宾2名、日本1名、斯里兰卡1名，除乌兹别克斯坦学生有3小时时差外，其他学生上课期间与中国仅有1—2小时时差或者没有时差。

（三）数据说明

两个样本组的学生，除教学模式不同外，课程的授课教师、教材、教学内容、网课平台、练习形式、考试形式等都保持一致，学生的线上学习行为与学习绩效数据均来自"上海大学网络教学互动平台"超星系统的学习记录与成绩记录。

1. 线上教学模式

该课程的一种教学模式是线上录播的形式。以线上的录播教学为主，教师提前制作教学视频（教师不出镜的课件加语音讲解的录屏视频）上传至超星网课平台，学生通过观看视频自主学习阅读文章的内容。上课期间，师生采用学习通班级群的实时互动工具（文字加语音交流）进行学生自学效果的检查与答疑，课后学生在线上完成与视频内容相关的章节测验练习。学生也可以反复观看教学视频进行复习，视频观看时长的数据均在平台中有所记录。此外，考勤管理、拓展阅读作业评阅、考试等，也都在线上平台进行。

另一种教学模式是线上直播的形式。上课时，师生通过腾讯会议的直播平台进行同步音视频的实时交互教学，教师可以在直播界面分享教学课件，进行讲解、批注与提问,学生也可以同步观看与收听、朗读阅读材料、回答或提问等。直播教学的视频会在课后上传至网络教学平台,供复习回看使用(因此在直播教学模式下,网络教学平台中记录的学生观看视频的时长,并非直播上课的时长,仅为学生观看上课回放视频的时长)。直播课后,教师要求学生完成与直播课相关的阅读文章练习,也是以章节测验的形式发布。此外,考勤管理、拓展阅读作业、考试等,也都在线上进行。

2. 线上学习行为

本研究把学生观看教学平台中视频的时长、完成章节中任务点的百分比,作为反映网课平台学习行为的两个变量。其中,任务点包括完成观看70%的录播视频、提交章节测验练习、点击教师课件PPT与参考阅读资料。

3. 学习绩效

对于学习绩效的理解,学界主要有两种观点,一种注重反映学习过程的绩效,一种注重反映学习结果的绩效。本研究把学生每一讲的章节测验得分作为反映学生线上学习过程的绩效、课程考试成绩作为反映学生线上学习结果的绩效,选取这两个变量进行分析。章节测验是检验学生对在录播视频或直播讲解中的阅读文章的理解程度,以课后练习的形式在网课平台发布。课程考试采用在线形式,要求学生闭卷限时完成,考试内容有课程中学过的重点语言要素知识,也有上下文猜词、填空等阅读策略,还包括与课内主题相关的其他阅读材料。

四、数据分析

通过IBM SPSS Statistics 26软件,我们对数据进行了相关分析、两独立样本非参数检验,对前文三个假设逐一进行实证。

(一)相关分析

1. 录播模式下的学习行为与学习绩效

描述性统计结果反映了录播模式下,学生线上学习行为与学习绩效的基本情况,见表1。

在录播模式下,该课程学生观看视频的平均时长为450.4分钟,任务点完成比率平均为84.57%,章节测验练习的平均分为62.6,课程考试成绩均分为76.4。

表 1 录播模式下学生线上学习行为、学习绩效的描述统计

	平均值	中位数	最大值	最小值	标准差
视频观看时长（分钟）	450.4	541.5	618.2	14.4	193.3
任务点完成百分比（%）	84.57	93.52	100.00	5.56	25.05
章节测验得分（分）	62.6	62.5	93.0	1.7	24.7
考试成绩（分）	76.4	78.5	98.0	37.5	17.4

为了了解几个变量之间的相关性，我们对数据进行了相关分析检验。一般认为，相关系数|r|如果在0.8—1.0之间，表明变量之间呈极强相关；|r|在0.6—0.8之间是强相关；|r|在0.4—0.6之间是中等程度相关；|r|在0.2—0.4之间是弱相关；|r|在0.0—0.2之间则是极弱相关或无相关。

皮尔逊（Pearson）相关分析结果显示（表2），学生对阅读课录播视频的观看时长与章节测验得分的相关系数为0.525，显著性（P值）是0.025，小于0.05，表明两者呈中等程度的正相关性，且相关强度具有显著性。视频观看时长与考试成绩的相关系数为0.117，P值0.644，远远大于0.05，表明两者相关性极弱，且相关性不显著。学生的任务点完成百分比与章节测验得分的相关系数为0.930，P值小于0.01，表示两者之间是极强正相关的，相关性非常显著。任务点完成百分比与考试成绩的相关系数为0.618，P值为0.006，小于0.01，呈较强的正相关，相关性非常显著。

表 2 录播模式下的皮尔逊（Pearson）相关性分析

		视频观看时长（分钟）	任务点完成百分比（%）
章节测验得分	皮尔逊相关性	0.525*	0.930**
	Sig.（双尾）	0.025	0.000
	个案数	18	18
考试成绩	皮尔逊相关性	0.117	0.618**
	Sig.（双尾）	0.644	0.006
	个案数	18	18

注：**. $P<0.01$，在0.01级别（双尾），相关性显著。
　　*. $P<0.05$，在0.05级别（双尾），相关性显著。

通过相关性分析结果,可以看出,假设1大部分是成立的:录播模式下,阅读课学生观看视频的学习行为与章节测验练习的成绩显著正相关,但与课程考试成绩极弱相关。这表明,学生通过观看视频自学阅读文章的内容,对理解文章、完成阅读练习是有积极促进作用的,但对课程考试成绩的影响不大。学生完成任务点的学习行为,与章节测验练习的成绩和课程考试成绩都显著正相关,表明学生任务点完成得越多,练习效果越好,在考试成绩上也会体现出来。

出现这种结果的原因,可能与阅读课的特点、练习和考试设计有关。录播视频内容主要是对章节测验练习文章的讲解,学生在自学录播内容方面花费的时间越多,后面的阅读练习成绩更好。课程考试除了考查学生对本课程汉语知识积累的情况,还考查学生掌握阅读策略、对相关主题的拓展阅读材料的理解情况。本研究的两组学生是处于中级汉语水平的群体,学生之间已有的语言水平存在差异,对于其中汉语基础较好、掌握一定阅读技能的学生来说,他们不需要花费太长时间观看录播视频讲解,就能依靠自身的知识积累较好地完成考试中的拓展部分。这也能解释为什么学生的线上视频观看时长与考试成绩不太相关。这个结果对教师来说显得有点令人沮丧,似乎辛苦准备的教学视频对学生来说作用不大?但其实观看视频时长对学生完成相关的练习是有直接影响的,即对学生的学习过程绩效是有直接影响的,而且从学生的另一个线上学习行为数据来看,学生如果积极参与线上学习,积极完成任务点,对老师提供的阅读文章多看多练,是可以非常有效地提高阅读成绩包括考试成绩的。

2. 直播模式下的学习行为与学习绩效

描述性统计结果反映了直播模式下,学生线上学习行为与学习绩效的基本情况(表3)。在直播模式下,该课程学生观看视频(直播回放)的平均时长为41.7分钟,任务点完成比率平均为81.47%,章节测验练习的平均分为68.9,课程考试成绩均分为85.5。

表3 直播模式下学生线上学习行为、学习绩效的描述统计

	平均值	中位数	最大值	最小值	标准差
视频观看时长(分钟)	41.7	4.9	596.1	0.0	112.1
任务点完成百分比(%)	81.47	100.00	100.00	0.00	32.73

续　表

	平均值	中位数	最大值	最小值	标准差
章节测验得分(分)	68.9	81.1	96.7	0.0	29.8
考试成绩(分)	85.5	88.7	100.0	52.0	13.7

皮尔逊(Pearson)相关分析结果显示(表4),学生对网课平台视频(直播教学回放)的观看时长与章节测验得分的相关系数为0.160,显著性(P值)是0.383,大于0.05,表明两者呈较弱的正相关性,相关强度不显著。视频观看时长与考试成绩的相关系数为-0.309,P值0.085,大于0.05,表明两者呈较弱的负相关,相关性不显著。学生的任务点完成百分比与章节测验得分的相关系数为0.966,P值小于0.01,表示两者之间是极强正相关的,相关性非常显著。任务点完成百分比与考试成绩的相关系数为0.503,P值0.003小于0.01,呈中等程度的正相关,相关性非常显著。

表4　直播模式下的皮尔逊(Pearson)相关性分析

		视频观看时长(分钟)	任务点完成百分比(%)
章节测验得分	皮尔逊相关性	0.160	0.966**
	Sig.(双尾)	0.383	0.000
	个案数	32	32
考试成绩	皮尔逊相关性	-0.309	0.503**
	Sig.(双尾)	0.085	0.003
	个案数	32	32

注:**. $P<0.01$,在0.01级别(双尾),相关性显著。

从分析结果可以看出,假设2部分成立:直播模式下,阅读课学生完成线上任务点的学习行为与学习绩效显著正相关,表明任务点完成得越多,学习效果越好。而学生观看教学平台视频的学习行为与章节练习的学习绩效相关性较弱,甚至与考试成绩呈弱负相关,但这种相关性不显著。

对这种结果可以解释为,直播模式下,学生观看平台阅读课视频的行为只是自发的补充学习,可能是出于复习的需要,也可能因为直播网络问题或其他原因需要回看上课内容,所以这里的视频观看时长不能完全反映学生投入到主要学习内容的时间,与章节练习这样反映学习过程的绩效的相关性就会比较弱。

(二)两独立样本非参数检验

为了了解录播教学模式下的学习绩效与直播教学模式的学习绩效是否有显著差异,我们需要对数据进行两独立样本检验。描述统计探索显示,录播组学生的考试成绩平均值是76.417,标准差是4.1077;直播组学生的考试平均值是85.462,标准差是2.4218。两种模式下的成绩数据P值分别是0.165、0.001(表5),分布形态不满足正态分布,因此我们使用非参数检验的方法进行分析。

表5 录播组与直播组学生考试成绩的描述统计与正态性检验

	组别	柯尔莫戈洛夫-斯米诺夫(V)[a]			描述	
		统计	自由度	显著性	平均值	标准差
成绩	录播组	0.173	18	0.165	76.417	4.1077
	直播组	0.205	32	0.001	85.462	2.4218

注:[a]. 里利氏显著性修正。

两独立样本非参数检验的结果和数据的描述性统计量如表6,检验所得U统计量是199.500,P值等于0.073,大于0.05的显著性水平,保留零假设(不同教学模式组的成绩中位数相同),说明两组的成绩之间差异是不显著的,录播模式下的学生成绩并没有显著低于直播模式。

表6 录播组与直播组学生考试成绩的曼-惠特尼(Mann-Whitney)检验

	组别	个案数	中位数	四分位距	秩平均值	秩总和	曼-惠特尼U	P值
成绩	录播组	18	78.500	28.0	20.58	370.50	199.500	0.073
	直播组	32	88.700	14.1	28.27	904.50		
	总计	50						

因此，虽然直播模式下的成绩中位数高于录播模式，但两种模式的学习绩效差异没有统计意义上的显著性，研究假设 3 不成立。这个结论与大家印象中的情况似乎不太一致，在以往的相关问卷调查研究中，大家普遍认为直播教学的效果还可以，录播教学的学习效果一般或较差（王瑞烽，2020；包涵予，2021；高巍等，2022），但是通过本次对中级汉语阅读课的学习数据分析，我们可以发现，并非所有课型都是如此。对于偏重于语言输入与理解的阅读课，直播模式与录播模式下的学习结果绩效并没有显著差别。

五、结论与启示

一直以来，阅读教学在国际中文教学中都具有十分重要的地位（刘颂浩，2018），汉语学习者的阅读能力一定程度上也决定了其汉语可持续性学习的能力。中级汉语阅读课在汉语阅读课程体系中起着"过渡性"的作用（文静，2013），既是对初级阶段汉语阅读知识的巩固与拓展，又是为高级阶段的长篇阅读学习进行积累与铺垫。

本文以上海大学"中级汉语阅读 3"课程为例，通过网络教学平台数据，分析了录播与直播两种不同线上汉语教学模式下的学生学习行为对学习绩效的影响，并探讨了录播模式与直播模式的教学效果差异情况。研究表明：在录播模式下，阅读课学生观看教学视频的时长与学习过程绩效（练习成绩）显著正相关；在直播模式下，阅读课学生观看教学平台回放视频的学习行为与学习过程绩效相关性较弱，学生完成线上任务点的学习行为与学习过程绩效、学习结果绩效（考试成绩）都显著正相关；阅读课的学生在录播教学模式与直播教学模式下的学习结果绩效没有显著差异。

研究结果对线上汉语课特别是阅读课的教学提供了一定的参考意义。

首先，丰富线上学习任务的设置形式，激发学生的自主学习性。在两种线上教学模式下，学生的自主学习能力都直接影响学习效果。无论是录播还是直播模式，学生能否保持积极的线上学习状态，直接关系到学习效果的好坏。因此，教师可以通过鼓励学生完成线上任务，比如通过设置任务闯关、积分奖励等形式，激发学生的自主学习能力。

其次，加强对线上任务完成情况的督促，积极跟进学生的学习进程。线上任务完成情况可以反映学生的学习过程，教师不能因为网上平台记录、评分方便而忽略了对学生学习过程的管理。通过平台数据，教师可以及时跟进学生的学习过程绩效,对成绩落后、学习进度缓慢的学生,多加关注和提醒,答疑解惑,通过逐步提高学习过程绩效,达到提高整体教学效果的目标。

最后,录播、直播相结合,加强线上教学资源建设,优化在线教学模式。研究发现,对于偏重于语言输入与理解的阅读课,在录播与直播两种教学模式下,学生的学习绩效没有明显差异。我们需要反思之前认为录播教学效果差的成见,针对不同课型,积极探索新的教学模式,充分利用录播、直播两种模式各自的优势。比如,对汉语阅读课来说,学生在自学录播内容上花费的时间越多,后面的阅读练习成绩更好。因此,教师团队可以通过制作优质的教学视频,鼓励学生观看录播视频自学,充分利用录播模式下学生自学时间灵活、不受网络条件限制的优势,再结合直播教学互动性强、可以有效督促学生完成线上学习任务的特点。通过这种录播、直播相结合的形式,优化阅读课的在线教学模式,进一步提高汉语阅读课教学效果。

由于样本数据有限,本文仅对录播与直播两种教学模式下阅读课学生的线上学习行为与学习绩效进行了比较,尝试通过统计分析的方法对学习行为与学习绩效数据进行实证研究,无论是样本数量还是分析方法都还有待完善。疫情之后,在线下汉语课堂教学逐步恢复的情况下,如果可以对线下课堂教学模式与线上模式的相关数据进行比较分析,将会是更有趣和更具现实意义的研究。

参考文献

［1］ 包涵予.疫情状态下汉语网络直播教学模式现状与分析［J］.吉林省教育学院学报,2021,37(5).

［2］ 陈彦彤,赵国宏.我国在线学习绩效研究发展综述［J］.软件导刊(教育技术),2018,17(10).

［3］ 高巍,杨根博,蔡博文.高等学校四种线上教学模式效果比较研究［J］.黑龙江高教研究,2022,40(2).

［4］ 李小娟,梁中锋,赵楠.在线学习行为对混合学习绩效的影响研究［J］.现代教育技术,2017,27(2).

［5］ 刘颂浩.对外汉语阅读教学研究四十年［J］.国际汉语教育(中英文),2018,3(4).

［6］ 宋丽娜,尉依.网络教学平台数据反馈学习绩效能力的有效性实证研究［J］.中国多媒体与网络教学学报(上旬刊),2019(10).

［7］ 王导,李正亚,朱雨路.疫情下国际汉语线上教学成效研究［J］.文学教育(下),2020,525(11).

［8］ 王红羽.新时期对外汉语线上教学模式的探索与实践——以四川文理学院为例[J].四川文理学院学报,2021,31(4).

［9］ 王磊."北语模课"下初级汉语阅读教学模式的构建[C]//中文教学现代化学会,澳门科技大学.第十一届中文教学现代化国际研讨会论文集.北京:清华大学出版社,2018.

［10］ 王瑞烽.疫情防控期间汉语技能课线上教学模式分析[J].世界汉语教学,2020,34(3).

［11］ 文静.对外汉语中级阅读教材课文研究[D].硕士学位论文,广西师范大学,2013.

［12］ 宗茜.基于"录播＋教学体系"的汉语综合课教学模式构建[J].汉字文化,2020(27).

作者简介：鄢胜涵,上海大学国际教育学院。

论语法翻译法对当下海外汉语教学的启示

◎ 姚　诚

> **摘　要**：海外汉语教学是一种外语教学。语法翻译法是最传统的一种外语教学法，是后来各种外语教学法的源头。本文认为，语法翻译法强调学习者母语对外语学习的作用，重视目的语语法规则的学习，重视翻译练习，都是当下海外汉语教学可资借鉴的重要启示。
>
> **关键词**：海外汉语教学；语法翻译法；母语

张正东（2003）在《我国英语教学的属性和内容》中指出，二语教学和外语教学是两种不同的教学类型。中国人在英国学校跟英国老师学习英语是二语教学，中国人在国内跟中国老师学习英语是外语教学，适合二语教学的方法不一定适合外语教学，一定要有所区分。笔者没有在国内教来华留学生的经验，只在毛里求斯公立小学、哥伦比亚私立学校教过汉语，所以结合自身的经验，笔者的论述立足于海外学生的汉语教学，这是一种外语教学。潘文国（2017）在《外语教学的发展呼唤强化对比研究》中论述了外语教学的两种路子，他指出，重视"教"的倾向于在外语教学中排斥母语，重视"学"的倾向于利用母语促进外语教学。潘老师关于"二语教学A""二语教学B"的区分很有意义，"二语教学A"重"教"，"二语教学B"重"学"，本文讨论的是海外学生学汉语，属于潘老师"二语教学B"的范围。在外语教学中，最关注母语和目的语之间关系的教学法是语法翻译法。语法翻译法是"学"的路子，直接法、听说法、视听法、交际法等是"教"的路子，而海外学生的汉语教学一定更多的是"学"的路子。本文认为，现今的海外汉语教学仍需要重视语法翻译法，特别是吸收其中的合理因素,以获得更好的教学效果。

一、语法翻译法的历史面貌

语法翻译法是以语法为基础,用母语来教授外语的一种方法。教师首先用母语讲清楚语法规则,然后举出目的语例句并翻译成母语进行分析讲解,接下来做大量的练习要求学生把母语翻译成目的语。教学始终围绕语法规则进行。可见,语法翻译法是通过理性分析来学得一门外语的教学方法,是外语教学重视"学"的路子。

语法翻译法的主要特征是:① 强调母语在教学中的重要作用,通过母语和目的语之间的比较分析,使学生更明确地理解目的语含义;② 重视学习目的语语法,认为语法是语言的核心;③ 重视阅读和翻译,主要培养学生的书面语能力。

语法翻译法的优点很明显:① 由于使用母语,教学顺畅;② 重视理性分析,理解透彻;③ 重视阅读经典,提升智慧;④ 便于教师操作,容易教,容易测。

语法翻译法的缺点也很突出:① 听说技能训练缺失;② 全程使用母语,阻碍目的语思维形成;③ 所学内容和当下脱节,所学非所用;④ 课堂枯燥乏味。

外语教学采用语法翻译法,是历史发展中语言学科学化的结果。冯志伟在《现代语言学流派》中指出,19世纪初期的语言学受到三种因素的影响:历史主义观点在科学中的贯彻,浪漫主义思想的发展和欧洲学者对梵语的研究。1786年,英国学者威廉·琼斯发现,古印度的梵语和欧洲的语言有共同的来源。1816年,德国语言学家葆朴出版专著认为梵语、希腊语、拉丁语、波斯语和日耳曼语都出于一种共同的原始语言。语言学家们的研究成果,证实和巩固了人们对语言亲缘关系的信念,所有人都开始相信,一切语言都起源于一种语言,因此现在的各种语言基本都是相通的。

于是学者们认为,通过母语来学习目的语必然是可行的,同时也相信,历史比较语言学比较的研究方法,必然也是学习外语科学有效的学习方法。所以语法翻译法强调两种语言的对比学习,翻译比较。

由于历史比较语言学家提出的语言衰退论,认为语言形式发展的最完美阶段是在远古。因此,那些古老的、书面的语言文字材料,越来越受到重视。这也就成为语法翻译法重视阅读经典著作的原因。

综上，语法翻译法关注利用母语促进目的语学习，重视学习语法规则，重视以阅读输入、翻译输出的书面语读写训练。

二、语法翻译法的当下启示

直接法、听说法、视听法、交际法等重视"教"的教学方法，是西方语言二语教学实践的总结提炼，由于西方语言的特殊地位，这些在西方中心主义背景下产生的教学法，在某种程度上不适合海外汉语教学，不能完全照搬。汤恩华（2020）在其硕士学位论文中，通过在泰国初三年级两个班的教学实验，两个班分别采用语法翻译法和听说法进行汉语教学，最后得出语法翻译法教学效果优于听说法的结论。这篇实证研究的结论值得重视。

笔者认为，海外汉语教学可以从语法翻译法中吸收有益因素。传统的语法翻译法关注的是两种语言"同"的方面，并且以"同"为出发点，来进行外语学习。笔者认为，受语法翻译法启发，现在我们更应该关注两种语言"异"的方面，以"异"为出发点，来进行外语学习。笔者认为，语法翻译法留给今天最重要的启示在于：① 重视母语，也就是重视学习者的本土语言文化；② 重视语法，重视语言规则，也就是重视目的语的思维方式；③ 重视读写训练，也就是重视培养书面语能力。

语法翻译法的精髓是对学习者母语的重视，即对学习者本土语言文化的重视。按照德国语言学家威廉·洪堡特"语言世界观"的观点，学习一种语言，就是学习一种新的世界认识方式。因此，语言教学不可能只是纯粹的语言教学，必定会受到更广阔文化内容的影响。笔者曾在毛里求斯公立小学和哥伦比亚私立学校做汉语教师志愿者，教学对象都是汉语学习初级阶段的学生，两国教学情况分析详见附表。总体来讲，笔者自觉在两国的中文教学效果都不理想，但在毛里求斯的效果优于哥伦比亚。笔者分析教学效果不佳最大的原因是笔者自身不会这两国母语。

（一）掌握本土语言的重要性

外语教学想要获得更好的效果，语言的顺畅沟通最重要。毛里求斯学校的开放日，家长会来和老师交流孩子的学习情况。"当家长来见我，一听我只会说英语，只好礼貌地说了一句'哦好，谢谢'，就走了。"虽然英语是毛里求斯的官方语言，但生存语言是法语，法语才是母语（详见附表），当地人不是不会英语,而是因为我们双方都无法用英语完全地表达自己。在毛里求斯小学,如果不会法语,课堂根本无法控制,笔者努力学习法语,但还是学得不够,无法和学生顺畅交流,一年下来,整体的教学效果自己是不满意的。笔者曾请本土教师黄老师授课,自己在旁边认真观摩,发现黄老师和自己最大的不同,就是用学生能听懂的语言法语上课,学生容易理解,效果就很好。

(二) 熟悉本土文化的重要性

1. 两国本土文化对中国的认识比较

毛里求斯教育部课程首长在《小学汉语课本》前言中写道:"我们生活在一个全球化的经济体中,必须确保我们的孩子在知识、技能和才干上,达到与世界领先国家相当的水平,以便我们能够跟上全球发展的步伐。"很明确地将中国视为"世界领先国家"。一位一年级印度裔家长想把他正在学印地语的孩子转过来,他对笔者说,因为"中国正在影响世界"。毛里求斯国民对中国是尊重的、羡慕的,愿意将自己放在一个较低的位置,以一个学习者的姿态来面对中国。因此,对他们来讲,中文是重要的。

哥伦比亚是南美洲一个富裕的大国。在哥伦比亚人眼中,中国只是一个遥远的、非常不一样的国家,异域风情浓厚,对他们来讲,中文只是一门普通的外国语。

2. 两国本土中文教师力量比较

毛里求斯中文教学由华裔主导,由本土中文教师组织。毛里求斯国家教育部统编教材《小学汉语课本》(详见附表)由本土华裔教师编写。

哥伦比亚中文教学本土教师为当地普通人,暂没有本土中文教师组织,往往依靠孔子学院,教汉语只是一门普通的职业。

从以上两点分析可以看出,正是本土文化对于中文教育的重视程度,让毛里求斯的中文教学效果优于哥伦比亚。

笔者在毛里求斯教汉语,也总结了一些有益经验。

(1) 四年级班上有几个最调皮的学生总是让课堂难于控制,于是我申请到他们班主任的课堂上听课。经过几次听课和向其他当地老师请教他们的技巧和方法,我收获颇多。比如针对特别调皮的两个差生,班主任让他们分开坐在比较安静和好学的学生身边,讲课的同时经常向他们提问,这种方法很有效。

(2)六年级学生由于有全国毕业统考(详见附表),家长和学校都非常重视,他们自己也希望通过中文获得更好的分数,进入更好的中学,于是我对每一个人都制定了针对性的学习计划加强中文读写训练,由于目标明确,学生很有动力也很努力,最终取得了理想的成绩。

可以看出,这些好的效果都来自教学与本土文化的结合。

综上,笔者认为,首先,特别是初级阶段的汉语教学,如果教师深谙本土语言文化,就算课堂再怎么枯燥,教学只用最传统的语法翻译法,教学效果都不会太差,教师自身的汉语水平不需要多高;而如果教师不懂本土语言文化,就算课堂再怎么生动,教学方法再怎么先进,教学效果都不会太好,教师自身的汉语水平再高也等于零。因此,当下的海外汉语教学一定要重视提高教师的本土语言文化素养。

其次,关于重视目的语思维方式的启示,这里指汉语教材需由国内专家用地道汉语编写,教材的课文是可供学习者背诵、模仿的,所以必须是中国人的思维方式。陆俭明指出,一定要注意"教材本土化"的误区:"汉语教材要贴近外国人的思维和生活习惯"的看法以及认为"要编写国别化教材""语音、语法部分要运用当地语言来编写"的看法不可取。"汉语教学的成功之处体现在能让外国汉语学习者按照我们中国人的思维方式来说汉语写汉语。"

最后,关于当下的汉语教学需要重视培养书面语能力,陆俭明先生已有很精彩的论述,此不赘述。

三、结论

李泉(2019)认为,我国当下的对外汉语教学理论研究视野愈加开阔,观点日趋多元,成果越来越丰富。赵金铭(2010)在《对外汉语教学法回视与再认识》中指出,"采用传统的方法未必保守,运用流行的方法也未必先进,要看是否得法,要看效果如何",当下的对外汉语教学,在关注世界二语教学法发展潮流的同时,切忌盲目追风。诚然,我们应该立足传统,结合实际,吸收各种教学法的合理因素为我所用,确立自己的更适合汉语教学的方法。以上对语法翻译法的思考仅为一己之见,不当之处,还请方家指正。

附表　两国教学情况分析

	毛里求斯公立小学	哥伦比亚私立学校
国家通用语言(母语/生存语言)	克里奥尔语(法语变体)	西班牙语
官方语言(政府文件书写语言)	英语	西班牙语
学校语言主科	法语、英语	西班牙语
中文课程地位	纳入国民教学体系	私立学校特色,招生卖点
学校外语科目设置	汉语、阿拉伯语、印地语、乌尔都语、马拉地语、泰米尔语、特拉古语,必选,七选一	英语、汉语,二者均为必修
学校中文教材	国家教育部统编本土教材《小学汉语课本》(1—6年级),英文注释	引进中国教材《快乐汉语》(英文注释版)
学校中文总体教学安排	● 每年3个学期,每学期末均有期末考试,其中1—3年级均为教师自主命题,4—6年级前两学期教师自主命题,第三学期全国统考 ● 六年级参加全国毕业统考,分数对升学有重要影响,但是学生可以选择不考	● 每年3个学期,每学期末均有期末考试,均为教师自主命题 ● 学生学习一定时间后,统一组织参加HSK考试
学校中文周教学安排	● 每个年级每天均有1节课,每节课50分钟 ● 师生每天见面 ● 每周还有一次时长半小时的兴趣课,学生自选	● 每个年级课程数量不同,七年级每周3节课(1+2形式),八年级每周4节课(1+1+2形式),每节课50分钟 ● 师生每周见面2—3次

参考文献

[1]　冯志伟.现代语言学流派(增订本)[M].北京:商务印书馆,2013.
[2]　李泉.汉语作为第二语言的教学理论研究[M].北京:商务印书馆,2019.
[3]　陆俭明.话说汉语走向世界[M].北京:商务印书馆,2019.
[4]　陆俭明.话说汉语走向世界[M].北京:商务印书馆,2019.

[5] 潘文国.外语教学的发展呼唤强化对比研究[J].外语与外语教学,2017(5).
[6] 汤恩华.语法翻译法在泰国中学汉语教学中的应用——以Patongwittayamulnithi School为例[D].硕士学位论文,广东外语外贸大学,2020.
[7] 徐志民.欧美语言学简史(修订本)[M].上海:复旦大学出版社,2013.
[8] 徐子亮,吴仁甫.实用对外汉语教学法(第3版)[M].北京:北京大学出版社,2013.
[9] 张正东.我国英语教学的属性和内容[J].课程·教材·教法,2003(5).
[10] 赵金铭.对外汉语教学法回视与再认识[J].世界汉语教学,2010,24(2).
[11] Ministry of Education and Human Resources Curriculum Reform and Development Division[M]."Preface", Republic of Mauritius, 2012.

作者简介:姚诚,四川外国语大学中国语言文化学院。

基于语料库的汉语动名兼类词二语习得计量考察

◎ 赵丽君

摘　要：汉语是一种缺乏形态变化的语言，其兼类词在跨类功能使用中不发生词形变化，这是国际学生汉语二语学习的重要知识和能力。本文选取动名兼类词作为具体研究对象，抽取定量兼类词样本，通过HSK动态作文语料库对国际学生的兼类词跨类使用情况进行计量考察，并将其与利用现代汉语语料库等统计的数据进行对比，发现国际学生与现代汉语语料库所体现的汉语母语者对同一样本的动名兼类词的使用有约50%以内的偏差，表现在国际学生使用时比汉语母语者较偏乃至甚偏于名词或动词一端。结果表明国际学生对动名兼类词的习得有失偏颇，兼类功能实现不充分，跨类输出不够完善，这方面的教学应结合定性研究进行优化。

关键词：二语习得；汉语动名兼类词；计量分析

　　汉语的主要特点之一是词汇缺少形态变化，词类与句子成分之间没有一一对应关系，不同类别的词，语法功能错综交织。一个词具有多个功能，就产生了跨类现象。兼类词便是在一定的词类系统中兼属两个或两个以上不同的词类的词。在汉语母语者看来，兼类词、兼类现象十分自然，轻而易举就能完成认知加工和句法应用，而这在国际学生的大脑中是需要重新学习的一种机制。兼类词给国际学生学习汉语带来了困扰，识别、辨认和应用各方面都具有

---

* 本文受到大连理工大学国际教育学院科研培育基金项目经费资助，项目编号：SIE19RYB5；后期受到大连理工大学教育教学改革立项项目经费资助，项目编号：YB 2022017。

一定难度。能够正确理解和运用汉语兼类词,充分和恰当发挥其兼类功能,是汉语学习者的必修功课之一。兼类词用法的习得水平一定意义和程度上反映着学习者对汉语词法和句法特征的领悟和运用能力,相对来说,去形态比形态化容易,这是我们的假设。然而国际学生的兼类词习得是否是成功的,与汉语母语者有无差距或者有多大差距,这还有待于通过本文的研究来证实。

一、现状综述

到目前为止,对汉语兼类词的研究包括定性研究和定量研究,且两者密不可分,对汉语兼类词的习得与教学研究非常罕见。其中,定性研究成果较多,对兼类词进行定义、划分,宽严尺度不一,因此研究结果和结论不尽相同。较早马建忠认为跨类现象都是词类通假,黎锦熙主张"依句辨品",认为词的词汇意义决定其本类,转类由句子成分决定。黄伯荣、廖序东对兼类词的界定是:"词的兼类是某个词经常具备两类或几类词的主要语法功能。"后来对兼类词的认知研究,使定性研究更加全面,并且使人们不再那么十分纠结于兼类词的严格界定,对兼类词的应用研究也有很好的启发。以上结论是本研究的认识基础。近些年定性研究相对不多,且多结合词典学研究、计算机语料库词类标注等问题的探讨,具有较强的实用性。

(一)量化研究

在量化研究方面,安华林(2005)认为,目前对兼类词性质的认识大体相同,但对兼类现象的具体处理不尽一致。该文在全面统计两种词表(《汉语水平词汇与汉字等级大纲》与《普通话三千常用词表》)的基础上,得到兼类现象中以名、动、形兼类为主而动、名兼类最多的认识。在常用词范围内,两种词表对名、动、形兼类的处理全同的只占三分之一左右。文章还提出名、动、形兼类处理的原则和方法:根据现代大众一般语感,以发生明显的语义转类为标准,参考权威的语文词典释义,或采用调查统计法。

胡明扬(1995)选取了3036个动词,按照从严到宽的分类尺度,统计得出动名兼类词占12.91%—19.33%。该研究还发现,动名兼类词主要集中在书面语双音节动词上,当时的比例是17.93%—27.22%。

高航(2009)以认知语法为考察视角提出自然语言中一词多类是普遍现象,不同语言在兼类词的比例上存在程度的差别,而不是本质的差别。因此,汉语中兼类词的比例大小应该通过汉语语言事实的考察来确定,而不应基于逻辑原则来确定。

(二)汉语作为第二语言教学研究

目前为止汉语二语习得研究主要分为汉字、语音、词汇、语法、语篇等几个方面,其中词汇习得包括各种实词和虚词的分类习得研究,而跨类词习得研究尚未引起学界重视。

在汉语二语兼类词的教学研究方面,马宏基(2008)提出教材中兼类词的标注在理论和实践上都是一个值得探讨的问题,目前的教材在这方面存在一些瑕疵。兼类词是一类特殊的聚合,要正确地定义和确定兼类词。在实际操作中,应该对兼类词作整体标注,标出兼类词的多个词性,这有助于学生全面理解和掌握词的意义和用法。此外还应该合理安排兼类词多项词性的排列顺序。

韩笑(2015)对"好像"进行了兼类词个案教学研究,通过分析HSK动态作文语料库中555条例句,总结"好像"的习得特点为:"好像"的副词用法逐渐覆盖动词用法,语义由单一表不确定性转向多样;"好像"＋VP的用法不断扩大直至覆盖"好像"＋NP/＋AP/＋小句;"别字、错序、遗漏、误加、误代"这5种偏误类型随等级升高呈消失趋势。

国际学生汉语兼类词的习得,反映了其对汉语语法少形态特征、汉语词语兼类情况、兼类词的语义和语法功能三者的掌握程度,也反映了其对兼类词由词义认知至向应用造句能力的转化水平,因此该习得研究十分必要,应予以重视和弥补。

二、研究方法与结果

本研究采用定量的汉语动名兼类词样本,通过语料库统计出国际学生和汉语母语者的使用数据,并对数据进行分析和对比,即采用数据库计量、数学统计法和对比分析法进行调查和研究,以呈现国际学生对汉语动名兼类词的兼类功能习得有无偏差,有多大偏差。

(一)国际学生动名兼类词习得数据统计

为了对动名兼类词习得进行计量考察,本研究在HSK动态作文语料库中,对兼类词研究中常见的,也是汉语中常用的88个动名兼类词,特别是其中国际学生使用频率不是极高的70个目标词,进行使用情况的分析统计,作为对比基准数据。

首先在《HSK动态作文语料库》的"高级检索"的"词语搭配检索"中输入兼类词,点击检索,将得到国际学生在HSK作文中输出的含有该词的所有句子,然后对该词在这些句子中的词性进行分析,统计出其用作动词的次数、用作名词的次数,从而得到两种用法所出现的次数和它们各自在总次数中的比例。

结果显示,兼类词的作为动词或名词的频次和比例具有很大差别。其中,"爱好、变化、工作、活动、建议、经历、决定、联系、判断、胜利、行动、需要、选择、要求、影响、运动、主张、组织"使用频率高,且动、名使用情况接近母语。另外70个词具体统计结果如下:用为动词的,"汇报、设想、声明、装备、裁判、倡议、鉴定、发现"8个词占100%,"说明、练习、体会、花费、保证、解释、邀请、总结、认识、发明"10个词占100%—90%,"证明、设计、遭遇、幻想、通知"占90%—80%,"号召、指挥"占67%,"称呼、收获、装饰、请求、顾虑、预言、支出、编制"占60%—50%,"会话、记录、评价、检讨、评论"占50%—40%,"启发、答复、演说、倾向、传说"占40%—30%,"误会、象征、提议、装置、报道、报告、纪念、损失、考验"占30%—20%,"领导、翻译、教训、贡献、主管、负担、标志"占20%—10%,"建筑、实验、比赛、梦想、距离"5个词占10%—1%,"收入、导游、编辑、补贴、导演、雕塑"6个词占比为0,见表1。

表1 HSK动态作文语料库的统计结果

动词用法占70%以上	汇报(100%)、设想(100%)、声明(100%)、装备(100%)、裁判(100%)、倡议(100%)、鉴定(100%)、发现(100%)、说明、练习、体会、花费、保证、解释、邀请、总结、认识、发明、证明、设计、遭遇、幻想、通知(23个词)
动词用法占70%—30%	号召、指挥、称呼、收获、装饰、请求、顾虑、预言、支出、编制、会话、记录、评价、检讨、评论、启发、答复、演说、倾向、传说(20个词)
动词用法占30%以下	误会、象征、提议、装置、报道、报告、纪念、损失、考验、领导、翻译、教训、贡献、主管、负担、标志、建筑、实验、比赛、梦想、距离、收入(0)、导游(0)、编辑(0)、补贴(0)、导演(0)、雕塑(0)(27个词)

根据统计,70个兼类词,国际学生有13个词只使用了动词或名词词性,没有实现兼类功能,这占到18.5%。动词用法占90%以上的有18个,占25.7%,而名词用法占90%以上的有11个,占15.7%,因此,基本使用其中一

种词类用法的，占到 41.4%。假设汉语中的这些兼类词的动、名使用是相对均衡的，那么这份单独数据说明，国际学生对兼类词的使用，兼类功能的实现度大约在 60%。

（二）与已有语料量化研究数据的对比分析

以上计量数据显示国际学生 HSK 作文中使用的兼类词有的用为动词多，有的用为名词多，有的则相对均衡。那么在汉语中，目标兼类词是否是动、名用法均衡的呢？本研究关于汉语母语者动名兼类词的使用情况的第一份数据，是利用已有的马彪 1994 年的一份统计数据做出的。

马彪（1994）曾对兼类词做过一个动、名用法偏向的统计，按动词用法比例区间分类。其中有 33 个词语与本研究重合，分类统计如下：动词用法占到 70% 以上的有"保证、纪念、认识、邀请、证明"5 个，达到 30%—70% 的有"报道、建筑、检讨、教训、设计、体会、通知"7 个，动词用法在 30% 以下的有"比赛、编辑、领导、发明、裁判、雕塑、负担、贡献"21 个，如表 2。

表 2　马彪(1994)的统计数据

动词用法占 70% 以上	保证、纪念、认识、邀请、证明（5 个词）
动词用法占 30%—70%	报道、建筑、检讨、教训、设计、体会、通知（7 个词）
动词用法占 30% 以下	比赛、编辑、领导、发明、裁判、雕塑、负担、贡献、幻想、记录、考验、评价、评论、倾向、设想、实验、收入、收获、损失、指挥、装备（21 个词）

把国际学生 HSK 作文语料库的统计结果，与据马彪的统计相比较，结果如下。马彪的研究中，动词用法占到 70% 以上的词语中，与本文习得统计不一致的有"纪念"，这个词国际学生用作动词在 30% 以下。达到 30%—70% 的词语，相对来说，"报道、建筑、教训"这 3 个词国际学生用使用偏名词，其动词用法在 30% 以下；而"设计、体会、通知"这 3 个词国际学生用作动词在 70% 以上，偏动词。动词用法在 30% 以下的 21 个词中，国际学生动词使用比例超过它们很多，按照从高到低的顺序，"设想、装备、裁判，发明，幻想"这 5 个词在 70% 以上，明显偏动词；"指挥，收获，记录，评价、评论、倾向"这 6 个词在 30%—70% 之间，比较偏动词。与马彪的词类划界相比，国际学生对动名兼类词的使用比汉语更偏动词的有 14 个，占总数 42.4%，偏名词的有 4 个，占总数

12.1%,两者合计18个,占总数的54.5%。这表示,国际学生有约一半的兼类词习得比较偏于动词或名词词类。

(三) 与现代汉语语料库数据的对比分析

本文所考察的动名兼类词与马彪所统计的不完全吻合,只有一部分(33个)是共同考察的,因此本文再通过教育部语言文字应用研究所计算语言学研究室的《语料库在线》现代汉语语料库资源对目标兼类词在汉语中的动、名使用情况进行全面统计。马彪使用的语料是100多万字,统计时间为1994年,现代汉语语料库是1 900多万字,统计时间在其十年之后。经过计算,得到统计结果如表3。

表3 现代汉语语料库的统计结果

动词用法占70%以上	花费、会话、检讨、考验、总结、发现、解释、编制、说明、号召、评价、鉴定、顾虑、练习、设想、汇报、请求、证明、保证、启发、演说、倡议、梦想、发明、设计、幻想、预言、声明、翻译、误会、记录、答复、邀请、收获、损失、象征、认识、装饰、评论、比赛(40个词)
动词用法占30%—70%	报道、负担、纪念、指挥、体会、提议、通知、教训、称呼、标志、导演、收入、建筑、支出、报告、领导(16个词)
动词用法占30%以下	补贴、遭遇、导游、贡献、编辑、裁判、装备、主管、倾向、传说、实验、距离、装置、雕塑(14个词)

通过逐一比对可以发现,马彪考察中含有的33个词,在现代汉语语料库中,"保证、认识、邀请、证明、报道、建筑、教训、体会、通知、编辑、裁判、雕塑、贡献、倾向、实验、装备"这16个词分类不变,占比约50%。而各类的词语比例发生了较明显变化:第一类从5个增加到16个,第二类从7个增加到10个,第三类从21个减少到7个。在具体词语用法频率变化的分布上,第一、二类的词语类别变化小,只有"纪念"动词占比下降了,"检讨、设计"动词占比提高了;而第三类21个词,2/3的动词占比都提高了(详见表4)。可见,这33个词,在现代汉语语料库中偏动的词多了,偏名的词少了,中间类数量变化不大。这恐怕和语料有关,可能现代汉语语料库的语料来源更广阔,语体更丰富,马彪所选语料偏书面语料更多一些。总之,现代汉语语料库的名、动兼类词用情况50%与马彪相同,不同部分表现为偏动倾向。本文考察词语的体量较小,

这一点是否与有些研究所预测的汉语双音节词的名化趋势有一定龃龉,尚需论证。

表 4　现代汉语语料库数据与马彪(1994)的统计数据对比

动词用法占 70%以上	检讨、考验、评价、设想、证明、保证、发明、设计、幻想、记录、邀请、收获、损失、认识、评论、比赛(16 个)
动词用法占 30%—70%	报道、负担、纪念、指挥、体会、通知、教训、收入、建筑、领导(10 个)
动词用法占 30%以下	贡献、编辑、裁判、装备、倾向、实验、雕塑(7 个)

现在根据表 1 和表 3 信息,对国际学生的动名兼类词的使用情况数据跟现代汉语语料库的数据进行全样本的比较。通过计算两者动词用法占比的差,可以知道国际学生哪些词的使用跟现代汉语语料库相差较远。结果显示,HSK 动态作文语料库跟现代汉语语料库的动词用法占比差超过91%—12%的有"装备、裁判、遭遇、体会、通知、称呼、传说、倾向、装置、支出、认识、声明、邀请、倡议"(14 个),这些词语国际学生用作动词的倾向性程度从高到低如上排列,国际学生对它们的用法更偏动词。差别在±10%以内的有"指挥、汇报、设想、主管、发明、鉴定、保证、实验、练习、说明、发现、雕塑、设计、距离、贡献、幻想、解释、证明、花费、总结、报告"(21 个),以上词语,国际学生使用接近汉语语料库。HSK 动态作文语料库跟语料库在线的名词用法占比差超过 13%—83%的有"编辑、提议、领导、装饰、收获、教训、导游、标志、建筑、补贴、号召、收入、导演、评论、预言、请求、记录、纪念、报道、顾虑、答复、编制、象征、启发、会话、负担、误会、演说、损失、评价、检讨、翻译、比赛、考验、梦想"(35 个),以上词语按照程度从低到高,国际学生使用偏名词,如表 5。

表 5　HSK 语料库 & 现代汉语语料库兼类词动、名用法占比差

动词用法占比差超过 50%	装备、裁判、遭遇(3 个)
动词用法占比差 20%—50%	体会、通知、称呼、传说、倾向、装置(6 个)
动词用法占比差 10%—20%	支出、认识、声明、邀请、倡议(5 个)

续 表

动、名用法占比差±10%以内	指挥、汇报、设想、主管、发明、鉴定、保证、实验、练习、说明、发现、雕塑、设计、距离、贡献、幻想、解释、证明、花费、总结、报告(21个)
名词用法占比差 10%—20%	编辑、提议、领导、装饰、收获、教训、导游(7个)
名词用法占比差 20%—50%	标志、建筑、补贴、号召、收入、导演、评论、预言、请求、记录、纪念、报道、顾虑、答复、编制、象征(16个)
名词用法占比差超过 50%	启发、会话、负担、误会、损失、演说、评价、检讨、翻译、比赛、考验、梦想(12个)

占比差是一个直接说明差距大小的值。马彪的结果中,没有每个词不同词类用法的具体占比值,无法计算这个数据,而在现代汉语语料库中可以计算。结果显示,70个兼类词中,动、名用法占比差范围在±10%内有21个词,占总数的30%;相差稍小的词中(占比差在10%—20%),偏动的有5个,偏名词的有7个,合计12个,表示国际学生动名兼类词用法与汉语相差较小的占总数的17.14%;占比差在20%—50%的,偏动词的有6个,偏名词的有16个,合计22个,表示国际学生动名兼类词用法与汉语有较大差别的占总数的31.43%;占比差在50%以上的,偏动词的有3个,偏名词的有12个,合计15个,表示国际学生动名兼类词用法与汉语相差很大的占总数的21.43%,见图1。

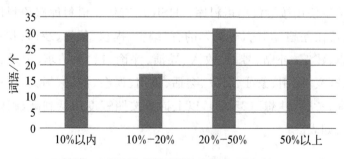

图1　不同占比差范围区间的词语分布

三、结论及讨论

如果宽泛来看,占比差在20%以下的有33个,约占47%,占比差在

20%以上的有37个,约占53%。由此可见,对这70个动名兼类词的使用,国际学生比起汉语母语者来,有向名词或向动词的使用偏向,这种偏向一端的情况出现在约50%的动名兼类词上,说明对动名兼类词的习得有约50%达到了较理想的效果。这一数据和国际学生与马彪的33个词的比较结果大致相似。

在占比差数据中,还可看出,这约50%的有习得偏差的词语中,偏动词10%以上的有14个,占总数的20%;偏名词10%以上的有35个,占总数的50%。这一结果和国际学生与马彪的33个词的比较结果不同。数据的统计,即使是数据库直接提供的数据,也来自人工识别标注,在兼类词的词类标记这个环节,难免有误差,加之两套数据有时间间隔,还有数据大小的显著差别和内容差别,有关数据结果出现偏差在所难免。但无论如何,对这70个重点考察的兼类词,两组分别进行的比较所得出的习得偏差大体是一致的。值得一提的是在最初确定的88个选词中,还有18个是HSK作文语料库显示习得较好的词语,如果考虑到这一部分,国际学生动名兼类词的习得应该是更乐观的。

本文仅对国际学生汉语兼类词中最大的一类——动名兼类词的习得情况进行了计量考察,虽然可以一定程度上反映国际学生对汉语动名兼类词的习得情况,为汉语兼类词的二语教学提供参考,不过最好与兼类词习得偏误研究结合起来,为完善汉语兼类词教学提供全面和科学的依据。

参考文献

[1] 安华林. 从两种词表看名、动、形兼类的处理[J]. 语音教学与研究,2005(4).
[2] 高航. 认知语法视角下的汉语兼类问题考察[J]. 汉语学习,2009(2).
[3] 韩笑. 兼类词"好像"的习得过程和偏误分析[J]. 现代语文(语言研究版),2015(12).
[4] 胡明扬. 动名兼类的计量考察[J]. 语言研究,1995(2).
[5] 黄伯荣,廖旭东. 现代汉语(增订五版)[M]. 北京:高等教育出版社,2011.
[6] 靳光瑾,肖航,富丽等. 现代汉语语料库建设及深加工[J]. 语言文字应用,2005(2).
[7] 马彪. 运用统计法进行词类划界的一个尝试[J]. 中国语文,1994(5).
[8] 马宏基. 对外汉语教材中兼类词的标注问题[J]. 教育实践研究,2008(10).
[9] 夏全胜. 汉语名词、动词和动名兼类词语义加工的ERP研究[D]. 博士学位论文,南开大学,2012.
[10] 夏全胜,彭刚,石锋. 汉语名词、动词和动名兼类词语义加工的偏侧化现象——来自

ERP 的研究[J].心理科学,2014(6).

[11] 肖航.现代汉语通用平衡语料库建设与应用[J].华文世界,2010(12).

[12] 肖航.语料库词义标注研究[M].昆明:云南教育出版社,2016.

作者简介:赵丽君,大连理工大学国际教育学院。